Das Buch

»Wir alle sind auf der Suche nach dem Glück, wissen aber nicht, wo wir es finden sollen, ganz wie Trunkenbolde, die ihr Haus suchen und nur noch verschwommen wissen, dass es irgendwo existiert!«, schreibt Voltaire. Jahrelang hat Christophe André den Klagen seiner Patienten gelauscht, wie schwer es sei, glücklich zu werden und zu bleiben. Dann hat er sich selbst auf die Suche gemacht.
Anhand von ungewöhnlichen Geschichten und Fallbeispielen, mithilfe der abendländischen Philosophie und Literatur und gestützt auf Studien aus Psychologie und Sozialwissenschaft nimmt er seine Leser mit auf eine Reise zu diesem heißersehnten Seelenzustand, durch die verschiedenen Vorstufen und Facetten des Glücks.

Der Autor

Christophe André ist Psychiater und Psychotherapeut am Sainte-Anne-Hospital in Paris, einem der führenden Forschungszentren für Kognitive Therapie in Frankreich. Er hat Fernseh- und Rundfunksendungen zu psychologischen Themen moderiert und gilt als ausgewiesener Experte. Bisher hat er fünf erfolgreiche Bücher veröffentlicht.

Christophe André

Einfach glücklich

Der Schlüssel zu einem positiven Lebensgefühl

Aus dem Französischen
von Ralf Pannowitsch

Ullstein

Die französische Originalausgabe erschien 2003
unter dem Titel *Vivre heureux – Psychologie du Bonheur*
beim Verlag Odile Jacob, Paris.

Umwelthinweis:
Dieses Buch wurde auf chlor- und säurefreiem Papier gedruckt.

Ungekürzte Ausgabe im Ullstein Taschenbuch
1. Auflage August 2005

Umschlaggestaltung: Büro Hamburg
Titelabbildung: © Mauritius/AGE
Satz: Franzis print & media GmbH, München
Druck und Bindearbeiten: Ebner & Spiegel, Ulm
Printed in Germany
ISBN-13: 978-3-548-36749-1
ISBN-10: 3-548-36749-6

Für Pauline

Einführung

Glück: Bewusstseinszustand völliger Zufriedenheit.
FRANZÖSISCHES STANDARDWÖRTERBUCH »LE ROBERT«

Ich bin noch ganz klein.

Ich mag es sehr, wenn man mir Geschichten erzählt. Aber das Ende der Märchen verwirrt mich immer ein wenig: »Und so lebten sie glücklich und zufrieden …« Wie konnte man das denn wissen, wenn im Buch nichts mehr darüber stand? Haben sie sich niemals mehr geärgert, diese Prinzen und Prinzessinnen? Sind sie nie wieder unglücklich gewesen? Und warum war die Geschichte hier zu Ende? Das Glück ist wohl nicht so interessant? Gibt es denn nichts mehr zu erzählen, wenn man erst einmal glücklich ist?

Warum ist das Glück von einem derartigen Geheimnis umgeben?

Ich bin zehn Jahre alt.

Den Geschichten der Erwachsenen lausche ich nicht mehr so oft, aber ich beobachte sie mehr und mehr. Ich spitze die Ohren, wenn sie – selten genug – vom Glück reden. Wie alle Heranwachsenden entdecke ich, dass es auf dieser Welt Unglück gibt und dass das wirkliche Leben nicht ganz so ist wie in den Märchen.

Ist das Glück denn so kompliziert?

Ich bin zwanzig.

Ich studiere und bin ziemlich glücklich. Zwischen Universitätsseminaren und Rugbyspielen liebe ich es, mit meinen Freunden zu diskutieren und die Welt neu zu erfinden. Meine Obsession hat mich niemals losgelassen, aber jetzt entdecke ich ein Paradoxon: Glück ist ein Thema, das die Leute aufregt. Es kann Gereiztheit auslösen (»Glück, das ist doch albern!«), es ruft Kritik hervor (»Glück macht die Menschen lasch und selbstsüchtig!«), erweckt Feindseligkeit (»Glück ist diktatorisch!«) oder sogar Verachtung (»Unglück ist viel interessanter als Glück!«).

Woher kommt diese ganze Aufregung, wenn vom Glück die Rede ist?

Ich bin dreißig.

So, jetzt darf ich mich Psychiater nennen! Ich stehe Frauen und Männern zur Seite, die Schwierigkeiten mit dem Glück haben: unzugängliches Glück, unmögliches Glück, Glück, das ihnen Angst macht, vor dem sie fliehen, dem sie nachtrauern. Wir versuchen gemeinsam, auf den richtigen Weg zurückzufinden … Aber einfach ist das nicht. Schon Voltaire schrieb: »Wir alle suchen das Glück, wissen aber nicht, wo wir nachschauen sollen, ganz wie Trunkenbolde, die ihr Haus suchen und nur noch verschwommen wissen, dass es irgendwo existiert …«

Wie findet man das Glück?

Und heute …

Die Glücksformel habe ich noch immer nicht gefunden. Oder jedenfalls nicht ganz. Aber immerhin habe ich Fortschritte gemacht. Ich habe den Menschen, die eine Gabe dafür haben, Glück zu verspüren und sich ihr Glück selbst zu schmieden, zugehört, und ich habe sie beobachtet. Den anderen habe ich beigestanden und ihnen geholfen, sich dem Glück anzunähern. Noch immer lese ich Voltaire, der geschrieben hat: »Ich habe beschlossen, glücklich zu sein, denn das ist gut für die Gesundheit.« Als Arzt liebe ich alles, was gut für die Gesundheit meiner Patienten ist. Ich liebe das Glück und die Vorstellung vom Glück.

Und Sie?

Wie steht es bei Ihnen mit dem Glück?

ERSTER TEIL

Ist es möglich, glücklich zu sein?

Nichts ist wichtiger als das Glück, doch gleichzeitig ist nichts schwieriger zu fassen.

Die Philosophen waren die Ersten, die sich das Glück zum Studienobjekt wählten, und sie haben viel darüber nachgedacht – und geschrieben.

Seit kurzem versucht auch die Psychologie, auf die Fragen zu antworten, die sich jeder von uns zum Thema Glück stellt:

- *Was ist Glück eigentlich genau? Ein Gedanke, eine Emotion, eine Illusion?*
- *Wie nähern wir uns ihm im Alltag an?*
- *Warum haben so viele Menschen Probleme mit dem Glück?*
- *Wie hängen Glück und Unglück zusammen? Kann Glück uns helfen, besser für Unglück gewappnet zu sein, das Unglück zu überleben?*
- *Gibt es eine besondere Befähigung zum Glücklichsein? Wenn ja, woher kommt sie? Und wie hängt sie mit unseren Lebensbedingungen zusammen?*

Kapitel 1
Was ist Glück?

Viele sagen: Wer wird uns das Glück sehen lassen?
PSALM IV

»Ich befinde mich in einem Haus, das nicht mein Haus ist, in dem aber vertraute Gegenstände neben anderen stehen, die mir unbekannt sind. Ich fühle mich sehr gut, ruhig, zufrieden. Die Tür zum Nachbarzimmer steht einen Spalt breit offen. Ich möchte mich ihr nähern und sie ganz öffnen, aber das ist unmöglich: Mal kann ich mich nicht vom Fleck rühren, mal wechselt die Tür ihren Platz. Alles ist in ein milchiges Licht getaucht, ich fühle mich schwerelos, teils gehe ich, teils schwebe ich, mein Körper gehorcht mir vollkommen, er hat kein Gewicht mehr, und aller Lärm klingt gedämpft und wie von fern. Ich habe große Lust, dieses Zimmer zu betreten, ich spüre, dass darin die Quelle meines Wohlbefindens liegt und dass ich mich noch besser fühlen würde, wenn ich dort wäre. Aber ich schaffe es niemals, dorthin zu gelangen.

Am erstaunlichsten ist jedoch, dass es trotzdem ein angenehmer Traum ist. Ich bleibe heiter und gelöst. Beim Erwachen fühle ich mich wohl, aber mir ist ein bisschen komisch zumute: Ich habe den Eindruck, mich dem Glück genähert zu haben ...«

Diesen Traum erzählte mir eine Patientin, mit der ich lange über das Glück gesprochen hatte. Für mich fasst er die Evidenz und das Mysterium des Glücks sehr gut zusammen, und außerdem spricht er davon, wie mühselig es sein kann, das Glück zu begreifen und sich ihm zu nähern.

Nur zwei Schritte zum Glück

Sich dem Glück nähern ...

Wie Weisheit oder Intelligenz lässt sich auch das Glück nicht gerade leicht definieren. Statt es zu verleugnen (»Das Glück existiert sowieso nicht. Uns bleibt daher nichts anderes übrig, als ohne Glück zufrieden zu sein ...«), wollen wir versuchen, es begrifflich zu fassen, indem wir die angenehmen psychischen Zustände analysieren, die Nachbarn oder Verwandte des Glücks sind, aber es weder ganz in sich tragen noch mit ihm deckungsgleich sind – Vergnügen, Freude, Zufriedenheit ...

Worin unterscheiden sich diese Zustände vom Glück? Inwiefern sind sie eingeschränkt oder unvollständig im Vergleich zu dem, was richtiges Glück uns bieten kann? Sind sie vielleicht bloße Ausdrucksformen des Glücks? Oder Hilfsmittel, sich ihm zu nähern?

Zufriedenheit und Glück

Das Lächeln des Babys, das nach dem Stillen einschläft, lässt die Mutter ausrufen: »Seht nur, wie glücklich es ist!« Ohne dass es ihr bewusst ist, spricht sie jedoch von ihrem eigenem Glück, nicht von dem ihres Kindes, denn das lässt sich schwieriger feststellen. (Man kann allerdings mit Sicherheit sagen, dass das Baby sehr zufrieden ist, seine Dosis Milch, Liebe, Streicheleinheiten und Aufmerksamkeit bekommen zu haben.)

Trotzdem wird man der Mutter nicht völlig Unrecht geben: Ein befriedigter Wunsch – ist das nicht die Definition von Glück, die einem ganz spontan einfällt?

Dennoch funktioniert das nicht so oder jedenfalls nicht immer und nicht so gut, wie wir es uns vorgestellt haben: Glück beschränkt sich nicht auf die Erfüllung unserer Wünsche. Es ist sogar möglich, dass das Gegenteil eintritt. Proust bemerkte beispielsweise: »Es geschieht selten, dass sich ein Glück genau auf dem Wunsch niederlässt, der es herbeigerufen hatte.« Und manchmal kann es ein fataler Irrtum sein, wenn wir das Glück in der Verwirklichung unserer Ideale suchen: Viele Mythen und Tragödien erzählen von dem Leiden und oft auch dem Fall von Individuen, die ihren Wünschen und Trieben folgen, sei es in der Liebe oder beim Streben nach Macht und Ruhm. Daher auch die berühmte Formel von Oscar Wilde: »Im Leben gibt es nur zwei Tragödien. Eine ist, nicht zu haben, was man sich wünscht. Die andere ist, es zu bekommen.«

Aber was soll man dann tun? Der Buddhismus lehrt, dass kein Gegenstand es wert sei, unsere Begehrlichkeit zu wecken, und dass aus Wünschen und Streben nur Leid erwachse. Nicht die Verwirklichung des Wunsches, sondern seine Aufhebung beende das Leiden.[1] Seine Wünsche aufgeben – welch schwieriges Unterfangen! Aber für uns ist es zumindest ein nützlicher Fingerzeig, dass die Suche nach dem Glück so wenig wie möglich von materiellen Zielen abhängen sollte. Materielles soll dem Glück dienen, aber nicht – wie es uns die Werbung vorspiegeln will – das Glück ausmachen.

Vergnügen und Glück

Suzanne erzählt: »Für mich bedeutet Glück, dass man klug genug ist, sein Leben zu nutzen und sich den Spaß nicht zu verderben. Das Fundament des Glücks ist die Befähigung, sich sein Vergnügen dort zu holen, wo es sich bietet. Ein englisches Sprichwort sagt *An apple a day keeps the doctor away*, ›Ein Apfel täglich hält den Doktor fern‹ (damit sollen die Leute gewiss ermuntert werden, für ihre Gesundheit viel Obst zu essen). Ich habe es zum Spaß so abgewandelt: *A pleasure a day keeps the sadness away*, ›Kleine Vergnügen halten die Stimmung aufrecht und ersparen uns unnütze Traurigkeit‹. Es bringt nichts, wenn man zu hoch zielt und ein zu komplexes oder subtiles Glück anstrebt. Die beste Parole lautet *Enjoy* – nutze die Gelegenheit und genieße!«

Vergnügen ist die Gesamtheit aller angenehmen Empfindungen, die mit der Befriedigung unserer Grundbedürfnisse verbunden sind: Nahrung, Sexualität, Komfort, körperliche Aktivität. Sein Glück in den Vergnügungen des Lebens zu suchen – da haben wir endlich ein schönes Programm, das auch noch den Vorzug der Einfachheit besitzt. Aber ist es ausreichend?

Das Vergnügen ist nämlich oft partiell, es beschränkt sich auf die Befriedigung eines Sinnes oder Körperteils und unterscheidet sich darin von dem umfassenderen Gefühl des Glücks. Außerdem ist Glück nicht einfach die Summe aller vergnüglichen Augenblicke, und ein Vers des Dichters Mallarmé – »das fleisch ist trauernd ach! und alle bücher las ich« – macht es uns schmerzlich bewusst: Die Anhäufung oder Wiederholung von Vergnügungen führt nicht zum Glück. Es kann sogar passieren, dass sie uns durch Enttäuschung und Frustration vom Glück wegführt.

So angenehm und notwendig das Vergnügen auch ist, mit Glück sollte man es nicht verwechseln, selbst wenn es manch einem die Illusion von Glück verschafft: »Vergnügen ist das Glück der Narren. Glück ist das Vergnügen der Weisen«, sagt Barbey d'Aurevilly. Die Grenzen des Hedonismus, einer Lehre, die aus dem Vergnügen das allerhöchste Gut macht, sind von den Philosophen schon oft unterstrichen worden. Und nicht nur von ihnen ...

Im fröhlichen ideologischen Wirrwarr der sechziger Jahre hatte man das Vergnügen für »befreit« erklärt, und entsprechende Parolen schossen wie Pilze aus dem Boden: »Genuss ohne Fesseln!«, »Es ist verboten zu verbieten!«, »Je öfter ich Liebe mache, desto mehr will ich die Revolution!«.[2] Manche Männer freuten sich, dass sie nun leichter Sex haben konnten, aber es war keineswegs mehr so wie früher. Unter dem Einfluss des Feminismus verspotteten die Frauen nun gern die selbstzufriedenen Männchen, die Glück und Vergnügen verwechselten, wenn sie ihre Partnerin nach dem Sex fragten: »Na, hab ich dich glücklich gemacht?«

Dennoch nähert sich das Vergnügen bisweilen dem Glück an: Eine schnurrende Katze scheint uns ein so umfassendes Vergnügen zu empfinden, dass wir es Glück nennen möchten. In seiner intensiven Form und unter bestimmten Bedingungen kann das Vergnügen sogar in authentische Freude münden oder manchmal zum Glück überleiten. So ist es bei Musikfreunden, wenn sie ihre geliebten Komponisten hören, bei Gourmets, wenn sie ihr Lieblingsessen genießen, bei Sportlern, denen eine schwierige Übung gelungen ist … Wir werden noch sehen, was dazu nötig ist.

Freude und Glück

Nicolas meint: »Mir fällt es leichter, mich auf freudige Erlebnisse zu besinnen als auf glückliche. Ich erinnere mich an fröhliche Szenen oder Augenblicke: Familienfeiern, Erfolge im Beruf, Siege im Sport, Wiedersehensfreude, aber auch, wenn ich mit Freunden wie verrückt gelacht habe … All diese Freuden stehen mir noch ganz deutlich vor Augen. Glück hingegen ist etwas Verschwommeneres, es ist vager und verliert sich in der Erinnerung. Das kommt wahrscheinlich daher, dass ich ein konkreter, pragmatischer und extrovertierter Mensch bin: Freude, die spürt man, sieht man und kann man leicht teilen. Glück ist intimer und auch ein bisschen geheimnisvoll …«

Ein Kind, das ein Geschenk bekommt, der Wissenschaftler, der eine bedeutende Entdeckung macht, jemand, der seinen Freund wiederfindet – sie alle empfinden Freude, jene starke und positive Emotion, die einen ganz erfüllt. Aber Freude ist eine Reaktion auf ein Ereignis in unserer Umgebung, sie hat meist einen äußeren Anlass. Eines der Geheimnisse des Glücks ist jedoch gerade, dass es manchmal aus dem Inneren strömen kann.

Und vor allem ist Freude als Emotion notgedrungen kurz: »Glück ist die Dauer. Freude ist der Moment.«[3] Tatsächlich ist das Glück immer mit einem Gefühl von Dauerhaftigkeit verbunden. Es gibt zwar auch kurzes und flüchtiges Glück, und gewiss ist Glück kein ewig währender Zustand, sondern es kommt in Intervallen. Aber jedes Glück beinhaltet die Hoffnung auf Dauer (man wünscht, es möge nie aufhören), die Illusion von Dauer (man glaubt, es wäre ewig) oder das Versprechen von Dauer (man hält es für stark genug, den Zeiten zu widerstehen).

Glück und Freude gehen zwar oft miteinander einher, aber eins kann auch ohne das andere auftreten. So gibt es ungesunde Freuden, die weit entfernt sind von der inneren Heiterkeit des Glücks: Etwa die süße Rache, welche man angesichts einer Niederlage des Gegners empfindet – die »Schadenfreude«. Andererseits gibt es stilles Glück, das von freudiger Erregung manchmal sehr weit entfernt ist: Etwa, wenn man in einer lauen Sommernacht mit einem Freund über das Leben spricht. Im Übrigen neigt das Glück von ganz allein zu Ruhe und Frieden. Man führt zwar Freudentänze auf, aber keine Glückstänze.

Freude ist zugleich eine Zutat, eine Ausdrucksform und eine Verkörperung von Glück: »Sie ist das Element des Glücks, und zwar sowohl in der Minimalvariante (der zeitlichen Ausdehnung nach) als auch in der Maximalvariante (der Intensität nach)«.[4] Wie das Vergnügen ist auch sie ein Zugangsweg zum Glück. Sie ist so stark, dass sie zahlreiche psychische Sperrriegel aufbrechen kann und uns ahnen lässt, wie unser Glück aussehen könnte. Sie vermag uns für die Suche nach dem Glück zu motivieren und ist damit eine kostbare Hilfe.

Seligkeit und Glück

Judith erzählt: »Meine Großmutter hatte großen Einfluss auf die ganze Familie und vor allem auf uns Enkelkinder. Sie gab uns eine Menge Ratschläge mit auf den Weg, die sie als ›Lebensweisheiten‹ bezeichnete. Weil sie lustig und freundlich war, hörten wir ihr gern zu. Aber sie hat uns nicht immer einen Dienst erwiesen! Sprach sie zum Beispiel über die Liebe, dann hieß es: Es gibt nur eine einzige große Liebe und sonst nichts! An dem tiefen Schauer, der uns beim Anblick eines jungen Mannes durchrieseln würde, könnten wir erkennen, ob er der ›Richtige‹ sei. Auf diesen tiefen Schauer warte ich immer noch, und trotzdem habe ich den Mann meines Lebens bereits kennen gelernt. Es ist aber nicht ganz so gelaufen, wie meine Großmutter es vorhergesagt hatte! Mit dem Glück war es ähnlich: Es sollte unbedingt groß und umwerfend sein – und damit rar. Und weil die Dinge eben so sind, wie sie sind, solle man nicht andauernd glücklich sein wollen. Auch hier brauchte ich eine ganze Weile, bis ich begriff, dass sich mir das Glück eher in kleinen Stücken präsentierte, in manchmal richtig köstlichen Stücken, und nicht wie eine komplette Geburtstagstorte mit Kerzen und allem Drum und Dran. Ich begriff, dass Glück eher dem Schein einzelner Kerzen ähnelt als dem Lichterglanz eines Feuerwerks. Ich habe nie erfahren, ob meine Großmutter, die schon in meiner Jugendzeit verstarb, wirklich zu ihren höheren Glückszuständen gelangt ist, oder ob das, was sie uns über Liebe und Glück erzählte, einfach nur dazu bestimmt war, uns vor einer oberflächlichen Haltung zum Leben zu warnen ...«

Für manche Menschen soll es also etwas noch Besseres, noch Stärkeres geben als das Glück, eine Sphäre, die noch jenseits des Glücks liegt. Wir wissen von psychischen Zuständen, die so intensiv sind, dass man aus sich selbst hinaustritt. Die mystische Ekstase, die Blaise Pascal am 23. November 1654 zwischen halb elf Uhr abends und Mitternacht durchlebte, sollte den weiteren Verlauf seines Lebens völlig ändern. Er hinterließ darüber ein paar Worte (»Freude, Freude, Freude, Tränen der Freude ...«) auf einem Pergament, das unter dem Namen *Memorial* bekannt wurde und das er bis zu seinem Tod aufbewahrte. Man fand es eingenäht in das Futter eines Kleidungsstücks.

Der heilige Augustin definierte Seligkeit als »Freude in der Wahrheit«. Das katholische Dogma spricht vom »wahrhaftigen Glück, welches Gott dem Menschen gewährt, der Seinem Willen treu folgt«, und unterstreicht dabei, dass man mit dem Begriff der Seligkeit das Dauerhafte besser hervorheben kann: »Man spricht von flüchtigem Glück, aber nicht von flüchtiger Glückseligkeit«.[5]

Das Alltagsglück der Leute, die weder Heilige noch Weise sind, setzt sich keine so hohen und beeindruckenden Ziele wie die Begegnung mit Gott oder der Wahrheit. Und vor allem setzt Glück eine Erfülltheit im Rahmen der eigenen Person voraus und nicht etwa ein »Heraustreten« aus sich selbst wie bei der Ekstase oder der Verzückung. Im Glück ist man nicht abgeschnitten von der Welt, sondern eng mit ihr verbunden. Dennoch werden wir bald sehen, dass Glück auf einen Bereich jenseits des Alltagslebens verweist.

Warum müssen wir überhaupt Unterschiede machen?

Ein Kind reicht Ihnen ein Bild und sagt mit strahlendem Lächeln: »Bitte, das ist für dich.« Dann läuft es trällernd davon. Was Sie in dieser Situation spüren, ist sicher angenehm. Aber was für ein Gefühl ist es genau? Vergnügen? (»Seine Geste hat mir Vergnügen bereitet.«) Freude? (»Ich habe mich sehr gefreut!«) Oder vielleicht Glück? (»Das hat mich so glücklich gemacht ...«) Hätte diese Geste Sie genauso berührt, wenn Sie sorgenvoll oder gestresst gewesen wären? (Man kann nämlich auch unempfänglich fürs Glück sein.) Und wäre das Kind überhaupt zu Ihnen gekommen, wenn Sie nicht ansprechbar gewesen wären? (Man kann das Glück auch auf Distanz halten.)

Weshalb stellen wir uns solche Fragen? Letztendlich sind doch all diese Zustände angenehm, weshalb begnügen wir uns nicht damit, sondern bohren immer noch tiefer? Es ist offensichtlich, dass uns solche Empfindungen dem Glück näher bringen, dennoch ersetzen sie es nicht. Wenn man weiß oder fühlt, dass es noch »irgendetwas anderes« geben kann, was diese angenehmen Zustände übersteigt und in sich einschließt, ist das schon eine mächtige Motivation. Wie wir noch sehen werden, gibt es angesichts der Bedrohungen durch Unglück auch eine *Notwendigkeit* des Glücks.

Tatsächlich ist es nicht das Wichtigste, die eigenen Empfindungen präzise benennen zu können; entscheidend ist vielmehr, dem Glück den Weg frei zu machen, es sich selbst zu schmieden. Das Nachdenken über die Nuancen ist aber nützlich, weil – wie der Philosoph Alain einmal sagte – »Vergnügen oder Freude oder Glück, wie man es auch nennen mag, nicht einfach zu ergreifen ist, sondern zu *machen*«. Um unser Glück zu »machen«, müssen wir offen sein für alles, was uns ihm näher bringt, es sogar kultivieren. Aber wir sollten auch ein wenig über unsere unmittelbaren Erfahrungen hinaus denken ...

Wie machen wir die Erfahrung des Glücks?

Stellen Sie sich einen schönen Sommerabend vor. Sie haben gerade eine Weile draußen in der milden Nachtluft zugebracht, den Grillen gelauscht und die Sterne betrachtet (eine günstige *Situation* für Glücksgefühle).

Dann betreten Sie Ihre Wohnung und werfen einen Blick ins Kinderzimmer. Sie sehen, dass Ihr Kind vor dem Einschlafen all seine Plüschtiere sorgsam um sich aufgebaut hat. Sein Kopf guckt aus der Bettdecke heraus und ist von einer Galerie possierlicher kleiner Tiere umgeben. Sie fühlen sich von diesem Anblick sehr berührt (Glücks*emotion*).

Im Bett unterhalten Sie sich noch mit Ihrem Partner über das Glück, und jeder teilt dem anderen seine Sichtweise mit. Ihnen scheint es, als wäre Glück der Lohn für bestimmte Anstrengungen, aber Ihr Partner glaubt, man könne es gar nicht bewusst suchen, es werde uns immer nur vom Zufall geschenkt (*Sichtweisen* auf das Glück).

Kurz vor dem Einschlafen fühlen Sie sich gut und machen sich bewusst, welches Glück Sie haben, all diese Augenblicke erleben zu können. Gleichzeitig überlegen Sie, was Sie tun müssen, damit es auch weiterhin solche Momente gibt (*Konstruktion* des Glücks). Und dann sinken Sie in den Schlaf, denn Sie haben eine Menge nachgedacht …

Sie haben gerade vier Glückserfahrungen gemacht, die sich ihrer Natur, ihrer Wirkungsweise und ihrer Bedeutung nach unterscheiden: Situation, Emotion, Konstruktion und positive Sicht aufs Glück. Was umfassen diese Begriffe, und welchen Beitrag können sie leisten?

Günstige Situationen für Glücksgefühle

Mit einem meiner Lehrer, der jetzt als Rentner im Südwesten Frankreichs lebt, sprach ich lange über das Glück. Hier ein Auszug aus einem Brief, den er mir nach unserem Gespräch schickte:

»Lieber Christophe,

du hast mich neulich gebeten, dir ein paar glückliche Augenblicke zu schildern. Hier sind welche, die noch recht frisch sind und die ich ganz ungeordnet aufliste:

Wenn meine Frau Blumensträuße ins Haus stellt;

wenn ich morgens die Fenster meines Zimmers aufmache und meine geliebte Landschaft sehe;

wenn ich am Telefon die fröhlichen und kräftigen Stimmen meiner Kinder höre;

wenn ich mit Freunden ein Ringeltaubenragout esse;

wenn ich die ersten bedeutsamen Gespräche mit meinen Enkeln führe;

wenn ich den geheimnisvollen Flug der Kraniche beobachte;

wenn ich einen kaputten Fensterladen repariert und wieder an seinen Platz gesetzt habe und nun das Resultat betrachte;

wenn ich einen überraschenden Anruf von Freunden erhalte, die in der Region Urlaub machen und für den späten Nachmittag ihren Besuch ankündigen;

wenn ich allein im Wald spazieren gehe und hin und wieder stehen bleibe, um auf die Geräusche der Natur zu lauschen;

wenn ich mit meinen Neffen einen alten Armagnac verkoste …«

Wir sprechen häufig von »Augenblicken des Glücks«, um jene so gewöhnlichen wie köstlichen Momente zu bezeichnen, die uns der Alltag zu bieten hat. Unbestreitbar gibt es Augenblicke, die das Auftreten von Glücksgefühlen mehr begünstigen als andere. Sie gehen fast immer aus dreierlei Situationen hervor: Momente des Austauschs mit anderen Menschen (miteinander reden, sich schreiben oder anrufen), Momente der tiefen inneren Kommunikation (mit der Natur oder der Kunst) oder besonderer Empfindungen (etwa des Körpers oder des Geschmackssinnes) sowie Momente der Selbstverwirklichung (in der Arbeit oder einer anderen Aktivität, die man liebt).

Bestimmte Tage scheinen uns mit solchen Glückssituationen reicher zu bedenken als andere. Aber liegt der Grund dafür wirklich in der Situation oder in unserer Aufnahmefähigkeit? Wir können solche Augenblicke nämlich durchaus verpassen, sie weder erkennen noch beim Schopfe packen, an ihnen einfach vorbeigehen. Wir können uns aber auch auf die Suche nach ihnen machen und unsere Empfänglichkeit für solche Momente ausbauen. Das Subjektive spielt dabei eine wichtige Rolle: manchmal können wir diese kleinen Funken des alltäglichen Glücks einfach nicht spüren. Die beschriebenen Situationen und Augenblicke sind jedoch letztendlich nur ein Sprungbrett für unser Glück: Es muss erst noch verwirklicht werden.

Die Emotionen des Glücks

Sophie meint: »Das Glück macht, was es will, es kommt und es geht, es entzieht sich größtenteils unserer Kontrolle. Es ähnelt eher einer Katze als einem Hund: Wie diese entscheidet es selbst, ob es auf unseren Schoß kommen und schnurren will oder nicht; es kann uns auch links liegen lassen oder für mehrere Tage verschwinden. Es kommt nicht gleich herbei, wenn man es ruft. Deshalb sage ich nicht gern, dass ich glücklich *bin*. Ich gestehe mir gerade mal zu, dass ich mich glücklich *fühle*. Glück ist kein stabiler Zustand, es ist etwas Unkontrollierbares und Subjektives.«

»Sich glücklich fühlen« – damit gelangen wir in eine etwas andere Dimension: Das Glück liegt nicht mehr nur in unserer Außenwelt, sondern wir haben es in Form einer Emotion verinnerlicht.

Eine Emotion ist die körperliche und psychische Wahrnehmung einer Situation, eine Wahrnehmung, die schneller arbeitet als Intelligenz oder Sprache. Emotionen sind unwillkürlich: Wir können ihr Auftreten nicht kontrollieren (aber immerhin ihre Intensität steuern und selbst entscheiden, ob wir sie ausdrücken wollen, und wenn ja, auf welche Weise). Wir können sie nicht herbeiführen: Niemand *beschließt*, eifersüchtig, zornig oder freudig erregt zu sein.

Das Glück ist also unzweifelhaft mit der Welt der Emotionen verbunden (wir werden allerdings sehen, dass noch ein *gewisses Etwas* dazukommt). Wir verspüren es unwillkürlich, körperlich und geistig. Oftmals kann es auf Worte verzichten, und auf Befehl vermögen wir nicht glücklich zu werden.

Wie es unter den Emotionen eher diskrete gibt (etwa die Sehnsucht) und andere, die einen fast umwerfen (Freude), so kann auch das Glück selbst einmal mehr, einmal weniger intensiv oder überwältigend ausfallen.

Die Konstruktion des Glücks

Die beiden oben erwähnten Erfahrungen – das Glück begünstigende Situationen und Emotionen – gehen aus einer Interaktion zwischen der Umgebung (Was hat sie zu bieten?) und der Person (Wie reagiert sie?) hervor. Was man »Konstruktion des Glücks« nennen könnte, ist kein bloß passives Phänomen – man erlebt angenehme Situationen und zeigt sich empfänglich für sie –, sondern ein aktives:

Man sucht solche Momente, beschwört sie herauf, steigert ihre Intensität und Dauer.

Dies bestätigt auch die Etymologie. Während die Herkunft der deutschen Wörter »Glück« und »glücklich« unklar ist, bezeichnet das französische Adjektiv »heureux« eigentlich denjenigen, der von einem günstigen Schicksal profitiert. Das Glück, »le bonheur«, ist damit die »günstige Stunde«, die gute Gelegenheit.[6] Später hat sich der Wortgebrauch verändert, und »bonheur« wurde zur Bezeichnung eines geistigen Zustands. Diese Bedeutungsentwicklung des Wortes entspricht veränderten Haltungen und Überzeugungen zum Thema Glück. Über Jahrhunderte hinweg sind wir allmählich zur Einsicht gelangt, dass uns das Glück nicht bloß vom Schicksal geschenkt wird, sondern dass wir es selbst aufbauen und erobern können. In der Alltagssprache verwenden wir zum Beispiel den Ausdruck »seines eigenen Glückes Schmied sein«.

Im Brief meines Lehrers aus dem Südwesten, aus dem ich weiter oben einen Auszug zitiert habe, waren auch einige Beispiele für ein Glück aufgeführt, das deutlich mit Anstrengungen, mit einem Aufbauprozess, verbunden ist: »(...) wenn ich mir insgeheim vornehme, mich mit einer Person zu versöhnen, mit der ich mich zerstritten habe, und wenn mir das dann tatsächlich gelingt; wenn ich mir für einen unglücklichen Freund Zeit nehme und ihm zuhöre; wenn ich bei meinen inneren Kämpfen ab und an einen Sieg erringe (...)«.

Dieser Übergang vom *empfangenen* zum *selbst geschaffenen* Glück ist vergleichbar mit den Veränderungen beim menschlichen Nahrungserwerb (Glück ähnelt übrigens in gewisser Hinsicht tatsächlich einer psychischen Nahrung).

Lange Zeit waren die Menschen Jäger und Sammler: Ihre Nahrung war das, was sie in ihrer Umwelt fanden und zusammentrugen. Dann wurden sie Ackerbauern und Viehzüchter, und das ermöglichte ihnen eine bessere Kontrolle über die Nahrungsressourcen. Das hatte Gutes zur Folge (weniger Hungersnöte, die Möglichkeit, andere technische oder kulturelle Aktivitäten zu entfalten, etc.), aber auch weniger Gutes (Machtkonflikte, Herrschaftsstreben, Krankheiten durch übermäßigen Nahrungskonsum ...).

Mit dem Glück ist es ebenso. Unser Trachten richtet sich heutzutage darauf, es zu zähmen; wir wollen uns nicht mehr nur mit *wildem* Glück zufrieden geben, sondern es gleichsam *züchten*. Spricht man nicht auch von Traumfabriken und Glücksindustrien, um die Mechanismen des Hollywood-Kinos zu charakterisieren? Die große Frage ist natürlich, ob dieses gezüchtete Glück genauso gut schmeckt wie das wilde, ob Kulturglück mit natürlichem Glück mithalten kann.

Aber wahrscheinlich ist es falsch, hier einen Konflikt zu sehen. Haben wir uns nicht schon lange abgewöhnt, ständig einen Gegensatz zwischen Tageslicht und elektrischer Beleuchtung zu konstruieren? Beide sind notwendig für uns, und beide haben ihre Reize. Man kann die Morgenröte über einer Landschaft ebenso schön finden wie den nächtlichen Lichterglanz einer Stadt ... Ebenso verhält es sich mit dem wilden und dem gezüchteten Glück, mit dem vom Zufall geschenkten und dem erarbeiteten: Wir brauchen sie beide. Sie ergänzen einander und bilden in nichts einen Gegensatz, außer vielleicht in den ideologischen Überzeugungen gewisser Verfechter des Prinzips »Man darf das Glück nicht suchen, sonst ist es kein echtes Glück«.

Die Sicht aufs Glück

Aurélie erzählt: »Meine beiden Eltern unterschieden sich sehr in ihrer Haltung zum Glück. Meine Mutter war eine ängstliche Person, die sich immerzu Sorgen um die Zukunft machte und nie wagte, sich einmal richtig zu freuen, weil sie Angst hatte, das könnte jede Menge Unglück und Pech anziehen. Sie folgte der Devise *Nur im Verborgnen lässt sich's glücklich sein.* Bei ihr lief es wirklich so: ›Lasst uns unser Glück verstecken und sogar so tun, als würden wir es nicht erkennen, wenn es uns zufällig über den Weg läuft!‹ Sie glaubte fest daran, dass Glück ein unberechtigter und unverschämter Zufallstreffer wäre und dass es den Zorn der Götter oder den Neid der Menschen hervorrufen könnte. Bei meinem Vater war es genau umgekehrt. Er war überzeugt, dass Glücklichsein möglich sei und jedermann ein Recht darauf habe, ja dass wir eigentlich auf der Welt wären, um glücklich zu sein. Ihm erschien Unglück als etwas Anormales. So wie meine Mutter sich über alles und jedes Sorgen machte, war er in ziemlich allen Angelegenheiten zuversichtlich. Und wenn sie seinen grundlegenden Optimismus tadelte, entgegnete er: ›Selbst wenn ich mich irre, tut es mir doch gut, daran zu glauben.‹«

Wenn man sich glücklich fühlt, fällt das in den Bereich der Emotionen. Die Auffassung, dass Glück möglich sei oder dass man selbst ein glückliches Leben führen würde, fällt hingegen in den Bereich des Urteilsvermögens, man könnte sogar sagen, der inneren Überzeugung: Es ist eine subjektive und persönliche *Sichtweise* auf die Welt. Diese Sicht formt weitgehend das Bild, das wir uns von unserem Leben machen, und erklärt, weshalb wir es als glücklich oder unglücklich ansehen. Wir selektieren oder ignorieren bestimmte Ereignisse, wir schreiben ihnen eine mehr oder minder große Bedeutung zu. So können wir etwa für Glückssituationen blind sein und Glücksemotionen vergeuden – oder aber ganz im Gegenteil dauerhaft aus der Erinnerung an einige glückliche Momente Kraft schöpfen.

Eine positive Sicht aufs Glück kann uns ein harmonischeres Gefühlsleben verschaffen. Einer meiner Patienten sagte einmal: »Wenn ich traurig und müde bin, kann ich es kaum erwarten, bis ich wieder glücklich bin ...« In diesem Satz scheint eine bestimmte Sichtweise aufs Glück durch: Selbst in der Traurigkeit weiß man, dass das Glück schließlich doch wiederkommen wird. So ist man ja auch nicht am Boden zerstört, wenn es regnet, sondern hofft auf den nächsten Sonnenschein.

Genau dies können depressive Personen jedoch nicht, denn sie sind überzeugt, dass ihre Leiden kein Ende mehr nehmen werden. Daher ist ihre schmerzliche Traurigkeit tatsächlich eine Krankheit, und es fällt ihnen so schwer zu »kämpfen« und »sich ein bisschen zu rühren«, wie es ihnen von ihrer Umgebung empfohlen wird. Die Krankheit ist wie eine Dampfwalze über ihre Vorstellung vom Glück gefahren und hat dabei jede Motivation zerstört, eigene Anstrengungen zu unternehmen (»Was soll's? Das Leben bringt eh bloß Leid und Enttäuschungen ...«). Deshalb bedarf die Depression auch einer medikamentösen oder psychotherapeutischen Behandlung; sie verschwindet nicht einfach durch den guten Willen der erkrankten Person. Aber kehren wir zur Vorstellung vom Glück zurück.

Worauf beruht diese Sicht eigentlich? Häufig sind es eher subjektive als objektive Elemente, die sie prägen, und stets ist es eine ganz persönliche Geschichte, eine individuelle Lebensbahn: Die oben zitierte Aurélie hatte begonnen, wie ihre Mutter zu »funktionieren«, und eine übersteigerte Ängstlichkeit vor dem Leben entwickelt, bis sie über dreißig war; erst dann gelang es ihr allmählich, wie ihr Vater das Glücklichsein für möglich zu halten.

Jeder von uns hat also *a priori* eine Ansicht über das Glück: Man meint, dass es erreichbar oder unerreichbar sei, mit Aktivität verbunden oder mit Ruhe, mit der Pflege sozialer Bindungen oder eher mit einem Rückzug aus der Gesellschaft. Wir wissen alle, dass es Glück nur in Intervallen gibt. Aber es gibt Menschen, die deswegen resignieren und auf den Zufall hoffen, und andere, die es sich in den Kopf gesetzt haben, diese Intervalle häufiger und dauerhafter kommen zu lassen ...

»Ich habe das Glück gekannt, aber es war nicht das, was mich am glücklichsten gemacht hat.«

Nach diesem Überblick über die verschiedenen Glückserfahrungen können wir eine der Bedeutungen dieses scheinbar paradoxen Satzes von Jules Renard besser verstehen.

Es gibt einerseits ein Glück, das uns vom Leben geboten wird (Situationen und Emotionen), andererseits ein Glück, das wir uns selbst aufbauen und gestatten (Konstruktion und Sichtweise). Ersteres gibt uns Gelegenheit, Glück zu verspüren, was ja schon eine Menge wert ist. Letzteres hilft uns, ein Leben zu führen, das etwas glücklicher ist, als es die Wechselfälle des Daseins uns sowieso erlaubt hätten – und das ist noch besser.

Da ich Jules Renards *Tagebuch* mehrmals andächtig durchgelesen habe, glaube ich inzwischen, dass er mit seinem Aphorismus noch etwas anderes sagen wollte: Kleine Glücksmomente können uns glücklicher machen als das ganz große Glück und unserem Leben mehr Sinn verleihen. Wir werden darauf noch zu sprechen kommen. Außerdem meint er, dass Glück weder völlig rational ist (selbst wenn die Vernunft uns helfen kann, es besser zu zähmen) noch vorhersehbar (obwohl es sich lohnt, wenn man vorher darüber nachdenkt). Wir werden noch sehen, weshalb.

Das Glück, ein sehr spezielles Gefühl

Am Anfang war das Wohlbefinden …

»Glück, das ist, wenn ich mich wohl fühle …«

Was stünde dem edlen Konzept des Glücks beim ersten Hinsehen ferner als das Wohlbefinden, ein viel trivialeres und vielleicht sogar banales oder spießiges Konzept? Dennoch ist es gerade das Wohlbefinden, welches uns seiner Natur nach dem Glück besonders nahe bringt.

Die Wissenschaftler, die mit dem Begriff des Glücks sehr vorsichtig umgehen, arbeiten lieber mit dem Ausdruck Wohlbefinden. Über dieses werden heutzutage immer mehr Untersuchungen angestellt.[7] Jean-Louis Servan-Schreiber schlägt in seinem Essay *Zufrieden leben* mit hintergründiger Ironie vor, aufs Glück zu verzichten – oder zumindest auf den Gebrauch des Wortes – und stattdessen lieber nach *Zufriedenheit* zu streben, dem »Kleingeld des Glücks«[8].

Es stimmt schon, dass es häufig so läuft: Angenehme Augenblicke begegnen uns, oder vielleicht haben wir sie sogar selbst hervorgerufen. Sie können logisch und vorhersehbar sein – wenn wir im Frühling auf einem Weg spazieren, dessen Schönheit wir kennen und lieben, wenn wir an einem Fest teilnehmen, mit einem Freund oder einer Freundin über das Leben reden, unsere Lieblingsmusik hören … Sie können aber auch überraschend hervorsprudeln oder wie Funken aufsprühen: wenn wir draußen einen Vogel singen hören, während wir uns mit einer schwierigen Arbeit abplagen, wenn uns ein Unbekannter zulächelt, wenn uns unerwartet jemand anruft, den wir sehr gern haben, oder wenn wir zwei Kinder Hand in Hand die Straße entlangspazieren sehen …

All diese Momente sind uns auf die eine oder andere Weise angenehm, sie tun uns gut. Und alles, was zu unserem Wohlbefinden beiträgt, erleichtert das Aufkommen von Glück. Das Wohlbefinden ist letztendlich aber nur wie eine Kreuzung, wie ein Fenster, das auf viele Möglichkeiten hin geöffnet ist. Mal begnügt es sich mit sich selbst, mal gewährt es Zugang zu ganz anderen Dingen. In diesem Stadium ist Glück erst ein Phantom, ein Versprechen.

Glück ist ein Gefühl

Ohne die grundlegende Zutat der *Bewusstmachung* würde aus Wohlbefinden niemals Glück werden. Montesquieu schrieb: »Man müsste die Menschen von ihrem Glück überzeugen, denn selbst wenn sie sich seiner erfreuen, wissen sie doch nichts von ihm.« So gewinnt das Wohlbefinden, das Fundament unseres Glücks, einen anderen Status, wenn wir es uns bewusst machen: Von einem nur komfortablen Zustand kann man zu einem viel intensiveren Phänomen gelangen.

Dieser psychische Vorgang der Bewusstmachung ist schwieriger, als es den Anschein hat. Er wird von vielen alltäglichen Hürden behindert, die eine Patientin einmal »Verschmutzungen der Psyche« nannte: Sorgen, Stress, Ermüdung, überzogene Forderungen ... Daran liegt es wohl auch, dass Glück so oft nur in der Rückschau wahrgenommen wird. Auch die Dichter haben das in traurigen Versen unterstrichen: »Glück, ich habe dich an dem Geräusch erkannt, das du beim Fortgehen machtest.«

Die Offenheit für den Augenblick ist jedenfalls ein unverzichtbarer Bestandteil des Glücks. Manch einer, etwa Albert Camus, hat dieses »Bewusstsein« sogar über das Glück gestellt: »Ich wünsche mir jetzt nicht mehr, glücklich zu sein, sondern ich möchte nur wach sein.« *Montaigne oder das glückliche Bewusstsein* ist auch der Titel eines der schönsten Bücher[9] über den Philosophen, der das Glück so aufmerksam beobachtete und in seinen *Essais* schrieb: »Ich, der ich kein anderes Ziel habe als zu leben und mich zu erfreuen.«

Glück ist mehr als guter Wille oder ein innerer Diskurs (denn man kann sich nur schwer überzeugen, dass man glücklich ist, wenn Körper oder Herz nicht folgen wollen), mehr als eine Emotion oder eine angenehme Stimmung. Dank der Bewusstmachung ist Glück das, was die neuropsychologische Forschung ein *Gefühl* nennt, jene »mentale und individuelle Erfahrung einer Emotion«[10]. Die Bewusstmachung muss sich zur Emotion des Wohlbefindens gesellen, um zu einem Glücksgefühl zu führen. Aber noch immer fehlt uns eine letzte Dimension …

Glück ist sich selbst genug

Clémence erzählt: »Mein größtes Glück? Das war letzten Sommer, so ein richtiges Kitschpostkartenglück! Ein Sonnenuntergang, den ich auf dem Heck eines Schiffes erlebte, das mich vom Urlaub auf einer griechischen Insel zurückbrachte. Mein Freund stand neben mir, und die Landschaft war herrlich. In diesem Moment wollte ich nichts anderes mehr – ein Zustand, den ich selten erlebe, denn ich bin von Natur aus eher unzufrieden. Ich hatte den Eindruck, dass alles, was ein Mensch an Angenehmem verspüren kann, in diesem Augenblick lag.«

Die Glückserfahrung ist eine Übersteigung des Wohlbefindens. Im Unterschied zum Vergnügen strömt das Glück über die Person hinaus, entzieht sich ihrer Kontrolle und überschreitet ihre körperlichen und psychischen Grenzen. Unser Glück ist größer als wir selbst, es zieht uns nach oben, füllt uns ganz aus und schwappt sogar über. Vor allem jedoch ist Glück das einzige Ziel menschlichen Strebens, das sich selbst genug ist. Wenn wir es erst einmal erreicht haben, verlangt es uns nach nichts anderem mehr. Antike Philosophen wie Aristoteles betrachteten es daher als *summum bonum*, das »höchste Gut«.

Die Wahrnehmung eines Zustands der Erfülltheit, der Eindruck, am ersehnten Ziel angelangt zu sein, so dass man nichts weiter wünscht als die Fortdauer dieses Augenblicks – hier haben wir das dritte Element, das uns zu begreifen erlaubt, was Glück ist. Dies war auch Diderot und d'Alembert nicht entgangen, denn ihre Definition von Glück in der

Enzyklopädie enthält folgende Passage: »Ein Zustand, eine Lage, deren unabänderliche Fortdauer man wünschte ...«[11]

Mit dem Glück treibt man keine Scherze!

»Wenn die Familie am Tisch versammelt war und die Suppenschüssel dampfte, sagte meine Mutter bisweilen: ›Hört mal einen Augenblick auf zu trinken und zu schwatzen!‹ Wir gehorchten und schauten einander amüsiert an, ohne zu begreifen, was los war. ›Es ist nur‹, sagte sie, ›damit ihr mal an das Glück denkt.‹ Und da verging uns die Lust am Lachen ...«[12]

Diese Kindheitserinnerung von Félix Leclerc, einem Sänger aus Quebec, ruft uns auf poetische Weise ein Paradoxon unseres Bewusstseins ins Gedächtnis: Es verstärkt und sublimiert unsere Augenblicke des Wohlbefindens, aber es schenkt uns mit dem Glück zugleich das Wissen um seine Zerbrechlichkeit.

Der Autor Philippe Delerm machte diese verwirrende Erfahrung, während er aus der Ferne seiner Frau und seinem Sohn zuschaute: »Ich weiß es. Nie werde ich glücklicher sein als jetzt. Ich nenne mein Glück beim Namen; es macht mir plötzlich Angst, und ich bekomme eine Gänsehaut.«[13]

Wir sind also weit entfernt vom Abziehbildchen eines fröhlichen und einfältigen Glücks, eines harmlosen Glücks ohne Dornen. Glück ist etwas Ernstes ... Hat es vielleicht gar einen leicht tragischen Zug? Das Streben der Menschen nach Fortdauer ihres Glücks ist nämlich aufgrund der inneren Natur eben dieses Glücks zum Scheitern verurteilt: Wie jedes Gefühl ist auch das Glück ein instabiles Gleichgewicht zwischen Biologie und Psychologie, zwischen unserer persönlichen Geschichte und unserer Umgebung.

Nichts ist vollkommen, nicht einmal das Glück!

Die Alchimie des Glücks

Jetzt verstehen wir besser, weshalb das Glück so wenig gehorchen will! Die Abfolge der psychischen Vorgänge, die zu seinem Entstehen notwendig sind, ist komplex und subtil.

Fassen wir zusammen: Ich verspüre etwas, ich mache es mir bewusst, ich wünsche mir nichts anderes mehr, und zur gleichen Zeit weiß ich, dass es enden wird …

Diese Kette ist sehr fragil: Vielleicht bin ich gerade nicht bereit, das Wohlbefinden wahrzunehmen; vielleicht habe ich keine Kraft, keine Lust oder nicht die Fähigkeit, diesen Zustand so gut wie möglich zu nutzen. Wenn uns die heikle Alchimie des Glücks bewusst wird, kann uns das dazu bringen, die glücklichen Momente tiefer auszukosten, *wenn sie schon verfliegen müssen*; diese Einsicht kann uns jedoch auch quälen, wenn wir immerzu daran denken müssen, *dass dieses Glück bald verschwunden sein wird.*

Im Lauf dieses Buches werden wir gemeinsam entdecken, wie der Prozess des Glücks behindert oder gefördert werden kann. Und Sie dürfen beruhigt sein – wie in den guten alten Hollywoodfilmen gibt es, nach so manchen Irrungen und Wirrungen, auch hier ein Happyend.

Kapitel 2

Das verhinderte Glück

Wir sehnen uns nach der Wahrheit und finden in uns nur Ungewissheit. Wir streben nach dem Glück und finden nur Elend und Tod.

BLAISE PASCAL

»Du schreibst ein Buch über das Glück? Über eine Sache, die man weder definieren noch erreichen kann? Mach doch lieber was übers Unglück, das ist einfacher!«

Auf diese Ratschläge eines Freundes habe ich nicht gehört, aber in mindestens einem Punkt hatte er Recht: Es ist schwer, über das Glück zu reden, ohne die Frage des Unglücks anzuschneiden. Oder vielmehr die Vielzahl von Fragen, die mit dem Unglück verbunden sind: Warum fällt es so vielen Menschen schwer, das Glück zu ergreifen? Warum ist nicht unbedingt glücklich, wer nicht unglücklich ist? Und kann man nach einem sehr schlimmen Unglück weiterleben?

Mir fehlt die Begabung fürs Glücklichsein

Als er sein Glück zu packen glaubt, zerdrückt er es ...

LOUIS ARAGON

Ève meint: »Glück – also ich kriege das nicht hin. Vielleicht macht es mir ja Angst. Und wenn es da ist, sehe ich es nicht, oder es bereitet mir ein mulmiges Gefühl, und ich fliehe vor ihm. Oder ich mache es kaputt und weiß dabei ganz genau, dass ich mir selbst wehtue. Ein Psychiater hat mir einmal gesagt, ich hätte zu große Angst vorm Glück, als dass ich glücklich werden könnte. Das Problem ist, dass er mir nicht beigebracht hat, diese Angst abzubauen ...«

Gibt es eine Angst vor dem Glücklichsein?

Ich erinnere mich noch, dass ich als junger Assistenzarzt oft überrascht war, wenn ältere Psychiater über bestimmte Patienten sagten, sie hätten *Lust, sich schlecht zu fühlen*, wenn sie ihnen Masochismus oder Widerstand gegen die Heilung unterstellten. Ende des 20. Jahrhunderts war dies eine schlechte Angewohnheit der Psychiatrie: Wenn man es nicht schaffte, jemanden gesund zu machen, ließ man ihn selbst die Verantwortung dafür tragen. Ich brauchte lange, um zu begreifen, dass die Worte meiner Vorgänger mehr von ihrem Unvermögen zu heilen und ihrer Mutlosigkeit als Therapeuten zeugten, als dass sie irgendeine Realität widerspiegelten. Später habe ich zum Thema Glück die gleichen Redensarten gehört: Die Angst vor dem Glück läge im Wesen des Menschen ... Ist das auch nur so ein Vorurteil?

Manchmal ist es Ungeschick: »Was soll man denn mit Glück anfangen?«

»Ich vertrage das Glück nicht gut. Aus Mangel an Gewohnheit«, schrieb Marguerite Yourcenar.[1] Wie wir noch sehen werden, gibt es ein Know-how des Glücks, aber manche Menschen haben es nie gelernt. Das ist am häufigsten der Fall und nicht etwa die angebliche »Angst vor dem Glück«. Jeder strebt danach, glücklich zu sein, aber nicht alle Menschen wissen, wie man es schafft oder wie man das Glück nutzt. Und wenn es dann kommt oder vielmehr, wenn es sich einem anbietet (denn das Glück kommt niemals als solches, sondern stets in Form einer Möglichkeit oder eines Entwurfs), ist man bisweilen verloren. Paul Fort, der Autor des berühmten Gedichts *Das Glück liegt in den Wiesen*, schrieb zu diesem Thema: »Was soll man mit dem Glück anfangen, wenn man nicht sein Meister ist und auch überhaupt nicht weiß, woran man es erkennt und wie man sich in ihm einrichtet?«

… oder Furcht: »Und was kommt nach dem Glück?«

Für ängstliche Menschen ist Glück etwas Verzwicktes. Kaum ist es eingetreten oder auch nur in der Ferne sichtbar geworden, fragen sie sich schon: »Und was kommt danach?« Das Erscheinen des Glücks oder auch der bloße Gedanke daran weckt in ihnen unverzüglich die Angst vor seinem Verlust, seinem Verschwinden. Manch einer wendet dann die einzig mögliche Vorsichtsmaßnahme an: »Das Glück fliehen aus Angst, dass es selbst davonrennt« – wie in Serge Gainsbourgs Chanson.

Wie wir schon sahen, ist das Wissen um die kurze Dauer allen Glücks dem Glück eingeschrieben. Aber diese Erkenntnis ist für manche schwer zu ertragen, sie ziehen es vor, ums Glück einen Bogen zu machen: »Ich halte mich vom Glück lieber zwei Schritt entfernt, als mich mit beiden Füßen hineinzustellen …«[2]

… oder auch Aberglaube: »Seinem Glück Unglück bringen«

Élie erzählt: »Wenn ich mich glücklich fühle, wenn es mir scheint, als hätte ich es gut erwischt, freue ich mich lieber nicht offen darüber, denn das könnte meinem Glück und dem meiner Angehörigen Unglück bringen. Ich möchte meine Glücksmomente ausleben, aber ohne darüber zu reden, ganz im Stillen. Als wir gerade unser Haus gekauft hatten, machten wir eine Einweihungsfeier. Einer meiner Freunde stellte sich zu mir und bemerkte: ›Na, du musst doch glücklich sein in diesem schönen Haus?!‹ Ich fühlte mich richtig in der Klemme und wusste nicht, was ich sagen sollte. Es stimmte schon, ich war glücklich, dort zu wohnen, aber es machte mir Angst, das offen auszusprechen. Ich glaube, ich habe irgendwie ausweichend geantwortet …«

Wie schützt man sich vor Unglück, wie kann man das Glück auf sich ziehen? Die Beziehung zwischen Glück und Unglück bildet seit Urzeiten die Quelle der meisten abergläubischen Vorstellungen.[3] Im antiken Griechenland sagte man, die Götter seien manchmal neidisch auf das Glück der Sterblichen. Daher rührt es vielleicht, dass man in den Mittelmeerkulturen zögert, von seinem Glück zu erzählen oder es zur Schau zu stellen.[4] Schon indem man sein Glück offenlegt, könnte man ihm sozusagen Unglück bringen …

Heute weiß man, dass abergläubische Vorstellungen für eine Person umso wichtiger sind, je schwächer bei ihr das Gefühl entwickelt ist, das eigene Dasein und die Lebensbahn unter Kontrolle zu haben. Ausgeprägte magische Überzeugungen in Bezug auf das Glück bedeuten oft, dass der oder die Betreffende nicht über ausreichende Fähigkeiten (oder ein ausreichendes Selbstvertrauen) verfügt, um sich ein eigenes Glück aufzubauen.

... oder traurige Gewohnheit: »Unglück – damit kenne ich mich aus!«

Olga meint: »Wie soll ich es ausdrücken? Meine Orientierungspunkte habe ich seltsamerweise im Unglück. Ich bin Einsamkeit gewohnt, Traurigkeit, Sehnsucht, Schwermut ... Wenn eine Liebesbeziehung zerbrochen ist, bin ich traurig und erleichtert zugleich: Ich weiß, dass ich nun zu meinen kleinen Gewohnheiten zurückfinden werde, zu meiner Routine einer Unverheirateten im fortgeschrittenen Alter. Allein verbrachte Abende, Tiefkühlkost vor dem Fernseher. Mir scheint, als wäre ich in diesen Zeiten mehr ich selbst als bei meinen Versuchen, mit jemandem zusammenzuleben; ich habe ständig Angst, nicht mehr lieben zu können oder nicht mehr geliebt zu werden, und bin enttäuscht, wenn ich die Wirklichkeit mit meinen Erwartungen vergleiche ...«

Oftmals bin ich Patienten und Patientinnen begegnet, die an einer solchen »Gewöhnung ans Unglück« litten und eine traurige Komplizenschaft mit ihrer Lage aufgebaut hatten. In den unglücklichen Momenten erkannten sie sich besser wieder als in den glücklichen Augenblicken; einer von ihnen sprach sogar vom »angenehmen Kokon der Traurigkeit« (der aber nur unter der Bedingung angenehm bleibt, dass man nicht zu lange in ihn eingesponnen ist). Der amerikanische Dichter Thoreau bezeichnete diese Menschen als »Existenzen der stillen Verzweiflung«.

Das Phänomen ist besonders bei Personen mit geringer Selbstachtung festgestellt worden[5], die manchmal den Eindruck haben, der wahre Kern ihres Daseins liege eher im Leiden als in der Freude. Ihre Vertrautheit mit dem Unglück haben sie aber nicht freiwillig gewählt; sie ist ihnen durch eine Mangelerfahrung aufgezwungen worden. Weil das Leben sie nicht in der Handhabung des Glücks geschult hat, glauben sich solche Menschen dem näher, was sie gewohnt sind – der Traurigkeit.

Man kann sich auch fragen, ob diese fragilen Individuen nicht manchmal unbewusst die Strategie verfolgen, das Glück zu vermeiden, fürchten sie doch, es werde ihnen Leid bringen, wenn es wieder verschwindet. »Man soll sich nicht allzu sehr freuen, um hinterher nicht allzu sehr zu leiden«, ist ihre Devise. Hat Paul Fort nicht eine seiner Gedichtsammlungen betitelt: *Lieder, um mich im Glück zu trösten*?

Es gibt auch kulturelle Tabus: »Glück?! ... Nun seien Sie mal vernünftig!«

Früher waren mit dem Glück zahlreiche religiöse Verbote verbunden: Die katholische Kirche vertrat lange Zeit die Ansicht, das Glück solle nicht auf Erden gesucht werden, sondern erst im Paradies.

Heute sind die Schranken, die vor das Erlangen des Glücks gesetzt werden, weltlicher Art und diskreter. So schrieb Sigmund Freud, es stehe nicht im Schöpfungsplan, dass der Mensch glücklich werde. Und auch das Streben nach Glück wird als eitel und nichtig bezeichnet – für den Philosophen Alain ist »Glück eine Belohnung, die jenen zuteil wird, die es nicht gesucht haben«.

Der genaue Einfluss dieser kulturellen Stereotypen ist natürlich schwer abzuschätzen, aber zweifellos beschränken sie die Sicht mancher Menschen aufs mögliche Glück. Sobald wir uns jedoch bewusst werden, dass diese Vorstellungen nur religiös oder kulturell bedingte Blickwinkel sind, können wir uns ihnen gegenüber souverän verhalten: Wir können über sie nachdenken, sie anzweifeln oder modifizieren. Doch oftmals haben wir diese subtilen Verbote verinnerlicht, sie sind von unserem Unbewussten aufgesogen. Manche Patienten sprechen zum Beispiel von ihrer Überzeugung, »kein Recht aufs Glücklichsein« zu haben. Sätze dieser Art sind in meinen Augen immer ein Besorgnis erregendes Symptom und müssen im psychotherapeutischen Dialog an vorderster Stelle angesprochen werden: Weshalb und in wessen Namen sollten Menschen nicht das Recht haben, glücklich zu sein?

Es kommt sogar vor, dass man eine richtige Ahnenkette des Unglücks beobachten kann, eine Weitergabe jener Überzeugungen, die das Recht aufs Glück einschränken, von Generation zu Generation. Es gibt Familien, in denen sich die Kinder wie schon ihre Vorfahren ins Schicksal fügen müssen: »Fürs Glücklichsein sind wir nicht gemacht …«

Für einen Psychotherapeuten sind solche Sätze so etwas wie das rote Tuch für den Stier: Er bekommt sogleich Lust, sich darauf zu stürzen. Die Erfahrung zeigt jedoch, dass man behutsam vorgehen muss. Äußert man Zweifel an der Überzeugung, dass Unglück unvermeidlich und Glück verboten sei, so ficht man damit die Worte der Eltern und Großeltern an. Die Behauptungen der Menschen, die uns in die Welt gesetzt haben, können wir aber nicht einfach in den Wind schlagen. Ziel dieser Bemerkungen war ja zunächst nicht, uns zu schaden, und außerdem enthielten sie auch nicht nur Schlechtes. Es kommt nur darauf an, die richtige Auswahl zu treffen. Zudem braucht es seine Zeit, das Glück zu erlernen. Es ist zwecklos, Bestehendes allzu schnell zu zerstören, denn wir brauchen Orientierungspunkte, selbst wenn diese negativ sind und uns einschränken. Man muss also, wie der Psychoanalytiker Alain Braconnier schreibt, »die Kette sprengen«[6], aber gleichzeitig muss man etwas Neues aufbauen. So kommt es, dass manche Therapien viel Zeit in Anspruch nehmen.

Unser tägliches Unglück

Ein Weib wirst du dir vertrauen lassen; aber ein anderer wird bei ihr schlafen. Ein Haus wirst du bauen; aber du wirst nicht darin wohnen. Einen Weinberg wirst du pflanzen; aber du wirst seine Früchte nicht genießen. Dein Ochse wird vor deinen Augen geschlachtet werden; aber du wirst nicht davon essen. Dein Esel wird vor deinem Angesicht mit Gewalt genommen und dir nicht wiedergegeben werden. Dein Schaf wird deinen Feinden gegeben werden, und niemand wird dir helfen. Deine Söhne und deine Töchter werden einem andern Volk gegeben werden, dass deine Augen zusehen und verschmachten über ihnen täglich; und wird keine Stärke in deinen Händen sein. Die Früchte deines Landes und alle deine Arbeit wird ein Volk verzehren, das du nicht kennst, und wirst Unrecht leiden und zerstoßen werden, dein Leben lang, und wirst unsinnig werden vor dem, was deine Augen sehen müssen.

5. BUCH MOSE, 28, 30 – 34

Die meisten unserer Unglückserfahrungen sind längst nicht so schlimm wie die Ereignisse, die in dieser Bibelpassage auf die Häupter der Ungläubigen beschworen werden. Aber unsere kleinen Unglücke des Alltags führen deshalb nicht weniger zu Bedrückung und Leid. Denn wie fürs Glück gilt auch hier: Übers gesamte Dasein gerechnet, verstärkt sich der Eindruck von Unglück eher durch die Wiederholung als durch die Intensität der einzelnen Erfahrung. Das zeigt uns auch das (fiktive) Beispiel von Marie und Sixtine, das wir einer wissenschaftlichen Untersuchung zu diesem Phänomen nachgestaltet haben.[7]

Zwei Schwestern, Marie und Sixtine, erleben zwei glückliche Ereignisse: Sie gewinnen 1000 Euro im Lotto und bekommen in der Arbeit eine Prämie von 2000 Euro. Marie erlebt beides am selben Tag, Sixtine im Abstand von zwei Wochen.

Welche der beiden Varianten wird ihr Glück mehr erhöhen? Die meisten dazu befragten Personen (63 Prozent) denken, dass Sixtine besser dran ist: Von guten Nachrichten hat man mehr, wenn sie zeitlich ein bisschen auseinander liegen.

Die entsprechende Erfahrung macht man mit unglücklichen Ereignissen, wenn man zum Beispiel eine Geldbuße von 1000 Euro zahlen muss und vom Finanzamt einen Steuerbescheid über 2000 Euro bekommt. Auch hier gibt es den Unterschied zwischen beiden Schwestern: Marie erfährt die schlechten Neuigkeiten am selben Tag, während sie bei Sixtine zwei Wochen auseinander liegen. Wer wird sich weniger unglücklich fühlen? Die Mehrheit der Befragten (57 Prozent) meint, es sei Marie: Lieber sollen die Unglücke geballt kommen, als sich über einen längeren Zeitraum hinzuziehen.

Nach diesen Experimenten in praktischer Psychologie gälte also die Formel, dass man sein Unglück konzentrieren und sein Glück ausdehnen sollte. Aber das Leben lässt uns nur selten die Wahl …

Kann man sich selber unglücklich machen?

»Sie macht sich doch unglücklich …« Dass jemand richtiggehend Geschmack am Unglück findet, ist sicher ein so rares Phänomen wie der Masochismus. Dennoch war man lange Zeit schnell damit bei der Hand, das jemandem zu unterstellen, und am Ende glaubten es die Betroffenen manchmal selbst. Wie beim Masochismus sieht die Wirklichkeit jedoch anders aus. Für die so genannten Sadomaso-Paare kann es zwei Grundsätze geben: »Ich liebe ihn/sie, *weil* er/sie mich leiden lässt« oder aber »Ich liebe ihn/sie, *obwohl* er/sie mich leiden lässt«. Nur der erste Grundsatz, der in der Realität nicht so häufig vorkommt, fällt in den Bereich des wirklichen Masochismus.

Ebenso wenig sollten wir »Ich habe meine Mühe mit dem Glück« mit »Ich liebe das Unglück« verwechseln. Jeder von uns ist dazu fähig, sich vorübergehend unglücklich zu machen, sei es aus Trotz oder aus Unvermögen. Aber ein wahres und dauerhaftes Verlangen nach Unglück findet sich nur bei bestimmten Persönlichkeitsstörungen und fällt damit in die Zuständigkeit der Psychotherapie.[8]

Die Sichtweise der Unglücklichen

Früher sprach man von »Schicksalsneurose«, um den Drang gewisser Patienten zu bezeichnen, sich dauerhaft als Opfer eines übel wollenden Schicksals zu fühlen. Sie glauben zum Unglück verurteilt zu sein und alle Wege zum Glück versperrt zu finden. Diese Grundüberzeugung beeinflusst entscheidend ihr Verhalten. Nach ihren eigenen Worten scheinen sie das Unglück anzuziehen (»Gesetz der Serie«) und jedes Glück in die Flucht zu schlagen (»Ich habe doch jedes Mal Pech«).

Die Theorie der *Attributionen*, mit deren Hilfe man die Denkweise depressiver Personen verstehen kann, liefert uns auch erhellende Einblicke in die Mechanismen dieser Sicht aufs Glück und aufs Unglück.

Man kann die Depression als eine biologische Krankheit auffassen (Psychiater sprechen von einer »Stimmungsstörung« oder einer »emotionalen Störung«), die mit einer sehr pessimistischen Sicht aufs Dasein verknüpft ist, wobei man sich fragen könnte, ob diese Sichtweise Ursache oder Folge der Krankheit ist. Depressive Personen schreiben den negativen Ereignissen in ihrer Umgebung zwei grundlegende Eigenschaften zu: Stabilität (»Das wird immer so weitergehen«) und Globalität (»Das trifft auf einfach alles zu«).[9] So denkt eine depressive Mutter, deren Kind Schwierigkeiten in der Schule hat, dass es beim Lernen immer bloß Misserfolge einstecken werde (Stabilität) und dass ihr ganzes Leben als Mutter, Ehefrau und Frau überhaupt ein Fehlschlag sei (Globalität).

Ebenso scheint es sich bei manchen Personen zu verhalten, die nicht depressiv sind, sich aber dauerhaft unglücklich fühlen und davon überzeugt sind, Unglück sei ihr Schicksal. Sie meinen, dass alles Negative in ihrem Dasein ewig währe (»Keine Hoffnung, dass sich da was bessert«). Jeder Fehlschlag zeuge davon, dass ihr Leben ein kompletter Misserfolg sei (»Ich bin auf allen Gebieten gescheitert«). Bei positiven Ereignissen gehen sie umgekehrt vor; diese halten sie für instabil (»Das wird nicht so bleiben«) und wenig bedeutsam (»An meinen wahren Problemen ändert das auch nichts«). Hier erweist sich jeder Aufbau von Glück als schwierig.

An welchem Punkt zwischen Glück und Unglück stehen Sie?

Hier finden Sie einen ganz einfachen Fragebogen: Nehmen Sie sich ein wenig Zeit, um zu überlegen, welche der vier folgenden Aussagen Ihrem gewöhnlichen Empfinden am nächsten kommt:

1. »Ich bin eher glücklich.«
2. »Ich bin nicht wirklich unglücklich.«
3. »Ich bin nicht wirklich glücklich.«
4. »Ich bin eher unglücklich.«

Jeder der vier Sätze formuliert eine Grundüberzeugung darüber, wie man im Leben zu Glück und Unglück steht. Schauen wir uns diese Sichtweisen einmal genauer an:

»Ich bin eher glücklich.«
Wenn man diese Formulierung auswählt, zeugt das von einer positiven Sicht auf die eigene Befähigung zum Glück. Bezeichnet man sich als eher glücklich, so meint das nicht so sehr eine völlige Abwesenheit von Unglück, sondern vielmehr eine generelle Zufriedenheit mit dem eigenen Dasein, wobei die glücklichen Momente ihrer Häufigkeit oder Bedeutsamkeit nach über die unglücklichen dominieren. Dieser Satz zeigt auch ein gewisses Vertrauen in die persönliche Fähigkeit, Glückserfahrungen zu verlängern oder zu erneuern. Das mündet natürlich in der Tatsache, dass es einem keine Angst macht, sich offen als glücklich zu bekennen. Man weiß, dass das Glück irgendwann wahrscheinlich ausbleiben, aber auch wieder zurückkehren wird. Wenn Sie sich für diese Antwort entschieden haben, lautet Ihr persönliches Glücksprogramm einfach: Gehen Sie weiter auf diesem Weg!

»Ich bin nicht wirklich unglücklich.«
Hier handelt es sich um eine Formulierung, die von einer vorsichtigen Sichtweise auf das eigene Verhältnis zum Glück zeugt. An erster Stelle steht nicht das Vertrauen, sondern vielmehr die Hellsichtigkeit: Man bekennt sich nicht zu seinem Glück, weil es das Unglück gibt und weil es niemals fern ist. Aber es liegt auch Vorsicht in dieser Antwort. Auf die Frage »Wie geht's?« entgegnet man ja bisweilen auch: »Nicht so schlecht, könnte schlimmer sein«. Man weiß, dass es dieses Schlimmere gibt, und schätzt sich glücklich, ihm entgangen zu sein. Und so macht es unser Glück aus, nicht unglücklich zu sein. Hier denken wir zuerst an ein Übungsprogramm, das mehr Vertrauen aufbaut in die persönlichen Fähigkeiten, sich das Glück selbst zu schmieden.

diese Krankheit lebe ich überhaupt weiter. Meine Traurigkeit und mein Unglück erhalte ich auf diese Weise immer aufrecht, aber dieses Unglück ist auch das Einzige, was mich noch ans Leben bindet.« Und tatsächlich war das Unglück dieser Patientin wie ein Mausoleum für ihre verstorbene Tochter. Aus diesem Unglück herauszutreten wäre gleichsam eine Beleidigung der Toten gewesen. Meine Patientin blieb freiwillig im Gefängnis ihrer Trauer, obwohl ihr so viele Türen und Fenster zum Leben hin offen standen: ihre anderen Kinder, die Enkel, der Lebensgefährte, Freunde …

Selbst wenn man keine so tragischen Ereignisse durchmachen musste, bleibt man leichter im Kielwasser des Unglücks als auf den Spuren des Glücks. Um nach einem Unglück unglücklich zu bleiben, benötigt man weniger Energie und geringere Anstrengungen, als wenn man nach einem Glück glücklich bleiben möchte. Einer meiner Patienten nannte das seine »Versuchung zum Unglücklichsein«.

Ist Unglück für das Glück notwendig?

> *Ach, wie wenig wisst ihr vom Glücke des Menschen, ihr Behaglichen und Gutmüthigen! – denn das Glück und das Unglück sind zwei Geschwister und Zwillinge, die mit einander groß wachsen oder, wie bei euch, mit einander – klein bleiben!*
>
> FRIEDRICH NIETZSCHE

Nach Nietzsche ist die Befähigung, Glück zu verspüren, untrennbar verbunden mit jener anderen, Unglück zu empfinden. Wenn jemand das Unglück um jeden Preis meiden möchte, verdamme er sein Glück unweigerlich zur Mittelmäßigkeit. Nietzsches psychische Leiden waren sicher nicht ohne Einfluss auf diese Haltung. Aber auch wenn dieser Philosoph gewiss nicht der beste Lehrer in der Schule des Glücks ist, lässt ihn sein Genie eine fundamentale Frage aufwerfen: Droht in einem »normalen« Leben die größte Gefahr fürs Glück nicht eher von Langeweile und Verdruss als vom Unglück?

Es stimmt, dass sich im Glück manchmal die Langeweile breit machen kann. Man gewöhnt sich an alles, sogar an das Glück. Es sei denn, man arbeitet regelmäßig daran, sich sein Glück bewusst zu machen. Und manchmal erinnert man sich dank eines Unglücks daran, dass Glück nicht naturgegeben ist.

Ist das Unglück also fürs Glück von Nutzen? Teilweise stimmt das wohl. Aber muss man dazu das Unglück selbst erfahren, oder genügt es zu wissen, dass es existiert und uns bedroht? Das Wissen darum sollte uns ausreichen. Dennoch fehlt uns manchmal genau diese Weisheit: Wir sollten nicht warten, bis das Unglück da ist, um dann unserem Glück nachzutrauern.

Kann man auch im Unglück glücklich sein?

Hélène erzählt: »Als mein Mann gestorben war, waren nach der Beerdigung alle meine Kinder und Freunde um mich, und ich fühlte mich beinahe glücklich über diese plötzlich so greifbare Zuneigung. Ich sagte mir: Auch er ist jetzt bestimmt glücklich, wenn er sieht, wie wir hier alle versammelt sind, um ihm unsere Liebe zu zeigen. So war sein Leben bis zum letzten Augenblick ein gelungenes, und er hinterlässt Kinder, die zum Glücklichsein befähigt sind. Aber es bereitete mir auch große Schuldgefühle, dass ich beinahe Glück verspürte, dass ich mich so weit gehen ließ zu lächeln, zu trinken, zu essen, wo er doch nicht mehr da war …«

Manche Unglücksgefühle erweisen sich als sehr subtile Zustände, in denen sich mehrere Emotionen mischen, darunter auch ein paar Spuren von Glück. Das ist zum Beispiel beim Liebeskummer der Fall. Hier verfügen wir über berühmte Zeugnisse, etwa das von Juliette Drouet über ihren flatterhaften Geliebten Victor Hugo: »Ich bin zu glücklich, als dass er mich unglücklich machen könnte.« Oder in den *Portugiesischen Briefen* jenes von Mariana, der jungen Nonne, die von einem französischen Edelmann verführt und sitzen gelassen wurde: »Viel lieber bin ich unglücklich in meiner Liebe zu Euch, als dass ich Euch niemals begegnet wäre.«[10]

Das psychologische Problem, welches diese komplexen Gefühle aufwerfen können, besteht in ihren möglichen Alternativen. Sind diese vieldeutigen emotionalen Mischzustände jetzt die einzige Möglichkeit, Glück zu empfinden? Das wäre ein Vorzeichen für neues Leid … Oder treten sie nur vorübergehend auf und sind typisch für bestimmte Prüfungen, die das Leben für uns bereithält? Das könnte davon zeugen, dass wir eine Erfahrung nur bis zum Ende durchleben müssen und dass wir bereichert sind, wenn wir aus ihr wieder hervortreten.

Und im Glück unglücklich?

Damien erzählt: »Meine verstorbenen Eltern können nicht mehr sehen, was ich aus meinem Leben gemacht habe, sie haben meine Kinder nicht mehr erlebt und können die glücklichen Augenblicke nicht mit uns teilen. Von Zeit zu Zeit durchzuckt mich dieser Gedanke, meist in einem Moment des Glücks und der Entspannung, am Ende eines Tages oder in Perioden der Ruhe nach stürmischem Glück. Ganz plötzlich habe ich den Eindruck, dass Nostalgie und Traurigkeit meine Glücksgefühle einzufärben beginnen. Das

Glück verschwindet nicht, aber es dunkelt sich ein wie eine schöne besonnte Landschaft, wenn eine Wolke über sie hinwegzieht.«

Damien beschreibt ein Phänomen, das die Forscher sehr interessiert: die Fähigkeit, gleichzeitig scheinbar gegensätzliche Emotionen zu verspüren. Theoretisch ist das menschliche Hirn nicht dafür ausgelegt, aber in der Praxis ermöglicht uns die Komplexität unserer Gehirnmaschinerie alle erdenklichen Subtilitäten. Damiens Bericht zeigt, wie Unglück als *Emotion* in ein globales Glück einbricht, das die Frucht eines *Konstruktionsprozesses* ist.

Gibt es zu Weihnachten Schnee?

Am Ende des gleichnamigen Films von Sandrine Veysset (1996) versucht eine junge Mutter, die in elenden Verhältnissen lebt, sich am Weihnachtsabend mit ihren fünf Kindern umzubringen, und das, wo sie gerade den Gipfel des ihr möglichen Glücks erreicht hat: Zwar ist der Vater wieder einmal fern, aber sie haben es ein bisschen warm, es ist Geld für kleine Geschenke da, und alle sind beisammen und mögen sich. Aber sie ist sich der Grenzen dieses Glücks bewusst und weiß, dass es schwerer und schwerer sein wird, es zu bewahren. Nach einem fröhlichen Weihnachtsessen wartet sie, bis im Wohnzimmer – dem einzigen beheizbaren Raum des Hauses, in dem alle gemeinsam die Nacht verbringen – die Kinder um sie herum eingeschlafen sind; dann löscht sie, bei fest verschlossenen Türen und Fenstern, die Flamme des Gasheizers. Mitten in der Nacht erwacht sie von den Freudenschreien ihrer Kinder, die alle vor dem offenen Fenster stehen: draußen schneit es. Und alle sind noch am Leben ...

Anne-Laure erzählt: »Wenn etwas zu Ende geht oder unerreichbar ist, hat mich das schon immer sehr bewegt. Ich erinnere mich noch an die letzten Abende, die ich im Herbst, vor den letzten Prüfungen an unserer Fakultät, mit meinen Freundinnen verbrachte. Bald würden wir alle getrennte Wege gehen – es war ein trauriges und zugleich köstliches Gefühl …«

Anne-Laures Bericht zeugt von dem traurig getönten Glück, welches man verspürt, wenn eine Epoche zu Ende geht oder eine Gruppe sich trennen wird. Es ist ein Moment, in welchem zwei psychische Konstruktionen ineinander fließen: das retrospektive Glück der Erinnerung an schöne Augenblicke und das vorweggenommene Unglück der Trennung.

Und Charlotte meint: »Ich habe meine Probleme mit dem Glück: Jenseits einer bestimmten Schwelle finde ich es praktisch unerträglich, und dann stellen sich düstere Gedanken ein. Das geschieht oft, wenn alles gut läuft und ich meinen Kindern beim Spielen zuschaue. Plötzlich durchzuckt mich dann die Idee, dass sie einmal leiden, altern, sterben werden …«

Bei manchen krankhaft besorgten Personen, so etwa bei Charlotte, reicht das Glücksgefühl nicht mehr aus, um sie vor der Todesfurcht zu schützen, gegen welche es doch eigentlich eine Arznei ist, ein Gegenmittel. Schlimmer noch, kaum ist das Glücksgefühl aufgetaucht, verspürt man auch schon Ängste, eine Furcht vor möglicherweise bevorstehendem Unglück. Wie soll man mit solch potenziellem Unglück umgehen? Es gibt keine andere Lösung, als ihm ins Gesicht zu sehen und über diese Frage nachzudenken. Und dann sollte man ihm den Rücken kehren und versuchen, sich wieder aufs Glück zu konzentrieren …

Der Weise hat gesprochen

»Glück wird aus Unglück geboren. Das Unglück liegt im Schoß des Glückes verborgen ...«

Lao Tse war ein chinesischer Weiser aus dem 6. Jahrhundert vor Christus. Man nimmt an, er habe den Taoismus begründet. Seine Maximen faszinieren viele abendländische Leser, sind sie es doch eher gewohnt, mit deutlich voneinander abgegrenzten Begriffen zu arbeiten und in klar definierten Kategorien zu denken, wobei sie aus Glück und Unglück ein Gegensatzpaar machen.

Dabei sind Glück und Unglück psychisch und emotional komplexe Zustände. Wenn man sie sich umfassend bewusst macht, merkt man, dass sie manchmal ineinander verzahnt sind. Wir sahen bereits, dass im Glücksgefühl bisweilen eine Besorgnis liegt, das Bewusstsein um die Zerbrechlichkeit des Glücks. Bei manchem Unglück wiederum kann man eine vage Ahnung künftigen Glücks verspüren.

Aber um voranzukommen, kann man sich zunächst auch für einfachere und klarer gegeneinander abgegrenzte Bezugspunkte entscheiden ...

Kann uns Glück vor Unglück schützen?

Édouard meint: »Glück bewahrt einen nicht vor Unglück. Wenn ich glücklich bin, weiß ich, dass die Traurigkeit trotzdem irgendwann ihre Nasenspitze hervorstrecken wird. Ich sage mir einfach, dass es eben so läuft. Im Leben wie bei den Jahreszeiten gibt es Zyklen: Nach dem Regen kommt auch wieder Sonnenschein ...«

Wer das Glück erlebt hat, ist nicht davor gefeit, sich später auch wieder unglücklich zu fühlen. Aber die Erinnerung daran gestaltet das Unglück erträglicher. Man weiß, dass es ein Ende haben wird. Dennoch ist es nicht so selbstverständlich, auf die Rückkehr des Glücks zu hoffen. In der Psychiatrie weiß man zum Beispiel, dass der wichtigste Risikofaktor für Selbstmord nicht so sehr die Stärke des psychischen Leidens ist, sondern der Verlust der Hoffnung. Deshalb verwendet man für die Einschätzung des Selbstmordrisikos am häufigsten die *Hopelessness Scale* (»Hoffnungslosigkeits-Skala«): Wie sehr ist der Patient überzeugt, dass ihm in seinem weiteren Leben nichts Gutes mehr begegnen wird?[11] Denn das absolute Unglück ist wahrscheinlich ein Leiden ohne Hoffnung, wie es der Dichter Jacques Audiberti beschrieb[12]:

Unter dem düster goldnen Schleier,
Meinem verruchten Purpurkleid,
Bin ich die Königin auf Erden.
Ich bin das hoffnungslose Leid.

Kann man einem »wirklichen Unglück« standhalten?

Es wäre anmaßend zu behaupten, man könnte angesichts des absoluten Unglücks, welches der Tod eines Angehörigen, eine schwere Krankheit, das Exil oder der finanzielle Ruin bedeuten, irgendwelche Ratschläge geben. »Was kannst du als Psychiater jemandem sagen, der sehr unglücklich ist und auch gute Gründe hat, es zu sein?«, fragen mich meine Freunde manchmal. Man strebt in solchen Fällen weniger danach, etwas zu sagen, als zu begreifen, wie die Person auf das Unglück reagiert. Und man versucht, sich ihr zu nähern, denn ein großes Unglück lässt uns unbestreitbar in eine andere Welt abstürzen, von der aus gesehen die anderen, die verschont geblieben sind, hoffnungslos plump, gedankenlos und egoistisch scheinen ... Als Psychotherapeut musste ich mich schon oft um Personen kümmern, die mit solchem Leid konfrontiert waren.

Besonders erinnere ich mich noch an einen Mann, der seinen Sohn verloren hatte. Ich arbeitete als junger Psychiater in einer chirurgischen Abteilung. Man operierte dort zahlreiche Krebspatienten, und auf psychologischem Gebiet gab es einiges zu tun. Eines Tages war ein junger Mann um die Zwanzig bei uns eingeliefert worden. Er hatte einen äußerst schweren Lungentumor, der ihm nur noch eine kurze Lebensfrist ließ. Sein Vater kam jeden Tag ins Krankenhaus und verbrachte viel Zeit mit ihm. Er war ein großer, kräftiger Mann mit strengem Blick, der alle beeindruckte. Eines Tages holten mich die sichtlich beunruhigten Krankenschwestern. Nach einem Besuch bei seinem Sohn, dessen Kräfte sehr geschwunden waren, hatte der Vater im Ruheraum einen Zusammenbruch erlitten und war nun völlig verstummt. Ich betrat verlegen das Zimmer und wusste nicht, was ich ihm Tröstendes sagen sollte. Er schaute mich nicht an und sprach kein Wort. Mein ganzes Leben lang habe ich kein solches Unbehagen verspürt. Ich sagte mir, dass es zwecklos sei, ihn trösten zu wollen. Man konnte nur mit ihm sprechen und versuchen, ihn selbst zum Sprechen zu bringen. Ich begann unbeholfen: »Ich bin der Psychiater dieser Abteilung ... Ich weiß, dass Sie das Allerschlimmste durchmachen ... Ich bin nicht sicher, ob ich Ihnen helfen kann ... Vielleicht möchten Sie jetzt nicht, dass jemand mit Ihnen spricht ...« Jeder meiner Sätze wurde – falls man das so sagen kann – mit einem furchtbaren Schweigen beantwortet. Ich konnte nicht mehr und wollte gerade gehen, als ich ihn noch fragte: »Soll ich Sie lieber allein lassen oder hier bleiben?« Nach einer langen Stille antwortete er: »Bleiben Sie bitte.«

Wir saßen ungefähr zwei Stunden lang beieinander. Er er-

zählte mir viel über seinen Sohn und dessen bevorstehenden Tod, aber auch über seine anderen Kinder. Ich versuchte nach Kräften, das Gespräch zu lenken, indem ich ihn von seiner eigenen Verzweiflung sprechen ließ (ich wusste, dass seine Frau depressiv und kränklich war und dass er mit ihr wahrscheinlich nie darüber redete) und von seiner wichtigen Rolle am Krankenbett seines Sohnes, der nur noch wenige Tage zu leben hatte. Ich zwang mich zu extremer Vorsicht, denn mir war völlig klar, dass er jeden Moment aufstehen und mir aggressive Worte entgegenschleudern konnte, nach dem Motto: »Sie reden von meinem Sohn, als wäre er schon tot!« Aber ich wusste nicht, worüber wir sonst ein richtiges Gespräch hätten führen können. Es war nicht meine Aufgabe, ihn auf andere Gedanken zu bringen; dazu hatte er seine Freunde.

Zuletzt fragte er mich nach meinem Alter. Ich war gerade mal ein paar Jahre älter als sein Sohn; wir schauten uns schweigend an und hatten beide den gleichen Gedanken. Ich konnte beinahe hören, wie er dachte: »Du wirst leben, und mein Sohn wird sterben.« Als wir uns voneinander verabschiedeten, dankte er mir mit knappen Worten. Am Ende des Gangs drehte ich mich noch einmal um: Er blickte mir wortlos hinterher. Überrascht versuchte ich mit einer ungeschickten und ziemlich lächerlichen Geste, ihm Auf Wiedersehen zu sagen und Mut zu wünschen. Er reagierte nicht darauf. Zwei Tage später starb sein Sohn.

Einen Monat später erhielt ich in meiner Praxis einen recht kurzen Brief, in dem er mir im Wesentlichen Folgendes schrieb: »Sie haben mir geholfen; ich habe mit niemandem sonst über das gesprochen, was ich durchmachte; ich habe wieder begonnen, mich um meine Frau und meine anderen beiden Söhne zu kümmern; ich bin zutiefst unglücklich, aber inzwischen akzeptiere ich den Gedanken, dass ich Nicolas nicht beleidige, wenn ich mein Leben weiterlebe.« Ich begegnete ihm einige Monate später auf einem Bürgersteig in

Toulouse, wo ich damals lebte. Wir blieben beide einen Augenblick stehen. Es schien mir, als würde er mir zulächeln und mit der Hand dasselbe Zeichen machen, das ich damals im Flur angedeutet hatte. Dann kehrte er mir den Rücken und ging davon. Diesmal war ich es, der ihm nachschaute.

André Comte-Sponville notierte zum Thema Unglück: »Ich habe gerade so viel davon erlebt, dass ich weiß, wie es ist … In solchen Augenblicken erinnere man sich daran, dass nichts ewig währt: Auch dieses Unglück wird vorübergehen. Und dass seine reale Präsenz ausreicht, um – zumindest als Kontrast, zumindest für die anderen – die Möglichkeit des Glücks zu beweisen. Das ist kein Trost? In den schlimmsten Augenblicken schien es mir schon einer zu sein …«[13]

Wie gehen die Menschen vor, die mit extremem Unglück konfrontiert sind und es schaffen, diese Katastrophe zu überleben? Oft suchen sie nach Gesellschaft; sie handeln; sie achten darauf, ihr übriges Dasein zu schützen, damit das Unglück nicht alles überwuchert; sie wagen es, über den Tod zu reden, über die Krankheit, die Behinderung, das Leiden. Wer sie aus der Nähe begleitet, kann beobachten, dass sie vier Phasen durchlaufen:

1. Zunächst fühlen sie sich durch das Glück der anderen und das normale Leben um sie herum noch unglücklicher.
2. Dann beginnen sie zu akzeptieren, dass das Leben weitergeht und dass andere Glück empfinden können.
3. Allmählich verschafft ihnen der Alltag wieder ganz kleine Glücksmomente.
4. Schließlich wird es ihnen ab und zu wieder möglich, länger andauerndes Glück zu verspüren, selbst wenn dieses Glück definitiv von anderer Art ist als früher: gemessener und weniger leicht, steht es dem inneren Frieden näher als der Freude.

Kann man nach dem Unglück wieder glücklich werden?

Aus dem Gefängnis des Unglücks herauszutreten ist nicht leichter, als aus einem wirklichen Gefängnis entlassen zu werden: Nach langer Gefangenschaft fühlt man sich im Augenblick seiner Freilassung nicht glücklich, sondern höchstens erleichtert, aber im schlimmsten Falle auch verängstigt und desorientiert.[14] Und es kommt selten vor, dass man draußen erwartet wird …

Mit Personen, die ein schweres Unglück aushalten mussten, verhält es sich ebenso: Es fällt ihnen niemals leicht, das Glücklichsein aufs Neue zu erlernen. Aber möglich ist es dennoch. Dies macht uns der Begriff der Resilienz deutlich, der die Fähigkeit bezeichnet, ein Unglück nicht nur zu überleben, sondern danach sein Glück neu aufzubauen. So schrieb Boris Cyrulnik: »Resilienz bedeutet mehr, als nur zu widerstehen, es heißt auch, wieder leben zu lernen.«[15]

Dass die Zahl der Untersuchungen zu diesem Thema in den letzten Jahren so anstieg, ist das Resultat einer kleinen Revolution auf dem Gebiet der Psychologie: Früher waren die meisten Therapeuten überzeugt, dass ihr Beruf vor allem darin bestand, den Leidensgeschichten ihrer Patienten mehr oder weniger passiv zuzuhören. Diese Patienten beschrieben ihre Therapie fast immer mit den Worten: »Ich habe geredet, und der Therapeut hat mir zugehört.«

Abgesehen davon, dass das nicht immer funktionierte, konnte es bei manchen unangenehme Folgen haben. Ermutigte man die Patienten, unablässig von ihrem Unglück zu sprechen, lief man Gefahr, sie unmerklich vom erlittenen ins selbst konstruierte Unglück hineingleiten zu lassen, von einzelnen Unglücksemotionen in die umfassende Sicht eines unglücklichen Lebens …

Die Forschung zum Thema Resilienz legt den Schwerpunkt erstmals auf die inneren Reparaturprozesse bei Menschen, denen das Leben übel mitgespielt hat. Und sie zeigt die Möglichkeit eines Wiederaufbaus, einer Wiedergeburt, selbst im Fall tief gehender Verletzungen. Noch ist die Fähigkeit zur Resilienz von einem gewissen Geheimnis umgeben: Sie wurzelt in den innersten Ressourcen eines Menschen, aber auch in einigen kleinen Details, die von außen betrachtet belanglos scheinen, aber für das Innenleben des Betroffenen eine große Bedeutung haben. Ein Wort, ein Lächeln, eine im richtigen Moment ausgestreckte Hand können alles ins Schwanken bringen und auf Dauer Hoffnung und Vertrauen nähren.

Eine meiner Patientinnen war als Kind von ihren alkoholkranken Eltern geschlagen und misshandelt worden, ohne dass man in ihrer Umgebung davon wusste oder sich darum zu kümmern schien. Sie erzählte mir, dass sie all dieses Leid nur dank ihrer Grundschullehrer und -lehrerinnen ertragen konnte. Durch deren Lob und Zuwendung konnte sie »durchhalten« und Schikanen und Gewalttätigkeiten erdulden. Ein freundliches Wort gab ihr die Lust am Leben zurück.

Der Schritt aus der Finsternis

Wie viel Unglück muss man manchmal durchlaufen, ehe man zum Glück gelangt! Wie viel Leid haben manche Menschen zu erdulden und zu überwinden. Und dennoch ist Glück immer möglich. Meine Tätigkeit als Psychiater bringt mir das regelmäßig neu zu Bewusstsein. Wenn man über Monate oder Jahre hinweg Menschen beisteht, die an schweren Angsterkrankungen oder Depressionen leiden, und dann eines Tages sieht, wie sie wieder ein normales Leben zu führen beginnen, ein Leben also, das die Möglichkeit zum Glücklichsein bereithält, dann bedeutet das für einen Therapeuten wahres Glück!

Die Depression ist vielleicht nicht das absolute Unglück,

aber in ihren schweren Formen ist sie nicht weit entfernt vom schlimmsten psychischen Leid, vom finstersten und verzweifeltsten mentalen Universum. Daher sind die Selbstzeugnisse von Menschen, die eine Depression überstanden haben, besonders wertvoll für jemanden, der mit Unglück konfrontiert ist. Der ergreifendste und realistischste Bericht über die Abgründe einer depressiven Erkrankung stammt von William Styron und findet sich in seinem autobiographischen Werk *Sturz in die Nacht*.[16] Aber sein Buch gibt gleichfalls Hoffnung: »Man braucht keineswegs mit besonderem Nachdruck oder voller Inspiration zu unterstreichen, dass eine Depression nicht die Auslöschung der Seele bedeutet. Männer und Frauen, die diese Krankheit überstanden haben – und ihre Zahl ist Legion –, zeugen von dem, was wahrscheinlich der einzige heilsame Aspekt an einer Depression ist: Es ist möglich, sie zu besiegen.«

Ich erinnere mich an eine Anekdote, die mir eine junge depressive Patientin erzählte. Ein scheinbar unbedeutendes Erlebnis in der Pariser Metro hatte ihr bewusst gemacht, dass sie auf dem Weg der Genesung war. Während sie ihren finsteren Gedanken über ihr Leben und ihre ganz verbaute Zukunft nachhing, hatte ein Liebespaar sich genau ihr gegenüber hingesetzt und sich zu küssen begonnen. Der Zustand meiner Patientin verschlimmerte sich augenblicklich (sie versuchte sich nämlich vom schmerzlichen Bruch einer Beziehung zu erholen und lebte damals allein) und sie begann sich noch unglücklicher zu fühlen. Bei der nächsten Station stand sie auf und wollte aussteigen. Ein junger Mann, der neben der Tür saß, schaute zu ihr hoch und lächelte sie an, als sie den Waggon verließ. »In diesem Augenblick«, erzählte sie mir, »habe ich mich plötzlich gut gefühlt. Noch ein paar Tage zuvor wären mir jener Blick und jenes Lächeln unwichtig oder aufdringlich vorgekommen, oder vielleicht hätte ich gar nichts davon bemerkt. Jetzt taten sie mir gut. Ich habe den Jungen natürlich nie wiedergesehen, ich weiß nicht, weshalb er mich angelächelt hat, aber seltsamerweise schien es mir ein guter Grund zu sein, um Hoffnung zu schöpfen und trotz allem weiterzuleben. In diesem Augenblick habe ich gefühlt, dass eine Heilung möglich war.«

Menschen, die aus einer Depression hervortreten, aus dieser »persönlichen Hölle«, wie einer meiner Patienten es nannte, haben sich häufig psychisch verändert. Sie sind in der ersten Zeit fragiler, aber auf lange Sicht auch stärker. In seinem Buch *Saturns Schatten* liefert der Journalist Andrew Solomon ein realistisches Selbstzeugnis von seiner Heilung: »Jeden Tag entschließe ich mich aufs Neue zu leben – manchmal ganz selbstverständlich, manchmal gegen alle Gründe. Ist das nicht ein Anlass zur Freude?«[17] Und Styron erzählt am Schluss seines Buches, wie er sich von der depressiven Erkrankung befreien konnte, und zitiert den letzten Vers aus Dantes berühmter *Hölle*, dem frappierendsten Teil der *Göttlichen Komödie*.

Dante hat in Begleitung des lateinischen Dichters Vergil alle Höllenkreise durchschritten und ist dabei mit allem konfrontiert worden, was die Menschheit an Sünden und Verworfenheit hervorgebracht hat. Nach einer letzten Begegnung mit Luzifer höchstselbst, dem »Kaiser von dem Reich der Schmerzen«, der Fledermausflügel und ein Haupt mit drei Gesichtern trägt und mit seinen Zähnen die Sünder zermalmt, schlagen die beiden Gefährten endlich einen geheimen und steilen Pfad ein und gelangen an den Endpunkt ihrer Höllenreise, die Dante mit den Worten beschließt:

E quindi uscimmo a riveder le stelle.

»Dann traten wir hinaus und sahen die Sterne.«

jetzt ist. Ich verspüre Traurigkeit, aber keine Verbitterung. Deshalb habe ich auch das Gefühl, dass nur eins wirklich mein Verdienst ist: Ich habe beschlossen, weiterhin glücklich zu leben – für unsere Tochter. Alles andere folgt daraus. Wenn ich noch am Leben bin, dann nicht, um mich selbst unglücklich zu machen. Denke ich an meinen Mann, dann will ich mich nicht an die traurigen Dinge erinnern, sondern an die schönen gemeinsamen Augenblicke.

Gibt es eine Veranlagung zum Glücklichsein?

Julie (8) liest ihrem vierjährigen Bruder Martin ein Märchen vor: »Die erste Fee beugte sich über die Wiege und sprach: ›Ich schenke dir Schönheit.‹ Die zweite beugte sich ebenfalls über das Kind und sprach: ›Ich schenke dir Verstand.‹ Und dann kam die dritte, und was schenkte die dem Kind, na, Martin?«

Martin, ein fröhlicher und lebenslustiger Junge, der von seinen Eltern oft für diese Eigenschaften gelobt wird, antwortet nach kurzem Zögern: »Sie schenkt ihm ... sie schenkt ihm, dass er immerzu gute Laune hat!«

Als Psychiater glaube ich, dass das Geschenk dieser Fee das außergewöhnlichste und erstrebenswerteste von allen dreien ist.

Gute Laune

»Heute ist sie aber gut gelaunt ...«, »Er hat seine Lebensfreude wiedergefunden.«

Eine der deutlichsten Äußerungen unseres gefühlsmäßigen Zustandes ist das, was wir »Stimmung« oder »Laune« nennen (*mood* sagt man auf Englisch), dieser emotionale Grundzustand, der auf unsere Wahrnehmungen und Reaktionen im Alltag abfärbt.[1] Die Stimmung ist ein unauffälliges Phänomen, auf das häufig nicht geachtet wird, jedenfalls nicht von der betroffenen Person (oft merken unsere Mitmenschen besser als wir selbst, in welcher Stimmung wir gerade sind). Sie bildet eine Art Hintergrund, eine Landschaftsszenerie, vor der unsere mentalen Zustände stehen. Man hat sie auch mit gefärbten Brillengläsern verglichen: Die Dinge sehen wir damit nach wie vor, doch je nachdem, ob wir dunkle oder helle Brillengläser tragen, ist alles in warme oder kalte Farben getaucht.

Die Psychologie ist allerdings komplizierter als die Optik, und im Unterschied zu Brillengläsern, die ja auch farblos sein können, ist die Stimmung niemals neutral: Man ist immer entweder gut oder schlecht gelaunt.[2]

Eine Stimmung scheint häufig aus heiterem Himmel heraus zu entstehen (*out of the blue*, sagen die Amerikaner). Dennoch wird sie unsere Sicht auf die Welt und damit auch unser Verhalten tiefgehend beeinflussen. Wenn Sie gute Laune haben, sehen Sie das Leben »in Bonbonrosa«, während Ihre schlechte Laune bewirkt, dass Sie für die erfreulichen oder berührenden kleinen Dinge des Lebens weniger empfänglich sind. Wenn Sie grantig und miesepetrig sind, werden Sie sich weniger geduldig und tolerant zeigen, während Sie bei fröhlicher Stimmung in derselben Situation nachsichtig gegenüber den Schwächen der anderen sind. Aber weil die Stimmung im Unterschied zu den Emotionen selten ins Extrem ausschlägt, übersieht man sie gern: Wir haben den Eindruck, dass unsere Sicht der Welt von rationalen Beurteilungen abhängt, und dabei wird sie doch nachhaltig von unseren Stimmungen beeinflusst.

Eine Stimmung ist nichts Festgelegtes; sie gleicht vielmehr der Temperatur, die sich vom Morgen bis zum Abend deutlich verändern kann. Sie kann von kleinen, harmlosen Ereignissen beeinflusst werden. So haben Untersuchungen bestätigt, dass das Wetter[3] oder die neuesten Spielresultate Ihres

Fußballklubs[4] Auswirkungen auf Ihr momentanes Wohlbefinden haben können.

Aber diese ständigen Veränderungen bewegen sich um ein mittleres Niveau herum (den *set point*), das bei jedem Individuum ziemlich gleichbleibend ist.[5] Eine der umfangreichsten Studien zu solchen Stimmungsschwankungen hat 459 freiwillige Testpersonen untersucht. Man verfolgte ihre seelischen Zustände über mindestens 35 aufeinander folgende Tage hinweg.[6] Während dieser Zeit mussten die Versuchspersonen ihre jeweils vorherrschenden Stimmungen täglich genau einschätzen. Bei den meisten Teilnehmern war die Beständigkeit der (positiven oder negativen) Affekte bemerkenswert, obwohl im Testzeitraum eine Vielzahl von Ereignissen eingetreten war. Schon ab dem vierten oder fünften Tag der Untersuchung konnte man das Durchschnittsniveau der Stimmung feststellen, und über die restliche Zeit hinweg bestätigte es sich immer wieder. Natürlich waren manche Versuchspersonen emotional instabiler als andere (Briten und Amerikaner bezeichnen solche Personen als *moody*), doch auch sie hatten ihren *set point*. Wenn wir die Frage des Temperaments behandeln, werden wir auf diese Phänomene noch genauer zu sprechen kommen.

Andere Studien haben sich mit dem Einfluss des Wetters auf die Stimmung beschäftigt. Die wissenschaftlich genauesten unter ihnen haben zur großen Überraschung der Forscher gezeigt, dass Regen und schönes Wetter langfristig einen sehr bescheidenen Einfluss auf das Durchschnittsniveau unserer Stimmung haben. Weder Temperatur noch Luftdruck oder Sonnenscheindauer spielen eine bedeutsame Rolle, wenn man ihre Wirkungen über einen langen Zeitraum hinweg betrachtet.[7] Widerspricht das nicht unserer Alltagserfahrung und den sprachlichen Verknüpfungen zwischen Wetter und Laune? Man sagt ja, dass jemand »strahlend« gute Laune hat oder in »trüber« Stimmung ist. Wissenschaftliche Untersuchungen haben jedoch nicht das Ziel, den Augenschein zu bestätigen. Selbst wenn uns ein schöner Tag mit blauem Himmel ein wenig glücklicher machen wird, schützt uns diese Wirkung auf Dauer nicht vor unseren inneren Dämonen. Sogar in den Tropen kann man deprimiert und unglücklich sein ...

Weshalb haben wir eigentlich den Eindruck, dass es da einen Zusammenhang geben müsste? Offenbar merken sich die meisten Menschen logische Übereinstimmungen zwischen dem Wetter und ihrer Stimmung besser: Man erinnert sich eher an sonnige Tage, an denen man gute Laune hatte, oder an Regentage, an denen man Trübsal blies. Wenn Wetter und Laune nicht übereinstimmen, übersehen oder verdrängen wir das anscheinend.

So lange wir keine eigenen Anstrengungen zur Veränderung unternehmen, wird unser mittleres Stimmungsniveau tendenziell recht stabil bleiben. Über einen Zeitraum von mehreren Jahren hinweg (manche Studien erstrecken sich über neun Jahre) variiert die subjektive Wahrnehmung, die eine Person von ihrem Glück hat, kaum, und das ganz unabhängig von den Geschehnissen im Leben (stabile oder veränderliche Umgebung).[8] Wir brauchen also weitergehende Erklärungen und müssen uns dem zuwenden, was man als »Naturell« oder »Temperament« bezeichnet.

Ein sonniges Gemüt

»Sie ist eine ziemliche Frohnatur«, »Er hat ein sonniges Gemüt« ... Die Worte Gemüt oder Temperament bezeichnen die Veranlagung, angesichts der Ereignisse des Alltags mehr oder weniger schnell bestimmte Emotionen oder Stimmungen zu verspüren.[9] Diese »Basisaffektivität« kann nach Auffassung der Psychologen in Dur oder in Moll stehen. Es gibt Persönlichkeiten, die für Glückserlebnisse wie geschaffen scheinen, und andere, die offenbar empfänglicher für Unglückserfahrungen sind, jedenfalls im Bereich des »alltäglichen Lebens«, so lange keine außergewöhnlichen Geschehnisse eintreten.

Das Temperament wird im Alltag durch unsere Stimmungen sichtbar, die sein äußerer Ausdruck sind. Beide Phänomene sind miteinander verbunden, und man kann hier zum Vergleich ein meteorologisches Bild heranziehen: Unsere Stimmungen entsprechen den punktuellen Veränderungen des Wetters (an einem Tag oder ein paar Tagen gibt es Regen oder Sonnenschein), während unser Temperament dem für eine Region üblichen Klima entspricht (gemäßigt oder tropisch, ozeanisch oder kontinental).

Wir Psychiater interessieren uns sehr für gewisse Temperamente, die offenbar Risikofaktoren für zahlreiche psychische Erkrankungen darstellen. Dazu zählt etwa der »Neurotizismus«, der einen für Angststörungen und Depressionen anfällig macht.[10] Zu den Merkmalen dieses Temperaments zählen eine übergroße Stressreaktivität, eine starke Präsenz negativer Affekte (Beunruhigung, Feindseligkeit, Traurigkeit etc.) und eine mangelhafte emotionale Stabilität (die Stimmung schlägt sehr nach oben und unten aus). Personen mit hochgradigem Neurotizismus werden schon nach belanglosen Alltagserlebnissen sehr starke negative Stimmungen verspüren. Man kann solche Situationen auch im Labor simulieren[11]: So sind diese Menschen etwa von einem traurigen Film tief und nachhaltig berührt und können nach der Vorführung ins Grübeln über die finsteren Seiten ihres eigenen Lebens verfallen. Durch einen lustigen oder optimistischen Film wird ihre Stimmung allerdings kaum gehoben. Die Laune dieser »neurotischen« Individuen scheint im Tagesverlauf bestimmten Zyklen unterworfen zu sein; so kommt es bei ihnen zum Beispiel zum Tagesausklang zu einem Anwachsen der negativen Stimmungen.[12]

Stimmung und Temperament: Kann man daran etwas ändern?

Wenn Stimmung und Temperament auf stabilen Grundlagen ruhen, bedeutet das dann vielleicht, dass die Pforte zum Glück denjenigen verschlossen bleibt, die bei den Genen oder der Umgebung schlechte Karten gezogen haben?

Tatsächlich werden bei bestimmten Temperamenten größere Anstrengungen und häufigere Abstimmung nötig sein. Aber die Erfahrungen der Psychotherapeuten belegen, dass zahlreiche Menschen, die anfangs »nicht fürs Glücklichsein begabt« waren, es allmählich lernten, zu einem emotionalen Wohlbefinden zu gelangen, und ihren Rückstand in punkto Glücksbefähigung wieder wettmachten. Eine erfolgreiche Arbeit an der eigenen Persönlichkeit (individuelle Bemühungen, Therapien) kann das Basisniveau der Stimmung ändern.

Es existieren also vielfältige Handlungsalternativen, um glücklicher zu werden, unter vier Bedingungen freilich:

Man muss begreifen, dass man seinem »Schicksal« entgehen kann (oder besser noch einsehen, dass es ein solches Schicksal gar nicht gibt).

Man muss sich bewusst machen, dass Glück einer persönlichen Aufbauarbeit entspringt.

Man muss wissen, wie man richtig vorgeht.

Und vor allem – man muss wirklich etwas tun!

Können Eltern ihren Kindern das Glücklichsein beibringen?

Sie können sich vielleicht bemühen, so zu werden wie Ihre Kinder, aber versuchen Sie bloß nicht, Ihre Kinder zu dem zu machen, was Sie sind.

KHALIL GIBRAN

Gabrielle erzählt: »Ich versuche es so einzurichten, dass meine Kinder schöne Augenblicke erleben. Als Mutter gehört es wohl auch zu meinen Aufgaben, ihnen einen Vorrat an guten Erinnerungen und glücklichen Momenten mitzugeben. Wenn sie als Kinder das Glück kennen gelernt haben, werden sie es als Erwachsene immer wiederfinden. Sie werden es dann auch schaffen, nicht im Unglück zu versinken. Und sie werden in der Lage sein, richtiges von falschem Glück zu unterscheiden. Meiner Ansicht nach ist das wichtiger als Diplome oder Karrierestreben …«

Glück und Neuronen

Natürlich gibt es auch Untersuchungen über die Neuropsychologie des Glücks und des Wohlbefindens. Man weiß zum Beispiel, dass den erlebten Ereignissen in der präfrontalen Hirnrinde ein positiver beziehungsweise negativer emotionaler Wert zugeordnet wird.[13] Unsere Hirnhälften spielen vermutlich auch eine unterschiedliche Rolle beim Aufkommen von Gefühlen, die mit Glück zu tun haben: Verletzungen der rechten Hirnhälfte führen häufig zu einer neutralen oder positiven Stimmung, während Beschädigungen der linken Hälfte eine negative Stimmung hervorrufen.[14] Bei glücklichen Versuchspersonen beobachtet man auf der linken Seite der Hirnrinde eine stärkere Aktivität als auf der rechten; bei traurigen Personen ist rechts die Aktivität am stärksten. Folgen für die psychiatrische Praxis hat das bisher nicht, außer dass es nun die verlockende Perspektive gibt, dank der Techniken der Gehirnabbildung die Fortschritte einer medikamentösen[15] oder psychotherapeutischen[16] Behandlung auf objektive Weise verfolgen zu können. Denn auch eine Psychotherapie kann die Biologie des Gehirns verändern.

Was können Eltern für das Glück ihrer Kinder tun?

Seit Urzeiten haben sich die Mütter und dann auch die Väter um ihre Nachkommenschaft gesorgt, aber auf unterschiedliche Art und Weise. Zunächst kümmerte man sich darum, dass einem die Kinder nicht starben (von der Vorgeschichte bis ins 19. Jahrhundert), dann sorgte man sich um ihren Erfolg (seit dem 20. Jahrhundert, zumindest in der westlichen Welt), und schließlich strebt man danach, sie glücklich werden zu lassen (21. Jahrhundert). All das stand und steht unter dem Motto: »Tu, was ich dir sage, denn es ist nur zu deinem Besten!«

Es gibt drei Möglichkeiten, seine Kinder zum Glücklichsein zu befähigen:

- Weil die elterliche Liebe alles bestimmt, muss man seine Kinder natürlich sehr lieben.
- Weil sie uns (ständig) beobachten, muss man ihnen den Weg zeigen und ihnen selbst ein paar Beispiele für Glück liefern.
- Weil sie uns (manchmal) zuhören, muss man schließlich das Glück ernst genug nehmen, um mit ihnen darüber zu sprechen und ihre Fragen zu beantworten.

Wir wollen uns diesen Punkten einmal im Einzelnen widmen.

Hat mir die Liebe meiner Eltern geholfen, glücklich zu werden?

Barbara, eine Patientin, die eine schmerzliche Kindheit durchlebt hat, sagte mir einmal: »Ich beneide die Leute, die in ihrer Kindheit geliebt worden sind, um ihre ruhige Selbstsicherheit. Ich erkenne sie schon von weitem: Ihnen gelingt es, Vertrauen ins Leben und in ihre Mitmenschen zu setzen, einfach so und a priori. Sie zweifeln nicht an ihrer Befähigung, akzeptiert und geliebt zu werden. Wenn sich ihnen das Glück darbietet, packen sie es beim Schopf und kosten es aus. Bei mir und wahrscheinlich bei allen, die nicht genug geliebt worden sind, ist es umgekehrt: Solange ich keine ausdrücklichen Beweise dafür habe, dass man mich achtet, gehe ich vom Gegenteil aus. Wenn mir mein Leben ein bisschen Glück gewährt, bekomme ich sofort Angst, es wieder zu verlieren. Meine Fundamente sind nicht solide; ich habe den Eindruck, dass alles, was ich darauf errichten könnte, in Gefahr wäre. Das trage ich meinen Eltern noch heute nach. Mir scheint es, als wären sie gar keine richtigen Eltern gewesen, sondern einfach bloß ein Ehepaar mit Kindern, und das ist nicht dasselbe. Sie haben sich nie wirklich die Frage gestellt, ob mein Bruder und ich glücklich waren ...«

Meine Patientin hat es auf ihrem weiteren Lebensweg dennoch geschafft, ihre Befähigung zu dauerhaftem und Sicherheit gebendem Glück zu stärken. Dafür musste sie allerdings in geduldiger Arbeit eine andere Weltsicht aufbauen.

Wenn man in seiner Kindheit geliebt wird, ist man als Erwachsener überzeugt, solcher Liebe würdig zu sein und ein Recht aufs Glücklichsein zu haben. Elterliche Liebe ist der große Sockel, auf dem sich Glück leichter erbauen lässt. Affektive Mangelerscheinungen (zu wenig Liebe) und Ungeschick (zu wenig Liebesbeweise) machen uns in punkto Glück verwundbar – wir sind einfach nicht daran gewöhnt. Daher rührt auch die Beunruhigung, die Glück bei uns auslösen kann. Wir denken vielleicht gar, wir hätten kein Recht aufs Glück, und das wiederum führt zu affektiven Haltungen und Gewohnheiten, die bisweilen selbstzerstörerisch sind (etwa dass man sich grundlos von jemandem trennt, den man doch liebt).

Haben mir meine Eltern ihre Einstellung zum Glück vermittelt?

Dem Kind ist es gegeben, mehr darüber zu wissen als seine Eltern, weil es nämlich seinen Eltern zugeschaut hat.

PIERRE DRIEU LA ROCHELLE

Kinder beobachten, wie sich die Eltern mit ihrem eigenen Glück herumschlagen. Dann ziehen sie ihre Schlussfolgerungen daraus. Weil der Alltag eher aus kleinen Geschehnissen gewebt ist als aus großen Ereignissen, werden die Lebensregeln, die unsere Kinder ableiten, auch eher unseren Umgang mit einem harmlosen Ereignis betreffen (etwa einem Stau auf der Heimfahrt vom Wochenendausflug), bei dem unsere Reaktionen spontan und kaum beherrscht sind. Nach einem ernsten Vorkommnis (wie dem Tod der Großmutter) werden wir hingegen all unsere Energie und unsere Aufmerksamkeit mobilisieren, weil wir wissen, dass »die Kinder zuschauen«.

Als Eltern können wir uns zwei große Fragen stellen: »Was tun und sagen wir, wenn alles glatt läuft?« und »Was tun und sagen wir, wenn Probleme auftauchen?«

Was tun und sagen wir, wenn alles glatt läuft?
Sind wir dazu fähig, die glücklichen Augenblicke zu erkennen, zu genießen und auszubauen, oder lassen wir sie schweigend vorüberziehen? Schlimmer noch: Verderben wir sie uns durch Unachtsamkeit oder weil wir glauben, dass unsere Sorgen Vorrang haben?

Manche Eltern zeigen ihre Freude durch bestimmte Worte oder Verhaltensweisen (Lieder, Scherze etc.), welche die Kinder schnell wiedererkennen, wenn die Familie zusammen etwas unternimmt: bei Exkursionen am Wochenende, im Urlaub, bei den gemeinsamen Mahlzeiten. Andere bringen nie klar zum Ausdruck, dass sie sich freuen, denn sie sind von ihren Pflichten als Eltern und Erwachsene völlig beansprucht: Der Beginn des Wochenendes erinnert sie bloß daran, dass der Montagmorgen nicht fern ist, oder bei der Mahlzeit im Restaurant denken sie nur an die teure Rechnung. In solchen Fällen erfreut man sich nicht am schönen Augenblick. Hinterher wird man sich vielleicht gern daran erinnern, aber an Ort und Stelle dominiert eher der Ärger über den langsamen Kellner statt das Vergnügen, gemeinsam im Restaurant zu sitzen.

Was tun und sagen wir, wenn Probleme auftauchen?
Wie reagieren wir auf die gewöhnlichen Stressfaktoren des Alltags? Sehen wir sie als kleine Hindernisse, über die man sogar scherzen kann? Oder stellen wir sie als Dramen und schreiende Ungerechtigkeiten dar, die eine ernste und betrübte Haltung hervorrufen müssen?

Isabelle erzählt: »Ein Kindheitserlebnis ist mir im Gedächtnis geblieben, ich weiß nicht weshalb – wir wollten in den Urlaub fahren, und auf der Autobahn war plötzlich der Tank leer. Mein Vater war zerstreut und schaute nie auf die Anzeige. Das hätte in einem richtigen Albtraum enden können, und meine Eltern haben es vielleicht auch so erlebt, mit den kleinen Kindern auf den Hintersitzen des Wagens, der sich in der prallen Sonne aufheizte, während lärmende und stinkende Autokarawanen an uns vorbeizogen. Aber unsere Eltern hatten immer noch ein Lächeln auf den Lippen (bei meiner Mutter war es, glaube ich, ein wenig gezwungen, bei meinem Vater spontaner) und suchten nach einer Lösung, statt sich zu streiten. Die Ankunft des Pannendienstes mit seinem Benzinkanister wurde als freudiges Ereignis erlebt, und dann sind wir singend weitergefahren: Wie mein Vater richtig bemerkte, hatten wir von unserem Urlaub gerade mal zwei Stunden verloren. Ich glaube, diese und alle ähnlichen Szenen während meiner Kindheit haben dazu geführt, dass ich mir heute die kleinen Widrigkeiten und Sorgen des Alltags nicht zu sehr zu Herzen nehme.«

Das elterliche Verhalten und sein Einfluss auf die Glücksbefähigung der Kinder	
Man wird leichter glücklich, wenn man oft erlebt, wie die Eltern …	*Man wird schwieriger glücklich, wenn man oft erlebt, wie die Eltern …*
… entspannt sind, sich freuen und ihre Freizeit und die vergnüglichen Augenblicke genießen.	… so beunruhigt und sorgenvoll sind, dass sie für Freizeit und Alltagsfreuden keinen Sinn mehr haben.
… deutlich zeigen, dass sie die glücklichen Augenblicke auskosten.	… in den schönen Augenblicken nur negative Emotionen ausdrücken oder immer bloß die Grenzen aufzeigen (»Das hält eh nicht lange vor!«).
… in Stresssituationen lachen, das Ganze relativieren oder einen Scherz machen.	… sich immer nur auf die Alltagssorgen konzentrieren und das Leben erst genießen wollen, wenn wirklich gar kein Problem mehr vorhanden ist.
… mit den Kindern über das Glück sprechen.	… die Frage des Glücks nie anschneiden oder sich bloß pessimistisch äußern (»Koste es noch schnell aus, du wirst deine Illusionen früh genug verlieren …«).

Was haben mir meine Eltern über das Glück beigebracht?

Eltern können ihren Kindern helfen, zu den unterschiedlichen Glückserfahrungen zu gelangen, über die wir im ersten Kapitel gesprochen haben:

- Situationen: Sie schaffen ihren Kindern schöne Augenblicke und wenigstens ein Mindestmaß an materieller Sicherheit.
- Emotionen: Sie lehren ihre Kinder, schöne Augenblicke zu genießen, und gehen dabei mit gutem Beispiel voran.
- Sichtweise: Sie reichen ihr Wissen über die Natur des Glücks und die Suche nach ihm an die Kinder weiter.
- Konstruktion: Sie helfen ihren Kindern, zu Akteuren beim Aufbau des eigenen Glücks zu werden, schöne Momente bewusst zu schaffen und in gutem Einvernehmen mit der sie umgebenden Welt zu leben.

In all diesen Bereichen illustriert das Alltagsverhalten der Eltern, welche Prioritäten sie sich – manchmal unbewusst – gesetzt haben: Soll man sich den sozialen Normen unterwerfen und nach Angepasstheit streben? Ist materieller Erfolg am wichtigsten? Oder soll man sich vor allem als Persönlichkeit entfalten und glücklich sein?

Solche unbewussten Lebensentwürfe sind selbstverständlich auch mit der jeweiligen Epoche oder sozialen Schicht verbunden. Die Romanautorin Annie Ernaux hat in mehreren Büchern ihre freudlose Kindheit geschildert, in der sie von Glück wenig mitbekam. *Das bessere Leben* ist ein berührender Bericht über einen Vater, der das Glück immer nur aus der Ferne gesehen hat.[17] Annie Ernaux erzählt darin vom Leben ihrer Eltern, die in einer Provinzstadt der Nachkriegszeit arme Händler waren: Ihr Leben war – wie das einer ganzen Generation – von Selbstaufopferung geprägt (»Die Rechtfertigung seiner Existenz: dass ich der Welt angehöre, die ihn missachtet hatte«). Wie alle Menschen, die Armut selbst kennen gelernt haben, wollten sie ihrem Kind die Erfahrung des Mangels ersparen (»Das Kind entbehrt nichts«). Annie Ernaux beschreibt, wie ihre Eltern dem großen Glück entsagten oder eigentlich dem Glück überhaupt (»[…] die Gewissheit, dass man nicht glücklicher sein kann, als man ist«). Und sie schildert ihre Versuche, sich mit den eigenen Lebensumständen abzufinden (»Andere waren unglücklicher als wir«). Sie bemüht sich, ihren Vater und dessen Weltsicht zu verstehen, indem sie von der einzigen Schullektüre spricht, die er in Erinnerung behalten hatte, von *Zwei Kinder machen eine Reise durch Frankreich*. Dabei zitiert sie einen der Schlüsselsätze dieses Buches: »Wir sollten lernen, immer mit unserem Schicksal zufrieden zu sein.« Sie erzählt auch vom Lebensende des Vaters, der nach der Diagnose einer schweren Krankheit auf seine späten Tage beschließt, »das Dasein ein wenig zu genießen«. Sehr viel Hedonismus zeigt so eine Devise allerdings noch nicht ...

Das Glück der verschiedenen Lebensabschnitte

Das Glück am Anfang unseres Daseins ist nicht genau dasselbe wie das zum Lebensende. Auf welche Weise ist man in den verschiedenen Lebensaltern glücklich? Wie entwickelt sich unser Glück mit den Jahren? Und wie wird unser Glück allmählich vom Leben geformt?

Kindheit: das Glück im Reinzustand?

Die Kindheit ist das Lebensalter, in dem sich das Glück nicht versteckt: Freudensprünge, begeisterte Ausrufe, fröhliches Herumtänzeln und Trällern ... Aber sie ist auch der Lebensabschnitt, in dem man einen angeborenen Sinn für die kleinen Glücksmomente des Alltags mitbringt. Kinder können sich nämlich an dem erfreuen, was den Erwachsenen manchmal belanglos scheint. Die Heimkehr der Eltern von der Arbeit löst bei den ganz Kleinen häufig wahre Glücksgefühle aus – eine Haltung, die sich bei Erwachsenen bisweilen verliert; überlegen Sie mal, wie lange Ihre letzten Freudensprünge bei der Ankunft Ihres Partners zurückliegen …

Die große Überlegenheit vieler Kinder über die Erwachsenen liegt in ihrer Fähigkeit begründet, den gegenwärtigen Augenblick auszuleben. »Für Kinder gibt es weder Vergangenheit noch Zukunft, und – was bei uns selten vorkommt – sie erfreuen sich am Gegenwärtigen«, vermerkte dazu La Bruyère. Diese Befähigung hängt eng mit der Gabe zusammen, Glück zu verspüren.

Eine der Glücksquellen für Erwachsene liegt darin, sich an das eigene Kinderglück zu erinnern oder glücklichen Kindern zuzuschauen (daher rührt vielleicht auch die Nostalgie der Kinderlosen). Der chinesische Dichter Li Po schrieb darüber: »Ihr fragt mich, welches das höchste Glück hienieden ist? Das Lied eines kleinen Mädchens zu hören, das euch nach dem Weg gefragt hat und sich jetzt singend entfernt.«

Tatsächlich ist die Kindheit in mancherlei Hinsicht ein Glücksspeicher. Nicht nur, weil man sich einen Vorrat an glücklichen Erinnerungen anlegt, der einem bei künftigen Schwierigkeiten Halt geben und Kraft spenden kann. Man entwickelt in der Kindheit auch seine spätere Empfänglichkeit fürs Glück und die Fähigkeit, wahres von unechtem Glück zu unterscheiden.

Sandrine meint dazu: »Ich habe eine eher glückliche Kindheit gehabt, und ich glaube, dass sich dadurch mein Scharfblick erhöht hat. Weil ich wusste, was es heißt, geliebt zu werden, sah ich bei meinen verschiedenen Liebesgeschichten recht gut, mit wem es klappen könnte und mit wem es wirklich schwierig sein würde. Das hat mich nicht vor Irrtümern bewahrt, und manchmal habe ich mich auf etwas versteift, obgleich meine Intuition mir sagte, dass es nicht das Richtige war. Aber letztendlich habe ich weniger Scherereien gehabt als manche meiner Freundinnen, und auf jeden Fall haben mich diese Fehlschläge nicht so bedrückt …«

Allerdings gibt es auch Kinder, die traurig oder deprimiert sind oder einfach ihre liebe Not mit dem Glück haben. Jules Renard liefert uns ein anrührendes Beispiel dafür in seinem Hauptwerk *Rotfuchs*, das viele autobiografische Züge trägt. Der Roman ist das Porträt eines ungeliebten und wenig glückstauglichen Kindes. Rotfuchs, ein kleiner Junge mit roten Haaren, ist den Schikanen seiner bösen Mutter ausgesetzt und gelangt deshalb zu der Schlussfolgerung: »Nicht jeder hat das Glück, ein Waisenkind zu sein.«

Die ewige Tendenz, »Glück jenen zuzuschreiben, die uns näher am Ursprung zu stehen scheinen, näher an Einfachheit, Unschuld und Ahnungslosigkeit«[18], die Neigung also, sich die Kindheit als eine Lebensphase voll wolkenlosen Glücks auszumalen, führt demnach in die Irre. Auch Kinder können leiden, auch sie kennen Angst und Unglück wie die Erwachsenen. Wie viel Wahrheit und wie viel Täuschung steckt also in diesem Mythos, der die Kindheit als perfektes Modell fürs Glücklichsein empfiehlt?

Natürlich wird die Kinderzeit im Nachhinein verklärt; man nennt das eine »Rekonstruktionsverzerrung«. Aber das Glück aus der Kindheit ist häufig das einzige Muster, über das Erwachsene überhaupt verfügen. Dabei ist das trügerisch, denn das Glück eines Kindes ist wahrscheinlich von anderer Natur als das eines Erwachsenen. Ein Kind ist glücklich, ohne dies zu wissen oder angestrebt zu haben; bei Erwachsenen ist es im Allgemeinen umgekehrt. Sicher hat Wordsworth Recht, wenn er schreibt, das Kind sei der Vater des Mannes. Wir sollten jedoch nur mit der gebotenen Vorsicht unserer natürlichen Neigung folgen, beim Begreifen und Erschaffen des Glücks die Kinder zum Modell zu nehmen.

Wann ist die Kindheit vorbei? Und in welchem Augenblick endet das Kinderglück – oder vielmehr, wann verwandelt es sich?

Ich war jedes Mal betreten, wenn ich bei meinen Töchtern einen dieser Momente miterlebte, wo die frühe Kindheit allmählich ausläuft. Ein erstes Zeichen war, dass das Getrippel aufhörte, mit dem sich ein glückliches Kleinkind fortbewegt. So ein kleines Kind macht keine Trippelschritte, weil es schneller vorankommen will, sondern weil es glücklich ist. Ein größeres Kind trippelt nicht mehr, sondern es geht oder rennt wie ein Erwachsener. Auch das Lesenlernen, über das sich die Eltern freuen, ist so ein Wendepunkt. Es leitet den schleichenden und vorprogrammierten Tod der Kinderspiele ein. Die Kinder behalten ihr Spielzeug noch jahrelang, spielen aber nicht mehr richtig damit. Es ist traurig und reizend zugleich, solche bedeutungsvollen Augenblicke mitzuerleben. Und dann hören die Kinder natürlich auf, an solche Dinge wie den Weihnachtsmann zu glauben, und auch hier merkt man, dass sie sich Mühe geben, diesen Glauben nicht zu verlieren oder wenigstens den Anschein zu wahren – als würden sie spüren, dass sie gerade eine außerordentliche Befähigung zum Glücklichsein eingebüßt haben. Dieses Erlöschen des Kinderglaubens wird später zu einer wichtigen Quelle für glückliche oder traurige Nostalgie.

In einer autobiografischen Erzählung, in der er ausführlich vom Glück seiner Kindheit berichtet, erzählt Alain Rémond folgende Anekdote: »Ich erinnere mich an den Tag, als ein Klassenkamerad mich besuchen kam und mich beim Spielen mit Madeleine und Bertrand überraschte. Welche Verachtung lag in seiner Stimme, als er mir zurief: ›Was, in deinem Alter spielst du noch?‹ ... Ja, ich spielte noch. Und später bedauerte ich es, nicht mehr richtig spielen zu können. Hat man die Schranke einmal passiert, ist die Grenze erst überschritten, dann ist es vorbei, und man kann nicht mehr zurück, niemals wieder.«[19]

Jugend: Glücklich – na ja …

Philippe Delerm berichtete von einem Erlebnis in seiner Abiturklasse, als der Philosophielehrer im Unterricht die Frage stellte: »Sind Sie glücklich?« Fast alle Schüler antworteten darauf mit »Nein« – zur Bestürzung des Lehrers, der sich sogleich an eine »schwerfällige Lobrede auf ein persönliches Gleichgewicht machte, das uns nicht besonders verlockend schien. […] Im Wort Glück lag etwas Behäbiges und Sattes.«

Wenn man Jugendliche übers Glück befragt, fühlen sie sich davon nicht besonders berührt: »Das ist eine Frage für alte Leute …« Sie streben lieber nach Intensität, wenn nicht gar nach dem Absoluten und Unumstößlichen. Vor allem aber reagieren sie überempfindlich auf das Flair von Entsagung, das über manchem Glück liegt.

Dieses Misstrauen wird von der sehr schönen Figur der jugendlichen Antigone in Jean Anouilhs Drama[20] illustriert. In einer Szene macht Antigone ihrem Onkel Kreon Vorwürfe:

ANTIGONE *murmelt*: Glück …

KREON *etwas geniert*: Ein armseliges Wort, nicht wahr?

ANTIGONE: Was wird mein Glück sein? Was für eine glückliche Frau soll aus der kleinen Antigone werden? Welche Niedrigkeiten werde ich Tag für Tag begehen müssen, um dem Leben mit den Zähnen ein kleines Fetzchen Glück zu entreißen? Sag doch, wen werde ich belügen, wem falsch ins Gesicht lächeln und an wen mich verkaufen müssen? Bei wem muss ich mich abwenden und ihn sterben lassen?

KREON: Du bist verrückt! Sei still!

ANTIGONE: Nein, ich bin nicht still! Ich will wissen, was ich tun muss, um glücklich zu werden.

[…]

ANTIGONE: Ihr seid mir alle widerlich mit eurem Glück und eurer Lebensauffassung. Gemein seid ihr! Wie Hunde, die geifernd ablecken, was sie auf ihrem Weg finden. Ein bescheidenes Alltagsglück und nur nicht zu anspruchsvoll sein! Ich, ich will alles, sofort und vollkommen – oder ich will nichts. Ich kann nicht bescheiden sein und mich mit einem kleinen Stückchen begnügen, das man mir gibt, weil ich so brav war. Ich will die Gewissheit haben, dass es so schön wird, wie meine Kindheit war – oder ich will lieber sterben.

KREON: Komm, fang nur so an wie dein Vater ...

Erinnern wir uns daran, dass Antigone der inzestuösen Liebe von Ödipus und Jokaste entsprungen war. Wir müssen wohl nicht näher ausführen, dass sie ihr Glück niemals finden und dass ihre Geschichte schlecht ausgehen wird.

Die Jugendzeit kann uns also nicht viel über unser Thema lehren; fürs Glück interessieren sich junge Leute nicht so brennend, und sie kennen sich auch nicht besonders damit aus. Aber zumindest lassen sie uns misstrauisch werden gegen jene Abart von Glück, die mit Nachtmütze und in Filzpantoffeln daherkommt ...

Wann hören die Jugendjahre auf? Und wann endet ihr verworrenes Verhältnis zum Glück? Bei manchen Leuten niemals ... In den übrigen Fällen genau dann, wenn man beginnt, sich die Frage nach dem Glücklichsein zu stellen. Wenn man sich nicht mehr unablässig fragt »Wer bin ich?«, sondern eher »Was kann ich mit dem, was ich bin, anfangen?«

Das Erwachsenenalter: reifes oder mittelmäßiges Glück?

Edith erzählt: »In welchem Moment ich erwachsen geworden bin? Ich weiß es nicht, und mir scheint, dass dieser Prozess immer noch nicht abgeschlossen ist! Angefangen haben muss es so um die Dreißig, als die Fundamente für meine Familie und mein Berufsleben gelegt waren und ich den Kopf wieder ein bisschen frei hatte. Nach und nach gelangte ich vom Bedürfnis nach Aktivität zum Bedürfnis nach Dauer, von Vergnügungen, die einen aufstacheln, zum Wunsch nach Ruhe, vom Schreien zum Flüstern. Zu guter Letzt von der Selbstbespiegelung zum Scharfblick …«

Die großen Fragen zum Thema Glück stellen sich uns im Erwachsenenalter: Sollen wir es lieben oder verachten, es abwarten oder selbst schmieden? Werden wir also erwachsen, wenn wir uns die Frage nach dem Glück zu stellen beginnen, und vor allem, wenn wir allmählich begreifen, dass unser Glück hauptsächlich von uns selbst abhängt? Wenn wir über die ersten großen Fehlschläge, die ersten Enttäuschungen nachdenken? Oder über den Preis, den wir für unsere ersten Erfolge zahlen mussten? Oder wird man ein Erwachsener, wenn man sich ein Familienleben, ein soziales und berufliches Umfeld aufbaut? In jedem Fall wird sich uns eines Tages unvermutet die Frage nach dem Glück stellen.

Dabei fragen wir uns vor allem, wie wir es uns selbst schmieden können. Wir haben es satt, ihm hinterherzulaufen, und würden es gern einfangen und wie ein Haustier zähmen. Aber wird uns dieses gezüchtete Glück so mit Freude erfüllen wie eines, das sich von selbst einstellt? Die große Herausforderung liegt für einen Erwachsenen darin, dass er Glück nicht mit Komfort und Bequemlichkeit verwechseln darf. Es kommt vor allem darauf an, weiter für zufällige Glücksmomente empfänglich zu bleiben und gleichzeitig andere glückliche Augenblicke bewusst herbeizuführen. Aus dieser Vielfalt entsteht das Glück, erwachsen zu sein.

Wenn man erwachsen wird, begreift man auch, dass Pläne für ein glückliches Leben weder verachtenswert noch in den Himmel zu heben sind. Sie entsprechen den persönlichen Überzeugungen eines jeden und der Einsicht, die er in seine Stärken und vor allem in seine Schwächen hat.

Leila erzählt: »Ich kümmere mich selbst um mein Glück, weil ich in meiner Kindheit nicht glücklich gewesen bin, denn mir hatte damals keiner beigebracht, es zu sein, und weil ich den Eindruck habe, dass Glücklichsein nicht von vornherein in meinem Charakter angelegt ist. Ich habe keine spontane Neigung zur Freude. Ich weiß auch, wohin es führt, wenn ich mich nicht selbst darum kümmere: zu dem Zustand, den ich zwischen zwanzig und vierzig erlebt habe, als sich Depressionen, Ängste, Unzufriedenheit und Missmut die Klinke in die Hand gaben. Heute, mit vierzig, habe ich begriffen, wie ich mich besser fühlen kann, und ich will weiter daran arbeiten und es noch ausbauen ...«

Glücklich alt werden?

Zum ersten Mal in der Menschheitsgeschichte erlebt eine Gesellschaft (die unserer westlichen Länder) eine allmähliche prozentuale Zunahme von »jungen Alten«, das heißt von älteren Leuten, die materiell ziemlich gutgestellt und relativ gesund sind. Auch sie fordern natürlich ihr Recht aufs Glück ein, während das Alter einst die Zeit der Entsagung und des Verzichts war. Manchmal verspürt man gerade in dieser Lebensphase ein besonders starkes Bedürfnis nach Glück. Wird man an seinem Lebensabend ernsthaft etwas anderes bereuen, als dass man nicht genug für sein Glück und das der Angehörigen getan hat? Da ist es schon besser, sich rechtzeitig zu kümmern.

Die Fangstricke des Alters sind gut bekannt: Zwischen Nostalgie, Bitterkeit und Verzicht gibt es nicht viel Spielraum für ein glückliches Leben. Politisch korrekt heißt es, es komme doch nicht auf das Alter an. Manche Stars treiben die Scheinheiligkeit so weit, dass sie in den Magazinen behaupten, sie könnten es kaum erwarten, älter zu werden.

Das Glück im Kloster:
Lebt man länger, wenn man glücklich ist?

Eine schöne psychologische Untersuchung ist kürzlich an 180 Nonnen eines amerikanischen Ordens durchgeführt worden. Die Wissenschaftler analysierten dabei die Autobiografien, welche die Nonnen auf Wunsch ihrer Oberin verfasst hatten, als sie einst in den Orden eingetreten waren. Damals waren sie im Durchschnitt 22 Jahre alt gewesen. Bei der Durchsicht dieser Texte 60 Jahre später merkten die Forscher, dass die Nonnen, deren frühe Autobiografien von einer positiven und glücklichen Sicht aufs Dasein zeugten (man zählte die positiven Worte und Formulierungen sowie die Häufigkeit positiver Emotionen), deutlich länger gelebt hatten als die übrigen.[21]

Gleichzeitig nehmen sie hinter den Kulissen aber die Dienste der Schönheitschirurgie in Anspruch.

Im Altern steckt dennoch ein Niedergang. Comte-Sponville hat das offen und hellsichtig ausgesprochen: »Ich glaube nicht besonders an die Vorzüge des Alters ... Man soll an Erfahrung gewinnen, an Reife, an Bildung? Das verdankt man weniger dem Alter als dem Leben, das trotz allem weitergeht ... Das Leben ist ein Reichtum. Zeit ist ein Reichtum. Alt zu sein ist keiner, denn im Alter wird uns die Zeit knapp, und das Leben verabschiedet sich ...«[22] Trotzdem belegen viele persönliche Berichte, dass man sich über die Jahre hinweg seine Glückstauglichkeit bewahren kann. In einem Interview mit einer medizinischen Fachzeitschrift sprach der Schriftsteller François Nourissier über seine Parkinson-Erkrankung, aber auch über »das ganz fleischliche, körperliche Glück, so lange durchgehalten zu haben«[23].

Wie lässt es sich erklären, dass man mit fortschreitendem

Alter immer noch glücklich sein kann, vielleicht sogar glücklicher als früher? Es liegt daran, dass sich unsere Emotionen tendenziell zum Positiven entwickeln und unsere Lebenserfahrung den Sinn fürs Glück geschärft hat.

Vielen Untersuchungen zufolge stabilisieren sich die Emotionen mit dem Älterwerden (weniger Achterbahnfahrten der Gefühle) und die positiven Emotionen wachsen an.

Außerdem kann auch die Erfahrung dem Glück dienlich sein, indem wir aus unseren früheren Irrtümern und Malheuren lernen. Und schließlich zögern viele ältere Menschen nicht, sich vielfältige und neuartige Betätigungen zu suchen, was ihnen psychologisch eine zweite Jugend verschafft: »Jung zu sein bedeutet, in einem bestimmten Bereich mehr vor sich als hinter sich zu haben, wenigstens dem Prinzip nach.«[24] Der Medizinprofessor Jean Bernard hat das mit anderen Worten ausgedrückt: »Wenn man dem Leben keine Tage mehr hinzufügen kann, muss man den Tagen Leben hinzufügen.«

Diese Art von Jugend kann man in allen Altersstufen pflegen, und sie ist ganz offenkundig ein wichtiger Schlüssel zum Glück.

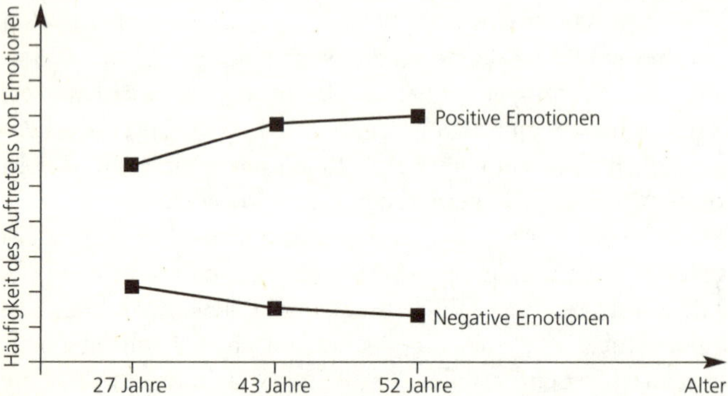

Der Durchschnittswert für positive und für negative Emotionen verändert sich mit dem Alter vorteilhaft (nach einer Langzeitstudie an 80 Frauen).[25]

ZWEITER TEIL

Das Glück begreifen und verteidigen

Dies ist nicht das Buch eines Autors, der das Glück bereits gefunden hat und Ihnen jetzt erklärt, wie auch Sie es finden. Tut mir Leid … Es ist nur das Buch eines Therapeuten, der seinen Patienten hilft, effizienter nach ihrem Glück zu suchen.

Dieser zweite Teil möchte also auf neue Fragen antworten:

In welche Richtungen soll man eigentlich auf Glückssuche gehen?

Können uns Wissenschaft, Philosophie und Religion bei dieser Suche konkret helfen?

Weil das Glück für jeden von uns ein wichtiges Thema ist, hat auch ein jeder seine Meinung dazu. Und es kann passieren, dass sich an ihm die Gemüter erhitzen. Zwischen denen, die »dran glauben«, und den »Ungläubigen« hat es schon immer lebhafte Diskussionen gegeben.

Was muss man über die Geschichte und Soziologie des Glücks wissen, um besser über sein eigenes Glück sprechen zu können – und es zu erhalten?

Kapitel 4
Wo soll man sein Glück suchen?

> *Wir suchen alle das Glück, wissen aber nicht, wo wir nachschauen sollen, ganz wie Trunkenbolde, die ihr Haus suchen und nur noch verschwommen wissen, dass es irgendwo existiert …*
>
> VOLTAIRE

Ach, all diese Glücksrezepte!

Es gibt pragmatische unter ihnen, etwa das des römischen Dichters Martial: »Eine kleine Erbschaft, ein fruchtbarer Acker, ein Haushalt ohne Scherereien, ein kräftiger Körper, ein sanfter Schlaf …« Andere sind vorwiegend auf die Ernährung bezogen, so das von Jean-Jacques Rousseau: »Glück ist, ein schönes Konto bei der Bank zu haben, eine gute Köchin und eine gute Verdauung.« Es gibt auch so methodisch strenge Rezepte wie das des Philosophen Schopenhauer: »Obenan: Heiterkeit des Gemüts, *eukolia*, glückliches Temperament. Es bestimmt die Kapazität für Leiden und Freuden. Ihm zunächst Gesundheit des Leibes, die mit jenem genau zusammen hängt und beinahe unumgängliche Bedingung dazu ist. Drittens Ruhe des Geistes […] Viertens Äußere Güter: ein sehr kleines Maß.«[1] Und auch manch ein Entmutigter hat seine Überzeugungen mitgeteilt, so der Hofprediger Bossuet: »Das menschliche Glück setzt sich aus so vielen Teilen zusammen, dass immer gerade eins fehlt.« Andere Rezepte schließlich machen uns ziemlich misstrauisch, was die unparteiische Haltung ihres Verfassers angeht. Dazu zählt sicher Flauberts berühmte Definition: »Dumm sein, egoistisch und von guter Gesundheit: das sind die drei Voraussetzungen, um glücklich zu werden.«

Aber was wissen wir heute Genaues über die Komponenten des Glücks? Haben die Überlegungen der Philosophen und die Forschungen der Wissenschaftler zu ein paar Gewissheiten geführt? Hier ein Streifzug durch die aktuellen Erkenntnisse und Überzeugungen zu einem ewigen Thema ...

Tricks und Versprechungen: Glück auf Bestellung

Wir machen Sie glücklich, schnell und sicher ... Wenn wir nicht wissen, wo wir unser Glück suchen sollen, springt unsere Konsumgesellschaft sogleich in die Bresche und will uns Lösungen anbieten – oder vielmehr verkaufen. Werden sie uns aber zufrieden stellen? Was können Geld, materielle Güter und diverse Drogen bei unserem Streben nach Glück ausrichten? Die politisch korrekte Antwort wäre: »Nichts! Glück lässt sich weder kaufen noch herbeirufen.« Aber ist das wirklich wahr?

Macht Geld glücklich?

»Geld macht nicht glücklich«, sagt ein Sprichwort. »Aber es erleichtert ungemein«, fügt man gewöhnlich hinzu. Die Wissenschaft ist dieser Frage nachgegangen. Es scheint tatsächlich so zu sein, dass Geld das Glück der Ärmsten erhöht, und zwar bis zu einer bestimmten Schwelle, an der ein so genannter »Plateaueffekt« eintritt (siehe das unten stehende Diagramm). Materielles Elend baut vor dem Glücklichsein zahlreiche Hindernisse auf, und es scheint für die Glückserzeugung eine finanzielle Untergrenze zu geben. Erreicht man diese Schwelle, wird einem das Glück noch lange nicht geschenkt, aber darunter ist Glück meistens unmöglich. Oberhalb dieser Schwelle hat das Anwachsen der finanziellen

Mittel hingegen nur noch begrenzten Einfluss auf das Wohlbefinden.

Interessante Studien haben gezeigt, dass das Durchschnittseinkommen der Amerikaner zwischen 1960 und 1990 zwar sehr deutlich wuchs, die Prozentzahl der Leute, die sich für glücklich erklärten, im gleichen Zeitraum jedoch nicht im Geringsten anstieg.[2] Auch bei den Mitgliedern einer Versuchsgruppe stellte man über zehn Jahre hinweg fest, dass sich das mittlere Niveau des Wohlbefindens bei finanziellen Schwankungen nicht veränderte – weder bei einem Einkommenszuwachs noch bei Verlusten.[3] Dies konstatiert letzten Endes auch der Schriftsteller Jean d'Ormesson: »Anders als die Armen glauben, macht Geld die Reichen nicht glücklich. Aber anders als die Reichen glauben, würde es die Armen glücklich machen.«

Oft wird noch eine andere Frage aufgeworfen: Macht zu viel Geld nicht unglücklich? Bei einer bejahenden Antwort müsste die unten stehende Geld/Wohlbefinden-Kurve am rechten Rand wieder sinken. Aber schauen Sie einmal genau hin – es ist (leider?) nicht der Fall. Manchen Studien zufolge

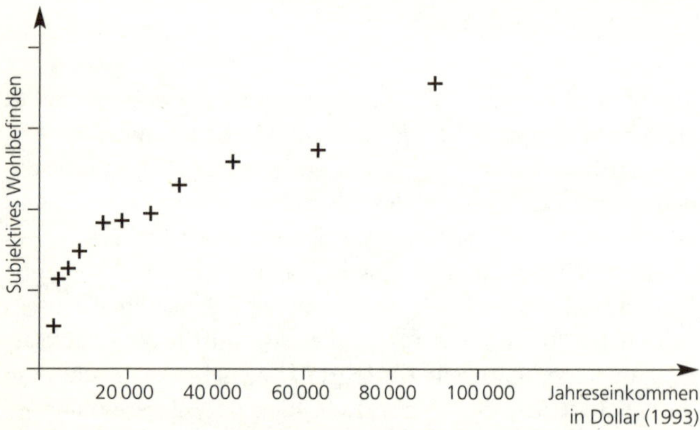

Das Verhältnis von Einkommen und Wohlbefinden stabilisiert sich jenseits einer Mindestschwelle.[4]

sollen sich den schwerreichen Leuten sogar einige zusätzliche Arten von Glück eröffnen ... Da muss man Jules Renard Recht geben, der das übliche Gerede der Reichen misstrauisch kommentiert: »Wenn Geld nicht glücklich macht, dann geben Sie es doch her!« Dennoch sind diese Ergebnisse mit Vorsicht zu genießen, denn die Untersuchungen sind an einer sehr geringen Zahl von Personen durchgeführt worden.

Im Übrigen wirkt nicht so sehr der bloße Besitz von Geld auf unsere Glücksgefühle, sondern offenbar die Befriedigung, welche dieses Geld mit sich bringt.[5] So sagte schon der Verlagsleiter Bernard Grasset: »Das Glück hängt nicht mit dem Besitz von Gütern zusammen, sondern mit der Fähigkeit, sich ihrer zu erfreuen.« Bekanntlich kann man auf zweierlei Weise reich sein: Man kann viel Geld haben oder aber bedürfnislos leben.

Der Schriftsteller Joseph Delteil kehrte Paris den Rücken, als sein Ruhm in den literarischen Kreisen der dreißiger Jahre anwuchs. Er zog sich in ein kleines Haus zurück, das ganz verloren in der Garrigue bei Montpellier lag. Dort lebte er mit seiner Frau in asketischer Ärmlichkeit, aber er war der glücklichste aller Menschen, und der seinem zurückgezogenen Dasein gewidmete Bildband strahlt dieses Glück aus. Wir sehen den Autor in seiner alten, geflickten Samtweste dastehen oder an seinem Schreibtisch, der völlig überhäuft ist von allen möglichen Erinnerungsstücken und aufgesammelten Dingen, die den Eindruck eines lustigen Trödelladens hervorrufen. Ein Haus, Liebe, Nahrung und das Schauspiel der Natur – mehr brauchte der geniale Romancier nicht, um vollkommen glücklich zu leben.[6]

Fassen wir also zusammen: Bei richtig armen Leuten wächst das Risiko, dass sie aufgrund ihrer Armut unglücklich sind, sehr reiche Leute können ein wenig glücklicher sein, vorausgesetzt, sie stellen es richtig an. Zwischen diesen beiden Extremen haben wir in Sachen Glück vom Geld nicht viel zu erwarten ...

Die Lottogewinner

Es gibt schon viele Untersuchungen über Personen, die in der Lotterie gewonnen haben. Diese Studien zeigen ziemlich übereinstimmend, dass nach einem ersten Freudentaumel (»Schatzi, du hast den Jackpot geknackt!«) Glück und Wohlbefinden dieser »glücklichen Gewinner« auf dem selben Niveau liegen wie bei Nichtgewinnern. Ein Jahr später steht es mit ihrem Wohlbefinden wieder so wie vor dem Lottogewinn.[7] Zahlreiche Gewinner haben auf die vielfältigen Scherereien verwiesen, die ihr plötzlicher Wohlstand ausgelöst hat[8]: Konflikte in der Familie, mit Kollegen und Nachbarn, wenn man in den gleichen gesellschaftlichen Verhältnissen wie zuvor weiterleben möchte; eine schwierige Anpassung an das neue soziale Umfeld, wenn man die Umgebung wechselt... Und für manche ist es noch schlimmer gekommen: Sie haben sich ruiniert und können ihrem schönen Gewinn nur noch nachtrauern... Denn in Sachen Geld gibt es noch eine zusätzliche Ungerechtigkeit: Reich sein, das lernt man von Kindesbeinen an!

Die Lügen und Trugbilder des Kommerzes

Im September 2002 pries der Autohersteller *Daimler-Benz* seinen Mercedes der A-Klasse, einen kleinen Stadtwagen, mit dem Slogan an: »Die idealen Abmessungen des Glücks.« Es war nicht die erste Firma, die das Glück als Werbeargument nutzte. Schon früher konnten wir hören und lesen: »Glück ist so einfach wie ein Telefongespräch« (*France Télécom*), »Das Glück liegt in den Preisen« (*Hertz*), »Glück. Wenn ich es will.« (*Club Med*) und, mit bedrohlichem

Unterton, »Es ist verrückt, wie schnell man sich ans Glück gewöhnt«, ein Slogan der Bank *Crédit Agricole*, mit dem sie für ihre Versicherungen werben wollte …

Die Reklame benutzt das Wort Glück häufig und bombardiert uns mit Bildern, von denen man annimmt, sie würden in uns den Gedanken ans Glücklichsein aufkommen lassen: Pärchen, die friedlich einen Kaffee trinken und sich dabei verliebt anschauen, strahlende Kinder in schönen Autos … Offenkundig hat die Werbung begriffen, dass man weltweit danach strebt, glücklich zu werden, und dass dies eine mächtige Motivation darstellt. Die latente Botschaft dieser Bilder und Slogans hat zumindest den Vorzug der Einfachheit: Sie können mühelos und schnell zum Glück gelangen, indem Sie materielle Güter kaufen, besitzen und sich an ihnen erfreuen.

Eine meiner Patientinnen erzählte mir einmal, dass sie und ihr Bruder nach dem Tod ihrer Mutter in die Wandschränke der Verstorbenen geschaut hatten. Dabei hatten sie jede Menge Bücher, Kleidungsstücke, Haushaltsgeräte und Schönheitsmittel entdeckt, die ordentlich aufgestapelt und in ihrer niemals geöffneten Originalverpackung dastanden. Die vereinsamte alte Dame, die ständig vor dem Fernseher saß, hatte den Verlockungen des Teleshopping regelmäßig nachgegeben und sich all diese kleinen Glücksversprechungen geleistet, die von so netten Moderatoren angepriesen worden waren … Es wäre trotzdem unsinnig, eine absolut puritanische Haltung gegenüber materiellen Gütern zu entwickeln. Wer sich etwas kauft, verbaut sich damit nicht sein Glück, manchmal verschafft er sich sogar ein wenig davon, auch wenn sich die Versprechungen nicht immer erfüllen. Aufpassen muss man allerdings, nicht allzu leichtgläubig in die Falle zu tappen: Werbung hat eine viel größere Wirkung auf uns, als wir uns das vorstellen können. Woody Allen sagte einmal: »Die Bösen haben wahrscheinlich etwas begriffen, was den Guten nicht bekannt ist …« Erlauben wir

Glück für 39,90

»Ich heiße Octave und kaufe meine Klamotten bei APC. Ich bin Werber: ja, ein Weltverschmutzer. Ich bin der Typ, der Ihnen Scheiße verkauft. Der Sie von Sachen träumen lässt, die Sie niemals besitzen werden ... In meinem Metier will keiner Ihr Glück, denn glückliche Menschen konsumieren nicht. Ihr Leiden dopt den Handel ... Der Hedonismus ist kein Humanismus, sondern Cashflow.«[9]

Diese Zeilen aus Frédéric Beigbeders Bestseller *39,90* benötigen keinen Kommentar. Der Autor kennt sich hinter den Kulissen der Werbebranche perfekt aus, denn er hat dort selbst lange Jahre seine Talente erprobt. Seine Aussage erinnert uns daran, dass es nicht genau dasselbe ist, Glück zu verkaufen oder sich des Glückes zu bedienen, um etwas zu verkaufen ...

uns doch mal ein bisschen Schwarzweißdenken und ersetzen wir »die Bösen« durch die Werbebranche und »die Guten« durch den Verbraucher. Und dann sollten wir uns die Spots im Fernsehen aufmerksamer als üblich anschauen und uns fragen, welche Wirkung die Werbefachleute mit ihnen herbeiführen wollten.

Deprimierte Menschen haben oft ein feines Gespür für die finstere Seite gewisser Situationen, die in den Augen eiliger Passanten ganz harmlos wirken. Ein solcher Patient erzählte mir eines Tages, welche Woge von Traurigkeit ihn auf dem Flughafen überrollt hatte: »Es war an einem Freitagabend, der Abflug meiner Maschine war um eine Stunde verschoben worden, und ich musste die Zeit totschlagen. Ich schlenderte durch die Einkaufsgalerien und stieß dabei auf einen Spielzeugladen. Durchs Schaufenster beobachtete ich zwei schick gekleidete Führungskräfte, einen Mann und eine

Frau, die gehetzt und schlecht gelaunt wirkten. Sie suchten nervös nach Geschenken, für ihre Kinder vermutlich, ein jeder in seiner Ecke. Der Verkäuferin hatten sie offenbar gerade gesagt, wie alt die Kleinen waren, damit sie ihnen das letzte neumodische Geschenk mitbringen konnten, das sie vielleicht noch nicht besaßen. Plötzlich machte mich diese Szene traurig und betroffen. Ich hatte das Gefühl, dass sie Geschenke kauften, um ihre Abwesenheit zu kompensieren, ich malte mir eine ganze Geschichte aus: Weil sie so viel Arbeit hatten, waren sie nie zu Hause, und das bereitete ihnen Schuldgefühle, von denen sie sich freikauften, indem sie ihre Kinder verwöhnten und deren mögliche Klagen unter Bergen von Geschenken erstickten. Ich stellte mir vor, wie das Kind sein Geschenk mit vager Aufregung in Empfang nahm und dann seinen Eltern, die zu selten daheim waren, den Rücken kehrte … Und trotz der lächelnden Teddybären und der glitzernden Schaufenster fand ich das Geschäft plötzlich düster.«

Wie kann man eine gesunde Beziehung zu materiellen Gütern aufrechterhalten? Der Priester Bossuet, der durch seine Predigten und Grabreden berühmt wurde und am Hof des Sonnenkönigs wirkte, vertrat dazu folgende Meinung: »Man kann nicht zum Herrn über die Dinge werden, indem man sie alle besitzt; man muss sich zum Herrn über sie machen, indem man sie alle verachtet.« Wenn wir aber ein bisschen näher an unserem Alltagsleben bleiben wollen (in dem wir ständig die Zielscheibe wirkungsvoller Werbung sind), sollten wir uns drei Fragen stellen, ehe wir etwas kaufen, auf das wir nicht verzichten können (und verzichten könnte man im Grunde auf alles außer auf Lebensmittel, und auch da stellt sich die Frage, Brot und Wasser einmal ausgenommen …):

- Brauche ich das wirklich? Was kaufe ich da eigentlich? Einen Gegenstand oder eine Verheißung von Wohlbefinden, einem höheren Status oder Glück?

- Welche Leere will ich damit verschleiern?
- Kann ich diesen Kauf durch etwas anderes ersetzen, zum Beispiel dieses Geschenk durch mehr Zeit, die ich mit meinen Kindern oder meinem Partner verbringe?

Epikur und das Glück

Epikur gehört zu den Philosophen der Antike, deren Namen bis heute lebendig geblieben sind. Als »epikureisch« bezeichnet man eine Person, welche die Vergnügungen des Lebens auskosten will, indem sie zu den materiellen Gütern dieses Lebens greift (Komfort, Gastronomie etc.). Dennoch warnt uns Epikurs Lehre nachdrücklich davor, von den irdischen Gütern abhängig zu werden. In unserem Unglück sind wir oft »wie ein kranker Mann, der die Ursache seiner Krankheit nicht kennt«[10]. Und dann riskieren wir, das Glück in einer verkehrten Richtung zu suchen, »denn kostspielige Gegenstände scheinen uns manchmal geeignet, Bedürfnisse zu stillen, die wir schlecht kennen«. Epikur hat daher viel Sorgfalt auf eine Liste verwendet, in der er aufführt, was zum Glücklichsein wesentlich ist und was weniger wichtig:

Natürlich und notwendig sind Freunde, Freiheit, Nahrung, Obdach, Kleidung und die Reflexion.

Natürlich, aber nicht notwendig sind ein schönes Haus, Diener, Bankette und raffinierte Speisen.

Weder natürlich noch notwendig sind Ruhm und Macht.

Weit davon entfernt, zu einer wilden Jagd aufs Vergnügen aufzurufen, war Epikurs Lehre also ein »Hedonismus der weisen Beschränkung«. Aber zu Lebzeiten des Philosophen gab es ja auch noch keine Werbung.

Aber weshalb müssen wir uns überhaupt so viele Fragen stellen? Man kann auf zwei Wegen erreichen, dass man materiellen Gütern keine Beachtung mehr schenkt: auf dem altertümlichen, der darin besteht, sie gar nicht erst besitzen zu wollen, und dem modernen, bei dem wir so viele Güter anhäufen, dass sie ihren Wert für uns verlieren.

So ist etwa das Verhältnis der Kinder zu ihrem Spielzeug durch die Konsumgesellschaft völlig umgekrempelt worden. Waren Spielsachen für das Kind früher rar, kostbar und daher sorgsam zu behandeln, so sind sie heutzutage total entwertet. Bald nachdem das Kind sie bekommen hat, lässt es sie herumliegen oder wirft sie fort. Die Kinder von heute stehen ihren Spielsachen in gewisser Weise gleichgültig gegenüber, auf jeden Fall viel gleichgültiger als die Kinder von früher.

Der wiederholte Kauf von »Glücksverheißungen« kann zu einer schlechten Gewohnheit ausarten. Nach und nach könnte er das Gespür für natürlicheres oder immaterielles Glück verschütten, für ein Glück, das – so hoffen wir zumindest – befriedigender und dauerhafter ist. Die Anhäufung von Spielsachen scheint beispielsweise Kinder hervorzubringen, die nicht mehr spielen können und nicht wissen, wie sie sich die Phantasiewelten schaffen sollen, die zum Spielvergnügen notwendig sind. Ersetzt ein Geschenk wirklich die Zeit, die man mit seinem Kind verbringt?

Man könnte sich fragen, ob die Vergnügungsparks (Disneyland und seine Ableger sind derzeit am ausgefeiltesten) nicht auch ein gutes Beispiel für die maximale und intelligente Ausnutzung von Glückserwartungen durch den Kommerz sind. Alles ist dort erdrückend positiv – fröhliche Musik, heitere Vorführungen, Spiele und Spielsachen gibt es im Überfluss. Manchmal geht das gut, und die Kinder sind freudig erstaunt, wenn sie ihre Trickfilmfiguren »in echt« wiederentdecken, nämlich in Gestalt riesiger, freundlicher

Plüschtiere (die es allerdings ein bisschen eilig haben). Oftmals geht es aber schlecht aus, denn diese Überfülle wirkt aggressiv, besonders auf die ganz Kleinen. In den Parks kann man hier und dort Kinder beobachten, die durch Überstimulation ganz benommen sind, und Eltern, die in alles einwilligen, bloß um ihre Sprösslinge nicht zu frustrieren und allen den Tag zu verderben.

Am späten Nachmittag werden die Kinder launisch und zornig, und jetzt lacht niemand mehr ... Die ungleiche Verteilung des Glücks zeichnet sich schärfer ab als zuvor, man nimmt die Unterschiede zwischen den Familien wahr, und der Vergnügungspark wirkt wie eine Lupe. Wo die Beziehungen zwischen Eltern und Kindern ohnehin mittelmäßig waren und auf den Schuldgefühlen der einen und der Tyrannei der anderen beruhten, bringt der Tagesausklang meistens Konflikte und Vorwürfe mit sich (»Da spendieren wir dir einen Tag bei Eurodisney, und zum Dank dafür gehst du uns auf die Nerven ...«). Die Eltern sind verbittert über einen Fehlschlag in ihren Versuchen, das Kind glücklich zu machen. Wenn die Beziehungen jedoch gut sind, lacht man gemeinsam und erinnert sich an die schönen Augenblicke dieses Tages.

Ich will hier keine Lektionen erteilen – als Vater habe ich Eurodisney selbst besucht. Ich gebe sogar zu, dass ich mit meinen Kindern dort Spaß hatte. Aber niemals so viel Spaß, wie wir es uns vorher ausgemalt hatten. Jedes Jahr, wenn eines meiner Kinder Geburtstag hat, verbringe ich einen Tag nur mit ihm allein. Ich erinnere mich, mit meiner zweitältesten Tochter im Abstand von einer Woche zwei sehr unterschiedliche Tage erlebt zu haben, einen bei Eurodisney, den anderen im Bois de Vincennes, wo wir einen Drachen steigen ließen. Der eine Tag war gesättigt mit Geräuschen und Bildern, fröhlich, aber schwer zu verdauen, voll von Ereignissen. Der andere war voller Sonnenschein und floss langsam dahin, mit viel Geschnatter und dann wieder stillen Augenblicken, voll von Eindrücken. Welcher wird einmal mehr Gewicht haben, wenn sie sich an ihr Kinderglück erinnert?

Glückserzeugende Substanzen?

Ich weiß nicht weshalb, aber viele alkoholkranke Patienten, die zu mir in Behandlung kamen, waren ziemlich sympathisch. Manche waren sehr abhängig von der Flasche, und es war äußerst schwer, ihnen zu helfen. Tief unglücklich, ängstlich oder deprimiert, versuchten sie mit dem Alkohol ihr Leiden am Leben zu besänftigen und manchmal sogar kleine Glücksmomente zu erlangen. Andere hatten gerade erst mit dem Alkohol geflirtet und es dann selbst geschafft, sich von ihm zu lösen.

Florent erzählt: »Wenn ich zu Hause angekommen war, trank ich jeden Abend ein paar Gläser, um den Alltagssorgen zu entfliehen und mich gut zu fühlen. Es funktionierte gar nicht so schlecht, und das machte mir Angst. Ich fühlte mich dann auf eine verschwommene Weise glücklich. Nicht nur, dass sich der Stress vom Arbeitstag verminderte: ich bekam auch eine andere Sicht auf die Welt. Das Problem war bloß, dass ich mein erstes Glas immer früher am Abend trank. Am Anfang war es vor dem Abendessen gewesen, aber dann war es allmählich so weit gekommen, dass ich kaum die Wohnungstür hinter mir geschlossen hatte, als ich mir auch schon einen eingoss. Als ich schließlich schon auf dem Heimweg darüber nachzudenken begann, was ich heute Schönes trinken würde, begriff ich, dass sich da etwas Schlimmes entwickelte. An diesem Punkt beschloss ich aufzuhören. Gerade noch rechtzeitig, glaube ich. Seitdem verbiete ich es mir, allein zu trinken, und Alkohol gibt es nur noch bei einem fröhlichen Beisammensein!«

Einst sprach man von »künstlichen Paradiesen« (so heißt auch ein berühmtes Werk von Charles Baudelaire), wenn es um den Genuss von Drogen aller Art ging. Aber führt dieses synthetische Glück – Alkohol, Medikamente, Drogen – tatsächlich ins Paradies? Oft dient es nur dazu, Leid und Elend zu überdecken. »Es gibt keine glücklichen Junkies«, behauptete ein französischer Bestseller aus den siebziger Jahren, einer Zeit, in welcher der Drogenkonsum von einer verwunderlichen Aura umgeben war.[11] Und die neueren »Glückspillen« halten auch selten das, was man von ihnen erhofft. Gibt es einen »vernünftigen Gebrauch« gesellschaftlich geduldeter Drogen, mit dem man sein Wohlbefinden steigern könnte?

Zahlreiche Lobredner auf die »göttliche Flasche« haben die im Rausch wiedergefundene Brüderlichkeit besungen. Dieser »Koitus von Sympathie«, wie Jules Renard ihn genannt hat, ist nicht einmal so verachtenswert. Verschiedene Studien haben gezeigt, dass Alkohol die Beschäftigung mit der eigenen Person vermindert. »Gesunde« Freiwillige, die Alkohol zu sich nahmen (also keine Alkoholabhängigen), verwendeten deutlich seltener das Wörtchen »ich« und machten auch weniger Bemerkungen, die auf die eigene Person bezogen waren.[12] Die Trunkenheit erlaubt es uns manchmal, einen anderen Blick aufs Leben zu richten; wir müssen jedoch streng darauf achten, dass wir nach dieser Erfahrung noch auf Alkohol verzichten können, um auch auf anderen Wegen zum Glück zu gelangen.

Davon berichtete mir auch ein Patient, den ich wegen eines anderen Problems behandelte: »Ich bin dem Alkohol sogar dankbar. Durch ihn konnte ich erkennen, dass es von meinem Blick abhängt, wie die Welt aussieht. Draußen ist es grau und trist, aber ein paar Gläser später findet man, dass auch das neblige Wetter seinen Reiz hat, es hat gar keine große Bedeutung mehr, die Sorgen sind in ihre Schranken verwiesen. Aber man muss noch andere Quellen des Wohlbefindens haben als den Alkohol, sonst gerät man in Gefahr. Ich hatte meine Kumpel, meine Familie, meine Arbeit ... Aber ich stelle mir Glück dennoch so vor, an einem Sommernachmittag nach einer guten Mahlzeit mit Freunden im kühlen Schatten eines großen Baumes zu sitzen. Wir haben Roséwein getrunken, über Gott und die Welt geredet, und wir schauen mit Wohlwollen auf alles, was uns umgibt. Wir wissen, dass es nur für diesen Nachmittag reichen wird, aber das ist nicht schlimm. Wir wissen ja auch, dass wir noch mehr solcher Sonntage vor uns haben ...«

Wir sprechen hier aber nur über die Wirkung des Alkohols auf eine nicht alkoholabhängige Person. Alle wissenschaftlichen Arbeiten betonen, dass die Folgen bei starken Trinkern genau umgekehrt sind. Eine aktuelle Feldstudie über das Verhalten von Alkoholkranken am Kneipentresen[13] zeigte zum Beispiel, dass die Kommunikation zwischen chronischen Trinkern beträchtlich verarmte, und zwar sowohl auf Blick- als auch auf Wortebene: gescheiterte Kontakte, stereotype Worte ...

Daraus wäre die nur scheinbar paradoxe Regel abzuleiten, dass wir Alkohol nur dann trinken sollten, wenn es uns einigermaßen gut geht, denn sonst können wir die konsumierte Menge nur schwer kontrollieren. Bei einer fingierten Weinverkostung im Psycholabor hat man zum Beispiel nachgewiesen, dass Personen, die ohnehin schon an sich zweifelten, zu stärkerem Alkoholkonsum neigten als andere Personen, die in den vorangegangenen Tests ebenso gescheitert waren, aber genügend Selbstachtung besaßen.[14]

Gibt es die Glückspille?

Im Jahre 1981 kam das berühmte Medikament Prozac auf den Markt, das in Deutschland unter dem Namen Fluctin bekannt geworden ist. Es handelte sich um eine richtige Revolution im Bereich der psychotropen (auf die Psyche wirkenden) Mittel. Bis dahin gab es zwar schon effiziente Antidepressiva, aber sie hatten ärgerliche Nebenwirkungen (Zittern, trockener Mund, Sehstörungen etc.). Prozac war gegen Depressionen nicht wirksamer als die anderen Substanzen, wurde jedoch unendlich besser vertragen, was viel zu seinem Erfolg beitrug. Binnen weniger Monate avancierte es zum weltweit meistverschriebenen Antidepressivum. Wie alle anderen Medikamente seiner chemischen Klasse (die so genannten »serotoninergen« Medikamente, die auf das Serotonin wirken, einen Neurotransmitter im Gehirn) hatte Prozac nicht nur antidepressive Wirkungen. Es war auch bei den meisten Angsterkrankungen sehr effizient, so bei Sozialphobien, einer Panikstörung oder Zwangsstörungen (obsessive-compulsive disorders). Aber nun wurde man auf einen anderen Aspekt dieses Stoffes aufmerksam: Einige deprimierte Patienten fühlten sich nach ihrer Genesung unter Prozac-Einfluss besser als vor der Depression. Das Medikament schien auch manche ihrer Persönlichkeitszüge verändert zu haben. Peter D. Kramer berichtet darüber in seinem Buch *Glück auf Rezept*.[15] Dieses Medikament kann – wie andere serotoninerge Stoffe auch – bei bestimmten Personen tatsächlich Auswirkungen auf die Persönlichkeit haben. Vor allem reguliert es ihre negativen Emotionen und ihre Stimmung, egal ob eine psychische Störung vorliegt[16] oder nicht[17]. Soll man deshalb, wie es die Journalisten taten, den Ausdruck

»Glückspillen« gebrauchen? Treffender wäre die Aussage, dass sie manchmal »Anti-Unglücksgefühls-Pillen« sind. Patienten, die von dieser Wirkung profitieren (welche längst nicht bei jedem eintritt), sind übrigens nicht immer versessen darauf, weiterhin Prozac zu schlucken (was man eine Zeit lang befürchtet hatte). Denn serotoninerge Stoffe scheinen auch die angenehmen Empfindungen zu dämpfen. Bei einer Kurzzeitbehandlung mag man das tolerieren, aber bei längerfristiger Einnahme akzeptiert man es schon weniger. Falls morgen jedoch neue Wirkstoffe ohne solche Nachteile in die Hände der Mediziner gelangten, müsste eine ernsthafte Debatte einsetzen. Sollte sie auf einer philosophischen Ebene geführt werden? Dann müsste man sich fragen, ob man Nietzsches Vision vom Menschen, den das Leiden größer macht, ablehnen will. Oder auf einer wissenschaftlichen Ebene? Dann würde man abwägen, welche Vorzüge und welche Nachteile es hat, wenn die Persönlichkeit des Menschen mit chemischen Mitteln verändert wird. Die Zukunft wird es zeigen …

Was von außen wie Glück aussieht

Glück bedeutet, dass man glücklich ist, und nicht, dass man den Anschein erweckt.

JULES RENARD

Denis erzählt: »Vor ein paar Jahren war ich wirklich am Boden. Ich hatte meinen Job verloren, meine Frau hatte mich sitzen lassen, ich trank zu viel und qualmte wie ein Verrückter. Eines Morgens saß ich im Bistro bei mir um die Ecke, im fünften Arrondissement von Paris, und blätterte die Annoncen durch. Nach ein, zwei Tassen Kaffee begann ich gegen elf Uhr mein erstes großes Bier des Tages zu schlürfen, als ein paar junge Leute eintraten und sich an den Nebentisch setzten. Sie kamen wahrscheinlich aus einer Vorbereitungsklasse für die Elitehochschulen, aus einem der vornehmen Gymnasien des Viertels, und waren alle gut aussehend, schick angezogen, sauber, fröhlich – wie reiche und gesunde Kinder halt. ›Ganz das Gegenteil von dir‹, sagte ich mir in diesem Augenblick. Ich fühlte mich damals schon jämmerlich, auch ohne mich mit jemandem zu vergleichen. Aber jetzt, im Verhältnis zu diesen jungen Leuten, fand ich mich alt, hässlich, sozial gescheitert, unintelligent und wenig sexy. Ich wagte nicht einmal, den Kopf zu heben und zu ihnen hinüberzuschauen. Ich fürchtete, ihren Blick zu kreuzen, ihren verächtlichen Blick auf den armen Typen, als der ich mich fühlte. Nach einer Weile ging ich auf die Toilette, um mich zu verstecken und zu beruhigen. Ich trödelte ein bisschen herum und hoffte, dass sie wieder gehen würden (immerhin mussten sie doch Unterricht haben!). Im Spiegel betrachtete ich mein Gesicht, und es war ein schreckliches Schauspiel: Falten, graue Haare, Ansatz zur Glatze und der fahle Teint eines Typen, der trinkt, raucht und keinen Sport treibt. Ich hatte den Eindruck, wirklich ein Untermensch zu sein. Als ich wieder hochging, waren sie nicht mehr da. Inzwischen fühle ich mich besser, aber jener Augenblick hat sich in mein Gedächtnis eingebrannt. Es war der unglücklichste und hilfloseste Moment meines Lebens.«

Der äußere Anschein ist gewiss trügerisch, aber er fällt ins Auge – manchmal auf sehr schmerzliche Weise. Wie schrieb schon Marcel Proust? »Am Glück der anderen ist bewundernswert, dass man daran glaubt.«

Status und Diplome

Sammeln Sie bloß keine Diplome in der Absicht, damit glücklich zu werden – es hilft überhaupt nicht! Und was die Zugehörigkeit zu einer sozialen Klasse angeht, so beeinflusst sie unser Glück auf die gleiche Weise wie das Geld: Ist man erst einmal der Misere entkommen, macht es einen nicht glücklicher, wenn man die soziale Stufenleiter weiter hinaufklettert (aber unglücklicher macht es einen ebenso wenig!).

Sind die »Armen im Geiste« glücklich zu schätzen? Intelligenz wirkt sich jedenfalls auch nicht merklich auf das Wohlbefinden und das Glück aus.[18] Untersuchungen zur emotionalen Intelligenz haben bereits nachgewiesen, dass man hochintelligent und gleichzeitig sehr unglücklich sein kann.[19] Das bemerkte schon Alexis Carrel, ein Nobelpreisträger, der nicht in allen Bereichen sehr intelligent war (vor allem nicht in seiner Haltung zur Eugenik): »Intelligenz ist beinahe unnütz für den, der nur sie allein besitzt.«

So sind hochbegabte Kinder nicht immer auch für das Glück hochbegabt, denn ihre »Gaben« machen es ihnen manchmal schwer, sich an die Umgebung anzupassen, besonders auf der Beziehungsebene.[20] Ich erinnere mich an Anne, ein siebenjähriges Mädchen, das keine Überfliegerin war, sondern einfach sehr begabt. Der Grundschullehrer hatte ihr vorgeschlagen, eine Klasse zu überspringen, weil ihr Wissen offenkundig über dem Niveau der Klasse lag. Anne sperrte sich jedoch mehrere Wochen lang gegen diesen Vorschlag und hatte dafür eine kluge Begründung: »Ich möchte keine Klasse überspringen, denn sonst würde ich alle meine Freundinnen verlieren, und ohne sie wäre ich unglücklich ...«

Jugend

Oscar Wilde, der das Vergnügen gegen das Glück verteidigte, schrieb: »Vergnügen ist die einzige Sache, für die es sich zu leben lohnt. Nichts altert so rasch wie das Glück.« Und wenn es genau umgekehrt wäre? Man kann jedenfalls feststellen, dass die Maxime immer noch stichhaltig ist, wenn man die beiden Wörter vertauscht.

Eine Zeit lang war man der Ansicht, die Glücksbefähigung sinke mit dem Alter. Aber das war ein Irrtum, der einfach den Fragebögen geschuldet war, mit denen das Wohlbefinden gemessen wurde: Die Fragen kreisten vor allem um Augenblicke von Freude und richteten sich zu wenig auf das Glück der Ruhe und der Abgeklärtheit.

Einige Studien zeigen im Grunde sogar das Gegenteil – das Glück kann mit dem Alter anwachsen.[21] Aber meist hat das Alter gar keinen direkten Einfluss auf die Möglichkeit, glücklich zu werden. Bestenfalls kann es sich darauf auswirken, welchen Glückstyp wir suchen und besonders schätzen; ältere Menschen ziehen ein stilles Glück zunehmend dem lebhaften vor.

Gesundheit

Im Englischen gibt es drei Wörter für das, was im Deutschen unter dem Begriff »Krankheit« zusammengefasst wird:

- *disease* ist die von Ärzten diagnostizierte Krankheit (»Der Patient hat eine Bronchitis«);
- *illness* ist die vom sozialen Umfeld wahrgenommene Krankheit (»Meine Schwester ist krank«);
- *sickness* ist die Krankheit, wie sie der Patient selbst verspürt (»Ich fühle mich krank«).

Glück und Wohlbefinden hängen mehr mit der subjektiv wahrgenommenen Gesundheit zusammen als mit dem objektiven Gesundheitszustand. Sie haben also vor allem mit der letztgenannten Bedeutung des Wortes »Krankheit« zu tun. Ein Hypochonder, der überzeugt ist, an verhängnisvollen und undiagnostizierbaren Krankheiten zu leiden, ist daher zutiefst unglücklich, obwohl er sich objektiv gesehen einer guten Gesundheit erfreut. Und Patienten, die an schweren chronischen Krankheiten leiden, schaffen es trotzdem, sich glücklich zu fühlen. Manche von ihnen bringen es sogar fertig, die mit der Krankheit verbundenen Behinderungen als ein Problem wahrzunehmen, dem man einmal ins Auge sehen muss und das man dann vergessen sollte. Sie betrachten ihre Krankheit nicht als eine Tragödie oder Ungerechtigkeit, von der man getroffen wurde und auf die man nun sein ganzes Denken und Trachten ausrichten muss.

Schönheit

Was hat die Schönheit mit dem Glück zu tun?

Theoretisch nichts, aber in der Praxis kommen zwei wichtige Phänomene ins Spiel. Zunächst einmal ist die subjektive Zufriedenheit mit dem eigenen Aussehen ein Faktor des Wohlbefindens. Er ist zwar von mäßigem Einfluss, dafür aber ständig präsent, und er wirkt sich unter anderem auch auf die Selbstachtung aus (einen anderen Faktor, der das Wohlbefinden beeinflusst). Wird unser Aussehen vom sozialen Umfeld als angenehm beurteilt, kann uns dies ein bestimmtes Maß an Aufmerksamkeit und Vorteilen bescheren. Das ist zwar ungerecht, aber zahlreiche Studien belegen, dass es wirklich so läuft.[22] Man neigt zu der Annahme, dass körperlich attraktive Personen auch sympathischer, intelligenter und kompetenter sein müssen, und man gewährt ihnen häufig einen Vorschuss an Wohlwollen (aber dann müssen sie selbst zeigen, dass sie ihn verdienen). Sind die Schönen deswegen auch glücklicher?

Nicht unbedingt, denn schon Stendhal unterstrich: »Schönheit ist nur die Verheißung von Glück.« Und das Leben lehrt uns, dass viele Versprechungen nicht eingehalten werden. Objektive Schönheit kann vielleicht ein Hilfsmittel zum Glück sein, eine Glücksgarantie ist sie niemals. Wenn wir auf unsere Schönheit und Verführungskraft bauen, um geliebt oder anerkannt zu werden, kann es sehr schmerzhaft sein, wenn die Zeit an uns nagt und die Schönheit verfliegen lässt.

»Ich erinnere mich noch gut an das erste Foto, auf dem ich mich alt fand. Ich stand neben ein paar Frauen, die noch jung und frisch waren, und der Gegensatz zu ihnen war einfach schrecklich: Ich sah wie ihre Großmutter aus! Am schlimmsten war aber, dass ich angezogen war wie sie und lächelte wie sie, alles war ähnlich, nur die Falten nicht und die glanzlose Haut, das verbrauchte Aussehen, die nicht mehr so straffen Formen – lauter kleine Details, die mich peinigten. An diesem Tag begriff ich, dass ich meine Jugend definitiv hinter mir hatte. Mit vierzig war es ja auch Zeit für eine solche Einsicht … Aber all diese Versprechungen der Mode und der Werbung für Antifaltencreme und so was, am Ende glaubt man doch daran. Ich habe das Foto zerrissen und auch das Negativ heimlich weggeworfen. Und ich brauchte Monate, um mich von dem Schock zu erholen.«

Dieser Bericht einer Patientin, die ihre, wie sie selbst es nannte, »Depression der Vierzigjährigen« durchmachte, illustriert gut, wie begrenzt der Beitrag der Schönheit zum Glück ist. Zumindest der einer bestimmten Form von Schönheit, die uns heute praktisch aufgezwungen wird – der »jugendlichen Schönheit«. Sie kann sicher (ein bisschen) Glück mit sich bringen, aber wenn sie zur Obsession wird, zerstört sie auch eine Menge davon.

Das ganze Unglück der Schönheit

Oscar Wilde erzählt in seinem Roman *Das Bildnis des Dorian Gray* die Geschichte eines sehr schönen jungen Mannes, der von der Furcht zu altern besessen ist: »Und wer seine Schönheit verliert, verliert alles ... Jugend ist das Einzige, was zählt. Sobald ich einmal bemerke, dass ich altere, werde ich mich töten.« Eines Tages malt einer seiner Malerfreunde ein durch seinen Realismus und seine Schönheit ergreifendes Portrait von Dorian: »›Wie traurig das ist!‹ flüsterte Dorian Gray. ›Wie traurig das ist! Ich soll alt und grässlich und abscheulich werden. Dies Bild aber wird immer jung bleiben. Niemals wird es älter sein als an eben diesem Junitag ... Wäre es doch nur umgekehrt! Wenn ich es sein könnte, der ewig jung bliebe, und das Bild müsste altern! Dafür – dafür würde ich alles hingeben!‹«

Von diesem Augenblick an altert das Porträt an seiner Stelle, während er ewige Jugend bewahrt. Diese tragische Geschichte (denn natürlich geht sie schlimm aus) nimmt Wilde zum Anlass, seine Ansichten über die Schönheit und das Unglück, das paradoxerweise an ihr hängen kann, darzulegen: »Jede körperliche oder intellektuelle Auszeichnung ist mit einem Schicksal geschlagen ... An dem, was die Götter uns geschenkt haben, werden wir alle leiden, schrecklich leiden.«

Das Glück liegt in den Beziehungen

Glück ist, wenn man jemanden zu verlieren hat.
PHILIPPE DELERM

Ich erinnere mich, wie ich einmal mit einer Frau, die eine schwierige Lebensphase durchmachte, lange über das Glück sprach. Sie wäre wahrscheinlich psychisch zusammengebrochen, hätten nicht all ihre Freunde und Angehörigen ihre Unterstützung angeboten. Sie, eine ziemlich herbe und verschlossene Frau, merkte plötzlich, wen sie alles an ihrer Seite hatte und wie sehr man sie schätzte: »In der Anfangszeit konnte mich nichts trösten. Dann wurde mir bewusst, dass mich viele Menschen mochten, und das half mir, meine schwierige Situation zu überwinden. Über dieses enorme Glück war ich mir nie im Klaren gewesen. Diese Prüfung hat mich also nicht verhärtet, sondern milder gestimmt. Und genau das brauchte ich auch, denn hart genug war ich vorher schon. Jetzt fühle ich mich zerbrechlicher, aber auch besser zum Glücklichsein befähigt ...«

Es gibt solide wissenschaftliche Erhebungen über die Bedeutung, welche die sozialen Beziehungen fürs Glücklichsein haben. Das ist nicht wirklich überraschend, ist der Mensch doch ein Gesellschaftstier. So scheint zum Beispiel eine gute Sozialkompetenz, eine entwickelte Fähigkeit, mit anderen Menschen effizient und freundlich zu kommunizieren, mit einem höheren Grad an Wohlbefinden einherzugehen.[23]

Dennoch sind die Zusammenhänge zwischen Glück und sozialen Bindungen vielfältig, denn sie verlaufen in beide Richtungen. Glücklichsein erleichtert die sozialen Beziehungen, aber angenehme soziale Beziehungen machen einen auch glücklicher. Umgekehrt kann sich leider auch ein Teufelskreis aufbauen: Bin ich unglücklich, ziehe ich mich zurück; dieser Mangel an Beziehungsnahrung macht mich wiederum unglücklicher, und so geht es immer weiter.

Ehepaare

Ein »Berg von Fakten« scheint nach den Worten eines amerikanischen Wissenschaftlers[24] darauf hinzuweisen, dass das Leben in einer Partnerschaft sehr stark mit dem Gefühl des Glücklichseins verknüpft ist. Auch hier kann man zwei Hypothesen aufstellen. Entweder wirken glückliche Menschen anziehender auf andere und haben es deshalb bei der Partnersuche leichter, oder aber das Leben zu zweit steigert die Glücksbefähigung. Die meisten Experten glauben, dass hauptsächlich die zweite Variante zutrifft.

Die Ehe ist also gut fürs Glück, allerdings nur, wenn zwei Bedingungen erfüllt sind:

- Gleichheit (wirkliche Gegenseitigkeit und Respekt, der von der Sorge ums Glück des Partners geprägt ist) und
- intime Vertrautheit (auf innerlich befriedigendem Austausch beruhend: Sexualität, Gespräche, gemeinsame Pläne und Freizeitaktivitäten etc.).

Diese beiden Bedingungen sind unerlässlich, wenn die Ehe das Glück jedes einzelnen Partners noch steigern soll.

Doch sind Beziehungen moderner Paare nicht schon zu sehr mit Erwartungen belastet? Einst heiratete man, um die Unglücksfälle des Lebens zu umschiffen (Armut, Einsamkeit, abschätzige gesellschaftliche Urteile über das Junggesellenleben etc.), während man heute in der Ehe sein Glück sucht. Das funktioniert selbstverständlich nicht immer, und so wächst die Zahl der Scheidungen. Es liegt nicht daran, dass die Ehepartner heute schwerer erträglich wären als früher, wahrscheinlich ist es sogar umgekehrt: In der Entwicklungsgeschichte der westlichen Gesellschaften sind die Männer weniger autoritär geworden, und die Frauen sind heute weniger frustriert, weil sie nicht mehr zurückgezogen am heimischen Herd leben müssen.

Gewandelt haben sich aber die Ansprüche der Ehepartner. Die Zahl der Scheidungen steigt wahrscheinlich proportional zum Streben der Individuen nach Glück und vor allem proportional zu ihrer Hoffnung, sie würden dieses Glück in der Ehe oder im Zusammenleben mit einem Partner finden. Natürlich gibt es noch weitere Faktoren, mit denen sich die Scheidungswelle erklären ließe (gesellschaftliche Toleranz gegenüber dem Ehebruch, die wachsende Zahl von »Versuchungen«, ein galoppierender Individualitätskult …). Therapeuten bekommen jedoch häufig Klagen über die enttäuschten Glückserwartungen an eine Ehe zu hören. Das wird die Unverheirateten und die Verfechter der Wochenend-Beziehungen oder einer Partnerschaft auf Distanz trösten …

Und wo bleibt bei all dem die Liebe?

Die meisten Menschen platzieren »Sich verlieben« ganz oben in der Liste der glücksauslösenden Ereignisse. Das stimmt gewiss, wenn man Glück als Emotion sieht, aber für das Glück, das man sich selbst schmiedet, ist es problema-

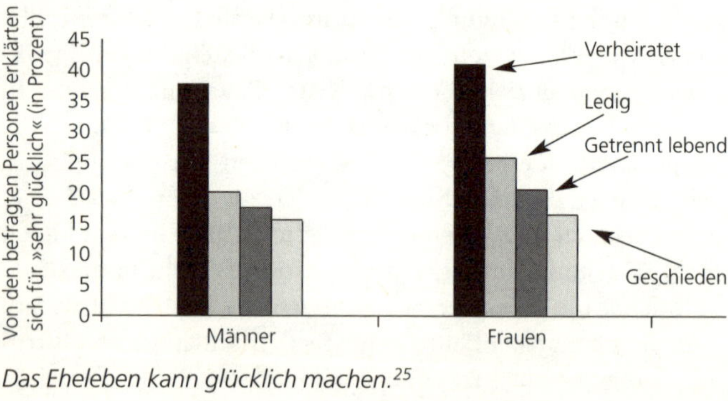

Das Eheleben kann glücklich machen.[25]

tischer. *Liebe allein genügt nicht!* betitelte ein berühmter amerikanischer Psychiater vor einigen Jahren sein Buch über das Eheleben.[26] Für ihn müssen noch andere Faktoren dazukommen, damit das Paar dauerhaft glücklich ist und nicht nur während der Flitterwochen: gegenseitiger Verzicht, Sorge um den Partner, wirkungsvolle Konfliktbewältigung ... In den Wartezimmern der Ehetherapeuten sitzen jede Menge Leute, die sich lieben, sich jedoch gleichzeitig zerfleischen und nicht miteinander zu leben verstehen. Und wenn Sie es nicht schaffen, als Ledige oder Lediger einigermaßen glücklich zu sein, weshalb sollten Sie es in der Ehe werden, wo alle möglichen Zwänge auf Sie zukommen?

Männer, Frauen und die Unterschiede auf ihrem Weg zum Glück

Die meisten Untersuchungen belegen, dass sich Frauen im Durchschnitt für etwas glücklicher halten als Männer und auch die Gründe für diese Einschätzung nicht genau dieselben sind. Frauen achten stärker auf ihre Kinder und die Gesundheit der Familie, Männer widmen ihrer Arbeit und der materiellen Sicherheit mehr Aufmerksamkeit.[27]

Ist Frauenglück also uneigennütziger und Männerglück egoistischer? Diese Meinung vertrat jedenfalls Choderlos de Laclos, der in *Gefährliche Liebschaften* schrieb: »Der Mann erfreut sich des Glückes, das er verspürt, die Frau des Glückes, das sie anderen verschafft.«

Dennoch ist Vorsicht angebracht: Ein Ehemann, der obiges Prinzip guten Glaubens anwendet, braucht sich hinterher nicht zu wundern, wenn sich seine Frau einen anderen Glückstyp(en) sucht ...

Kinder

Natascha meint: »Was für mich der Gipfel des Glücks ist? Wenn ich noch mal nach meinen schlafenden Kindern sehe, bevor ich selbst ins Bett gehe. Um nichts in der Welt würde ich das missen wollen. Selbst wenn ich erschöpft oder deprimiert bin, ist es mir ein Bedürfnis, und es macht mich glücklich. Ich verspüre so etwas wie einen animalischen Schauer, richtige Glückswallungen im Körper. Manchmal bin ich davon ganz aufgewühlt. Eines Tages fand ich meine jüngste Tochter schlafend in ihrem Bett; sie hatte sich ihr Prinzessinnenkostüm über den Schlafanzug gezogen und eine Plastikkrone aufgesetzt. Alle ihre Teddys und Puppen saßen am Fußende brav aufgereiht, um die Prinzessin besser sehen und hören zu können. Sie muss nach dem Gutenachtkuss wieder aufgestanden sein und mit ihnen eine ganze Weile Prinzessinnenschule oder etwas in der Art gespielt haben. Ich weiß nicht weshalb, aber ich war so gerührt, dass mir die Tränen kamen. Es war nicht einfach drollig, es ging mir zu Herzen. Es war ein richtiger Gefühlswirbel. Dieser kleine Moment heimlichen Glücks, den sie sich ganz allein beschert hatte, diese kindliche Verletzlichkeit – und dann mein Wissen, dass all diese Magie eines Tages verschwinden würde. Als ich schlafen ging, war ich in Tränen aufgelöst. Aber es waren Glückstränen …«

Wo ein Kind im Haus ist, erlebt man wahrscheinlich alle Emotionen des Alltags deutlich stärker – die positiven wie die negativen, die Stress erzeugenden und die glücksbringenden. Aber es ist wie mit der Liebe: Kinder bescheren nur solchen Eltern dauerhaftes Glück, die selbst schon zum Glücklichsein fähig sind. Ansonsten hat das »mit einer Mission betraute«[28] Kind große Mühe, seine Eltern glücklich zu machen, denn dies ist die schwierigste Aufgabe überhaupt. Trotzdem legen sich allzu viele Eltern vor allem deshalb ein

Kind zu, um in ihrer Partnerschaft zum Glück zurückzufinden. Probleme verursachen hier auch die Bilder von idealen Kindern und ungetrübten elterlichen Freuden, wie sie uns dauernd von der Werbung oder im Kino verkauft werden. Diese Bilder sind so trügerisch, weil sie uns nur perfekte Kinder zeigen. Im Vergleich dazu wirkt unser eigener Nachwuchs richtig schrecklich, obwohl er doch so ist wie wir: einfach nur normal.

Manuel Poiriers Film *Frauen und Kinder zuerst* (2002) handelt von einem vierzigjährigen Familienvater, den die Midlifecrisis gepackt hat. Besonders interessant ist eine Szene, die wir im Kino höchst selten zu sehen bekommen, obwohl sie allen Eltern wohlbekannt ist – die Nervenkrise am Kindergeburtstag. Völlig überfordert von den Zwängen des Augenblicks, der doch bitteschön ein glücklicher zu sein hat, ist das Geburtstagskind zunehmend gereizt, es legt absurde Launen an den Tag und wälzt sich auf dem Boden. Am Ende wird es ausgeschimpft; seine Eltern sind zunächst wütend (»Wir geben uns so viel Mühe, um dich glücklich zu machen, und das ist dann der Dank!«) und bekommen hinterher Schuldgefühle (»Das arme Kind, an seinem Geburtstag wird es geschimpft ...«).

Wissenschaftliche Studien haben den Zusammenhang zwischen elterlichem Wohlbefinden und den einzelnen Phasen des Familienlebens untersucht. Sie belegen, dass es nicht immer rosig aussieht. Ziemlich oft zeigt sich im Diagramm eine W-Kurve: Das alltägliche Wohlbefinden wird zunächst davon beeinträchtigt, dass man sich um kleine Kinder kümmern muss. Wenn die Kinder größer werden, steigt es ein bisschen an, um in den Pubertätsjahren des Nachwuchses erneut zurückzugehen. Am Ende, wenn die Kinder aus dem Haus sind, wächst es wieder. Im Durchschnitt halten sich Eltern jedoch für glücklicher als Kinderlose. Wahrscheinlich spenden Kinder ihren Eltern Glücksgefühle (in den Augenblicken, wo sie gerade keinen Stress

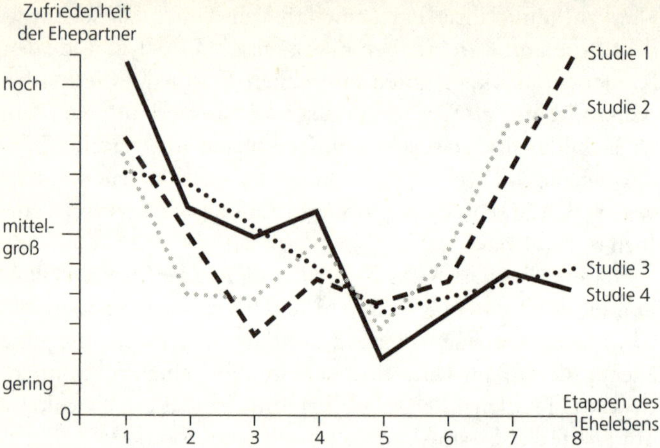

Die Zufriedenheit mit der Ehe ist von der Lebensphase und dem Alter der Kinder abhängig[29].
1: Flitterwochen, noch keine Kinder
3: ein Kind oder mehrere Kinder, die jünger als fünf Jahre sind
5: ein Kind oder mehrere Kinder im Teenageralter
8: die Kinder sind aus dem Haus

erzeugen), weil sie ihnen den Eindruck vermitteln, ihr Leben habe einen Sinn.[30]

Eltern

Ich behandle häufig Personen, die unter »toxischen Eltern«[31] gelitten haben. Kann die Befähigung zum Glück solchen Müttern oder Vätern widerstehen und eine vergiftete Kindheit überleben?

Marianne berichtet dazu: »Meine Eltern haben den größten Teil ihres Lebens damit verbracht, mein Leben zu verderben. Und sie arbeiten immer noch daran. Als ich klein war, haben sie es vielleicht aus Unbeholfenheit getan und gewiss auch, weil sie selber unglücklich waren. Heute machen sie damit weiter, weil sie verbittert sind und es sich bei ihnen so eingeschliffen hat. Sie können gar nicht mehr anders, als mich zu kritisieren, herabzusetzen und zu attackieren.

Sie haben mir sehr geschadet. Als Kind hatte ich den Eindruck, böse zu sein. Nach der Pubertät begann ich, auf meine Eltern wütend zu sein und sie zu verabscheuen, aber in diesem Hass steckten auch Leid und eine Abhängigkeit von ihnen. Beides machte es mir unmöglich, glücklich zu sein, und ich glaube, damals habe ich mir nicht einmal die Frage nach dem Glück gestellt.

Heute, nach vielen verkorksten Jahren und mehreren Psychotherapien, habe ich gelernt, sie nicht mehr zu hassen. Ich konnte ihnen sogar verzeihen. Trotzdem habe ich nichts von dem vergessen, was sie mir angetan haben, und so halte ich einen ausreichenden Sicherheitsabstand. Sonst würde vielleicht alles von vorn anfangen.«

Die Eltern beeinflussen unser Leben mehr denn je, ihre Lebenserwartung ist genauso gestiegen wie ihre Verfügbarkeit. Was man ihretwegen an Glück oder Unglück empfindet, bleibt also lange aktuell ...

Den Patienten dazu zu bringen, dass er seinen »toxischen Eltern« vergibt, ist ein klassisches Ziel der Psychotherapie und erfordert oft jahrelange Arbeit.[32] Dieser Schritt ist aber außerordentlich wichtig für das Glück eines Erwachsenen, dessen Kindheit beschädigt wurde. »Verzeihen heißt weder vergessen noch tilgen; es bedeutet einfach, dass man aufs Strafen oder Hassen verzichtet und manchmal sogar darauf, zu beurteilen.«[33]

Ressentiments sind ein Gefängnis, und das Verzeihen ist eine Befreiung. »Ich vergebe immer, aber ich vergesse nichts«, gestand François Mauriac einmal.

Freunde

»Zu allen Jahreszeiten Freunde, ich kann nicht leben ohne sie«, schrieb Guillaume Apollinaire in einer Gedichtsammlung. Wissenschaftler haben auf prosaischere Weise und mit hübschen Kurven nachgewiesen, dass Freundschaftsbeziehungen im Alltag die wichtigste Quelle für positive Emotionen sind und sogar noch vor dem Familienleben rangieren.

Freundschaft wirkt sich in vielfältiger Weise aufs Glück aus, aber im Allgemeinen ist es wichtig, dass man seine Freunde trifft, um gemeinsam angenehmen Betätigungen nachzugehen. Man muss nicht auf Dauer mit ihnen zusammenleben oder übermäßige Konzessionen ans Ego des anderen machen.

Eines Tages nahm ich an einer populären Radiosendung teil, in der es um das Thema Urlaub ging; ihr Titel war in etwa »Soll man mit der Familie verreisen oder mit Freunden?« Die Anrufe und Erlebnisberichte der Hörer ließen uns wirklich verstehen, weshalb ein Urlaub unter Freunden oftmals angenehmer und glücklicher verläuft als einer mit der Familie. Man ist zu Einschränkungen und Anstrengungen bereit, findet nichts selbstverständlich, es gibt weder »Leichen im Keller« noch verdeckte Herrschaftsverhältnisse, nichts Unausgesprochenes, das seit Jahren vor sich hinschwelt …

Zwischen Männern und Frauen gibt es beinahe karikaturhafte Unterschiede, wenn man sie fragt, was ihnen an einer Freundschaft eigentlich Glück verschafft.[34] Männer macht es glücklich, wenn sie gemeinsam Sport treiben oder Alkohol trinken, und sie haben gern eine Truppe von guten Kumpels um sich; für Frauen zählt vor allem, einige sehr gute Freundinnen zu haben, mit denen sie reden, reden und nochmals reden können …

In einer Freundschaft erwächst das Glück oft aus Kleinigkeiten. Ein ausländischer Freund hatte mich einmal eingela-

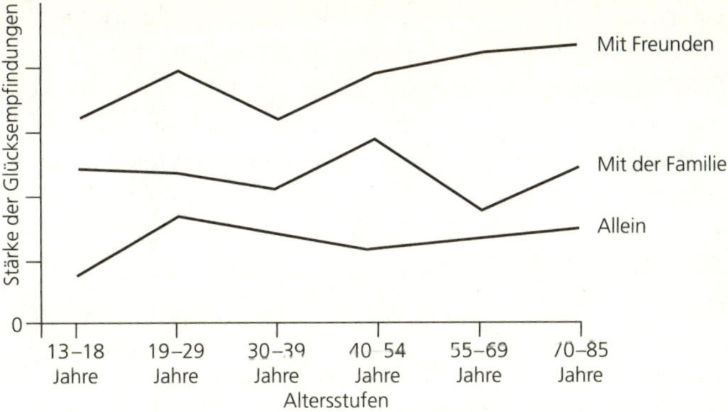

Freunde sind gut fürs Glück (nach R. W. Larson)[35].

den, an seiner Universität Seminare zu halten, aber es war schwierig, einen Termin zu finden, der allen passte. Nach einer Weile war es mir peinlich, alle seine Vorschläge abzulehnen, und in einer E-Mail entschuldigte ich mich dafür, dass ich ihm das Leben so schwer machte. Er antwortete postwendend und erteilte mir die folgende freundschaftliche Absolution: »Nicht du verkomplizierst mir das Leben, mein Freund. Das Leben selbst ist kompliziert.« Und die Kurse haben dann doch noch stattgefunden.

Das Glück liegt im Handeln

> *Tätigkeit, etwas Treiben, oder nur Lernen ist zum Glück des Menschen notwendig.*
>
> ARTHUR SCHOPENHAUER

Hyperaktive Leute sind manchmal beunruhigt, wenn sie ans Glück denken. Sie stellen es sich nämlich als einen statischen und langweiligen Zustand vor, ein bisschen so wie ein hohles, starres Lächeln. Jules Renard gibt in seinem Tagebuch folgende Anekdote wieder: Man sagte dem (heute weitgehend vergessenen) Schriftsteller Alfred Capus, dass Familie Soundso glücklich sei. »Nein«, berichtigte Capus, »sie sind nicht glücklich. Sie bewegen sich bloß nicht vom Fleck.«

Welche Beziehungen gibt es also zwischen Glück und Aktivität?

Arbeit

Étienne erzählt: »Als Kind begeisterte ich mich für Geschichte und vor allem für die Menschen, die Geschichte machten. Ich erinnere mich noch, dass mich eine Figur besonders beeindruckte: Colbert, der Minister Ludwigs XIV. Natürlich bewunderte ich wie alle Jungen meines Alters auch Du Guesclin, Bayard, Bonaparte und all diese kriegerischen Helden. Aber Colbert faszinierte mich wegen einer Kleinigkeit. Der Lehrer hatte uns erzählt, dass dieser Politiker auf Arbeit geradezu versessen war und sich jeden Morgen vergnügt die Hände rieb, wenn er in sein Büro kam …

Mir ging es auch ein bisschen so.

Eines Tages sollten wir im Französischunterricht einen Aufsatz zum Thema ›Mein Lieblingsraum im Haus‹ schreiben. Die einen hatten die Küche gewählt, in der die Familie gemeinsam speiste, die anderen ihr Kinderzimmer, das wie ein Kokon für sie war. Der Klassenfaulpelz hatte die Toilette hervorgehoben, auf dem er seine Comic-Hefte las. Ich hatte vom Arbeitszimmer meines Vaters erzählt. Ich mochte es sehr, in seiner Abwesenheit dieses Zimmer zu betreten und seine Atmosphäre aufzusaugen, mir gefielen die Aktenschränke, die Bücherregale, die Schreibmaschine … Ich verdiene kein besonderes Lob dafür, dass ich gut durch die Schulzeit gekommen bin; ich arbeitete einfach gern und fühlte mich beim Lernen glücklich.

Als Erwachsener hat sich das jedoch allmählich ins Negative gedreht, und ich bin ein arbeitssüchtiger Mensch geworden, ein *workaholic*, wie die Amerikaner sagen. Arbeit hatte vor allen anderen Dingen die absolute Priorität. Und weil ich verantwortungsvolle Posten bekleidete, gab es ständig etwas zu tun ... Gerettet hat mich, dass ich heiratete und Kinder bekam. Ich habe daraus (wenn auch mit Mühe) gelernt, dass es noch andere Wege gibt, um glücklich zu sein. Angesichts der Vorwürfe meiner Frau (›Nie bist du zu Hause!‹), der kleinen Bemerkungen meiner Kinder (›Gehst du schon wieder weg, Papa?‹) und meiner mächtig anschwellenden Schuldgefühle habe ich mich ändern müssen. Und danach ist es mir hundertmal besser gegangen. Man soll sich nie völlig auf eine einzige Art von Glück konzentrieren, das wäre wie eine Monokultur, und so etwas ist nicht gut für die Gesundheit.«

Es gibt einen ziemlich klaren Zusammenhang zwischen der Zufriedenheit mit der Arbeit und der umfassenden Zufriedenheit mit dem eigenen Dasein. Aber im Grunde beeinflusst das zweite Element das erste: Wenn man mit seinem Leben allgemein zufrieden ist, fühlt man sich deshalb auch bei der Arbeit gut.[36] Zufriedenheit mit der Arbeit kann verschiedene Gründe haben: Gehalt, Karrierechancen, Art der Tätigkeit, Rahmenbedingungen etc. Das Interesse, welches wir für unsere Arbeit verspüren, und das Gefühl, dass diese Beschäftigung zur Entfaltung unserer Persönlichkeit beiträgt, sind ebenfalls entscheidend.[37]

Aber der Faktor, der nach allen Untersuchungen am meisten Gewicht hat, betrifft die Beziehungen zu den Kollegen. Es liegt am guten Betriebsklima, dass wir uns in einer bestimmten Tätigkeit voll entfalten können.[38]

Freizeit

Es gibt auch einen Zusammenhang zwischen Glück und Freizeit, aber er betrifft nicht die unerwünschten und ungeplanten freien Stunden. Bei Arbeitslosen, Rentnern oder nicht berufstätigen Menschen ist die Verfügbarkeit von Zeit nicht automatisch eine Quelle für größeres Wohlbefinden. (Das glauben nur überarbeitete Personen, die sich nach einer Verschnaufpause sehnen.)

Von den vielen Untersuchungen zum Thema wollen wir hier nur die anführen, die den Einfluss des Fernsehens auf das allgemeine Wohlbefinden der Zuschauer erforscht haben. (Fernsehen ist ja auf dem besten Wege, die am weitesten verbreitete Freizeitbeschäftigung zu werden.) Insgesamt gesehen, macht Fernsehen eher unglücklich.[39] Und neben seinen übrigen Missetaten scheint es auch sehr deutlich die Zeit zu beschneiden, die man gemeinsam mit Freunden verbringt![40]

Warum haben die traditionellen wie die modernen Gesellschaften nicht nur an die Arbeitszeit gedacht, sondern immer auch die Freizeit wichtig genommen? Sicher wollte man damit die sozialen Bindungen schützen, von denen wir bereits gesprochen haben. Aber gewiss auch, weil man die positiven Gefühle eher beim Handeln steigern kann als beim Nachdenken![41] Deshalb werden dem Sport, der Arbeit oder den Basteleien der Heimwerker auch »antidepressive« Wirkungen zugeschrieben. Der unbestreitbare, wenngleich beschränkte Einfluss des Geldes aufs Glück rührt wahrscheinlich eher daher, dass man mit Geld mehr unternehmen kann (Reisen, Geschenke kaufen) oder sich sicherer fühlt (vom Unglück materiellen Mangels verschont), also nicht so sehr aus der bloßen Befriedigung, etwas zu besitzen. (Welches Glück sollte auch damit verbunden sein, dass man ein fettes Bankkonto hat?)

Aktivität und Glück: ein wenig Theorie

Kennen Sie Mihaly Csikszentmihalyi? (Und falls ja, können Sie seinen Namen aussprechen?) Dieser Psychologieprofessor an der Universität von Chicago ist in der Fachwelt durch seine Flow-Theorie berühmt geworden.[42]

Der *flow* (deutsch etwa: das Fließen, der Strom) ist ein Zustand von Konzentration, Meisterschaft und unbändiger Freude. Wir empfinden ihn bei einer Tätigkeit, die uns begeistert und in die wir uns derart versenken, dass wir sogar die Zeit vergessen. Eine solche Betätigung spendet uns innere Kräfte und stellt uns vollkommen zufrieden.[43] Den *flow* kann man beim Athleten beobachten, der seinen Sport betreibt, beim Kind, das ins Spiel vertieft ist, beim Forscher, der ganz in sein Fachgebiet eintaucht ... Er kann sich bei jeder angenehmen Tätigkeit einstellen, die man gut meistert und in die man sich mit solchem Vergnügen versenkt wie der Heimwerker in seine Bastelei oder der Koch in sein Rezept.

Damit wir von *flow* sprechen können, müssen zwei Faktoren zusammenkommen: eine gehaltvolle, innerlich befriedigende Tätigkeit, die uns ganz in Anspruch nimmt, sowie eine hochgradige Beherrschung dieser Tätigkeit. Wo eines von beiden fehlt, verändert sich das Bild merklich. Eine anspruchsvolle Aktivität, die man nur teilweise beherrscht, dürfte eher Stress als Vergnügen erzeugen (so etwa, wenn sich ein Anfänger in einer Sportart mit komplexen Abläufen betätigt). Eine hohe Meisterschaft in einer allzu einfachen Tätigkeit ruft hingegen schnell Langeweile hervor (so geht es den hochbegabten Schülern). Geringe Meisterschaft in einer wenig stimulierenden Betätigung (einer Arbeit, die uns missfällt und von der wir auch nichts verstehen) hat Apathie, Passivität und Motivationsverlust zur Folge.

Die Verbindungen zwischen Glück und Betätigung im Flow-Zustand

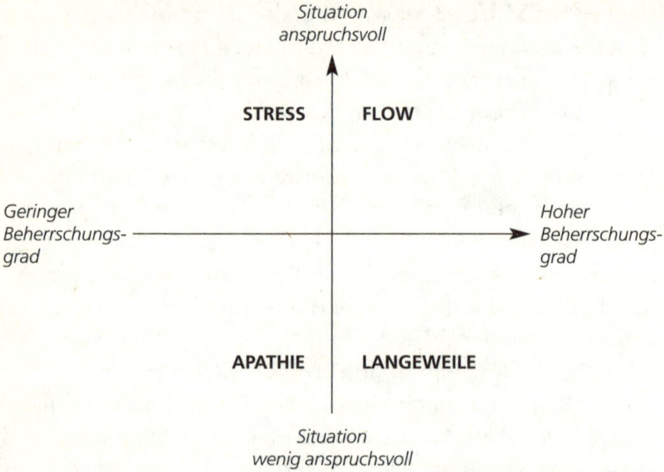

Und die Ruhe?

Wer auf übermäßige Aktivität allergisch reagiert, der darf beruhigt sein: Glück ist auch schon als »fröhliche Muße«[44] definiert worden. Uff!

Jean-Jacques Rousseau war in seinen *Träumereien eines einsamen Spaziergängers* einer der ernsthaftesten Verfechter dieser Ansicht: »Welcher Art war nun dieses Glück, und worin bestand der Genuss desselben? […] Das kostbare *far niente* war die erste und wichtigste dieser Freuden, und ich wollte es in seiner ganzen Süße genießen.«

Als Psychiater konnte ich oft beobachten, wie sehr übertriebene Aktivität das Glück hemmt, egal ob dieser Tätigkeitsdrang mit Angst (vor der Leere oder einem Mangel) verbunden war, mit Perfektionismus (man hört erst auf, wenn alles perfekt ist, also niemals), mit einem übersteigertem

Kontrollbedürfnis oder der Suche nach starken Empfindungen. Ideal ist wohl ein Wechsel von Aktivität und Ruhe, was alles in allem auch logisch ist.

Das Glück liegt in den Wiesen

> *Mein ganzer Körper ist durchlässig im frischen Wind des Frühlings. Überall verunendliche ich mich, überall spüre ich Freude ... – mich macht das Gestern glücklich, das Heute und das Morgen, ich glaube ein Gott zu sein und ohne Anfang noch Ende.*
>
> PAUL FORT

Sequi naturam: Für alle Philosophen der Antike lag der wichtigste Grund für das Unglück des Menschen in seiner Entfernung von der Natur. In der instinktiven Hinwendung der meisten Menschen zur Natur findet diese Feststellung nur einen anderen Ausdruck: Die Mehrzahl der Stadtbewohner will der Natur näher sein, und sei es auch nur, indem man auf dem Fensterbrett Pflanzen zieht oder sich ein Haustier zulegt.

In allen Mythologien werden die paradiesischen Orte als wunderbare Gärten beschrieben (der Garten Eden der Bibel), als idyllische Landschaften (das Arkadien der griechischen Antike) oder heitere Landstriche (die glückseligen Inseln des Mittelalters). Das ist wahrscheinlich mit einem animalischen Bewusstsein in uns verbunden; unser Platz und unser Ursprung sind in der Natur, also muss auch unser Glück dort liegen (für die ökologischen Bewegungen steht sogar mehr als nur unser Glück auf dem Spiel – es geht um unser Überleben).

Jedes menschliche Wesen hat in seinem Leben schon die innere Erfüllung und Klarheit erfahren, die man im Allgemeinen nur beim Anblick der Natur empfindet. Cioran, der doch ein großer Pessimist war, hat sie in mehreren Passagen seines Werks beschrieben:

»Als ich zu später Stunde in dieser baumgesäumten Allee spazierte, fiel eine Kastanie mir zu Füßen. Das Geräusch, mit dem sie zersprang, das Echo, das es in mir weckte, und eine Ergriffenheit, die zu einem so winzigen Zwischenfall in keinem Verhältnis stand, tauchten mich ins Wunder, in die Trunkenheit des Endgültigen, als gäbe es keine Fragen mehr, nur noch Antworten. Ich war trunken von tausend unerwarteten Evidenzen, mit denen ich nichts anzufangen wusste ... So rührte ich beinahe an das Äußerste. Doch hielt ich es für geraten, meinen Spaziergang fortzusetzen.«[45]

Und an anderer Stelle schreibt er: »In einem Wald spazieren zwischen einem Spalier von Farnen, die der Herbst verklärt, das ist ein *Triumph*. Gerühmt, bejubelt werden – was ist das im Vergleich?«

Rousseau wiederum zeigt, wie uns die Natur sowohl Vergessen als auch Besinnung erlaubt, beide notwendig fürs Glück: »Während die anderen noch bei Tisch saßen, schlich ich mich davon und warf mich allein in einen Kahn und ruderte bis zur Mitte des Sees, wenn das Wasser ruhig war. Dort streckte ich mich der Länge nach im Boot aus, die Augen gen Himmel gerichtet, und ließ mich manchmal mehrere Stunden lang vom Wasser hin- und hertreiben, in tausend verworrene, aber köstliche Träumereien versunken ...«[46]

Deshalb liegt das Glück in den Wiesen, wie es der Titel von Paul Forts Gedicht andeutet. Aber es kann sich auch bei den Gärtnern einfinden. Erik Orsenna erzählt in seinem Roman *Porträt eines glücklichen Menschen* vom Leben des Hofgärtners Ludwigs XIV. und Gestalters der prächtigen Schlossgärten von Versailles.[47] In der Umgebung des Sonnenkönigs gehörte André Le Nôtre zu den wenigen, die niemals in Ungnade fielen (anders als beispielsweise der Dramatiker Racine). Ludwig XIV. liebte seine Gärten über alles, führte beinahe täglich freundschaftliche Gespräche mit Le

Nôtre und gewährte ihm ganz besondere Vorrechte. »Sie sind ein glücklicher Mensch, Le Nôtre«, soll der Herrscher eines Tages gesagt haben …

Das Glück liegt in den Wäldern

»Als ich die folgenden Seiten, oder jedenfalls den größten Teil davon schrieb, wohnte ich eine Meile weit von meinem nächsten Nachbar entfernt, in einem Haus, das ich mir selbst am Ufer des Waldenteiches in Concord, Massachusetts, gebaut hatte, allein im Walde, und verdiente meinen Lebensunterhalt einzig mit meiner Hände Arbeit. Dort lebte ich zwei Jahre und zwei Monate lang. Jetzt bin ich wieder in die Zivilisation zurückgekehrt.«[48]

So beginnt Thoreaus Roman *Walden oder das Leben in den Wäldern*, der erstmals 1854 in den Vereinigten Staaten erschien. Der Autor ist vor allem durch seine Schrift *Über die Pflicht zum Ungehorsam gegen den Staat* bekannt geworden, die zu den Lieblingsbüchern der russischen Revolutionäre und Mahatma Gandhis zählte. *Walden* ist für die kollektive Bilderwelt der Amerikaner ein höchst bedeutsames Werk. Es hatte aber auch eine weltweite Wirkung und wurde vor allem von Proust und Gide gefeiert. Dieser autobiografische Bericht ist in einem sehr langsamen Erzähltempo gehalten und beschreibt die Aktivitäten eines Mannes, der so nahe wie möglich an der Natur leben will. Thoreau, der einer neuenglischen Puritanerfamilie entstammte, liebte die Träumerei, aber nicht die Faulheit. Im Laufe der vielen Tage, die der Erzähler in Walden mit Bauen, Säen, Ernten, Spazierengehen, Beobachten und Zuhören verbringt, kristallisiert sich immer deutlicher die Vorstellung eines einfachen und natürlichen Glücks heraus.

Noch ein Paradoxon des Glücks: Obwohl es ein immaterielles Gefühl ist, kann es nicht abgelöst existieren, und man erlangt es nur durch »irgendetwas«. Dieses Etwas bildet zwar nur das Trittbrett, die Verheißung des Glücks, und das Glück selbst wächst hinterher weit darüber hinaus. Dennoch kann man ohne diese »Dinge des Lebens« nicht glücklich werden.

Kapitel 5
Was weiß man über das Glück?

Man hat nur das Glück, das man begreifen kann.
MAURICE MAETERLINCK

»Glück – da soll man sich nicht zu viele Fragen stellen, sich nicht den Kopf drüber zerbrechen«, sagten mir meine jungen Cousins, die ich zum Thema befragt hatte. Sollte Unbekümmertheit einer der Schlüssel zum Glück sein? Und sollte man, um glücklich zu werden, lieber nicht zu viel nachdenken? Diese Meinung ist nicht neu, denn schon im Alten Testament beharrt der Prediger Salomo nachdrücklich darauf: »Denn wo viel Weisheit ist, da ist viel Grämens, und wer viel lernt, der muss viel leiden.« Es stimmt, dass manche Menschen keine Theorien brauchen, um glücklich zu sein. Anderen ist es jedoch ein tiefes Bedürfnis zu verstehen, wie Glück »funktioniert«.

Als ich Student war, hatte einer meiner Professoren, der wie viele Psychiater seiner Zeit eine Schwäche für gelehrte Ausdrücke hatte, eines Tages vom »epistemophilischen Trieb« gesprochen. Damit meinte er einfach den Drang des Menschen zu begreifen, wie die Dinge funktionieren (es liegt also am epistemophilischen Trieb, wenn Ihre vierjährige Nichte den DVD-Player ihrer Eltern auseinander nimmt). In der Philosophie bezeichnet man mit »Epistemologie« die Gesamtheit der Theorien über das menschliche Wissen. Keine Angst, dieses Kapitel ist nicht der Epistemologie des Glückes gewidmet (ich wäre gar nicht imstande, sie zu schreiben). Einige Ansichten der Wissenschaftler zum Thema Glück können Sie hier jedoch finden. Sie werden sehen, dass Glück untrennbar mit unserer Weltsicht, unseren Werten und Glaubensinhalten verbunden ist. Und Sie werden erfahren, weshalb es ein grundlegendes Bedürfnis aller Menschen ist.

Eine Wissenschaft vom Glück?

In den siebziger Jahren des 20. Jahrhunderts war der amerikanische Psychoanalytiker Thomas Szasz eine der Galionsfiguren der Antipsychiatrie. Diese Bewegung vertrat die Ansicht, es gäbe überhaupt keine psychischen Erkrankungen, sondern sie wären nur der Ausdruck gesellschaftlicher Probleme. Szasz behauptete, auch das Glück existiere nicht, sondern sei lediglich »ein imaginärer Zustand, den früher die Lebenden den Toten zuschrieben und der heute von den Erwachsenen meist den Kindern und von den Kindern den Erwachsenen zugeschrieben wird«[1]. Die Antipsychiatrie hat inzwischen viel von ihrem Einfluss verloren, und die Psychiater und Psychologen haben währenddessen einen weiten Weg zurückgelegt, der sie dazu brachte, das Glück aus einem weniger leidenschaftlichen, dafür aber wissenschaftlicheren Blickwinkel zu betrachten …

Das Glück messen

Glück? Wie viel möchten Sie denn? Drei Meter vielleicht oder zwei Kilo?

Obwohl man oft von seinem »kleinen Glück« spricht oder »großes Glück« gehabt hat, gibt es immer noch keine Maßeinheit für dieses Glück. Und man darf annehmen, dass sich daran so bald nichts ändern wird ... Ein boshafter amerikanischer Autor[2] hat solch eine Maßeinheit vorgeschlagen, das HAP (eine Abkürzung von *happiness*, dem englischen Wort für Glück). Mit ihr könnten wir dann all unsere Aktivitäten und jeden einzelnen Augenblick bewerten: Wie viele HAP bringen uns der Waldspaziergang, das Herumtoben mit den Kindern, die Mahlzeit mit Freunden oder die erfolgreich beendete Arbeit? Diese Idee lässt uns darüber nachdenken, was »Intensität des Glücks« eigentlich bedeutet, aber wissenschaftlich umsetzbar ist sie natürlich nicht. Ein und dieselbe Aktivität kann Frau Schulze eine Menge HAP bescheren und Frau Müller beinahe keine (es ist das gleiche Problem wie beim Stress). Mit dem Glück verhält es sich wie mit der Schönheit des Lichts: Wer entscheidet, ob die Mittagssonne großartiger ist als die Abenddämmerung oder die Morgenröte? Es gibt Glücksmomente, die so diskret sind wie gedämpftes Kerzenlicht; andere wiederum ähneln einem sonnendurchfluteten Sommertag. Beides jedoch ist Glück.

In der Praxis umgehen die Wissenschaftler das Problem, indem sie (zum Glück?) auf eine Vermessung verzichten und sich lieber der Erforschung der Bestandteile und Erscheinungsformen des Glücks widmen. Davon soll jetzt die Rede sein.

Umfragen zum Thema Glück

In den meisten Befragungen erklärt eine breite Mehrheit, sie sei »im Großen und Ganzen zufrieden mit ihrem Dasein«: So haben in den Vereinigten Staaten 66 Prozent der Befragten angegeben, glücklich oder sehr glücklich zu sein.[3] Viele Psychologen sind angesichts solcher Zahlen perplex und halten sie für überaus optimistisch! Man kann diese Werte auf unterschiedliche Weise interpretieren:

- Womöglich sind sie nicht besonders verlässlich, weil bei einer solchen Befragung ein Phänomen wirkt, das die Soziologen »Wunschverzerrung« nennen: Man gibt lieber die Antwort, die man für gesellschaftlich wünschenswert hält. Macht man eine Umfrage darüber, wer bei der Steuererklärung schummelt oder seinen Ehepartner betrügt, antwortet kaum jemand mit »Ja«; in der Realität sieht es jedoch anders aus... Und wenn wir einem anonymen Interviewer mitteilen, dass wir glücklich sind, bringt uns das mehr Renommee, als wenn wir ihm unser Unglück eingestehen würden.
- Es kann auch sein, dass kulturelle Einflüsse die Antworten verzerren. Das würde zum Beispiel erklären, weshalb Amerikaner im Durchschnitt glücklicher sind als Europäer und Nordeuropäer wiederum glücklicher als Südeuropäer. Vielleicht sind psychologische Unterschiede zwischen den Völkern die Ursache für solche Ergebnisse[4], aber es ist auch möglich, dass es Kulturen gibt, wo Nörgeleien und Gejammer verpönt sind, während sie in anderen Kulturen beinahe eine Identität stiften und zum Lebensstil gehören.[5] So etwas sagt man ja den Franzosen nach, die sich selbst gern als gallische Meckerfritzen schildern, während sie doch beinahe in der ganzen Welt um ihre Lebensqualität beneidet werden. Ein deutsches Sprichwort lautet zum Beispiel »Leben wie Gott in Frankreich«...
- Vielleicht spiegeln die Zahlen auch nicht so sehr die einzelnen Emotionen des Alltags wider, sondern eher eine umfassende Sicht aufs eigene Dasein. Im Alltag beklagen wir uns häufig, aber wenn uns ein Unbekannter die Frage nach dem Glück stellt, sagen wir uns, dass es eigentlich gar nicht so schlecht läuft. Und tatsächlich messen die meisten wissenschaftlichen Erhebungen zum Thema Glück eher die Zufriedenheit mit dem eigenen Dasein (eine psychische Dimension) als das Wohlbefinden im Alltag (eine emotionale Erfahrung).

Das Glück im Zoo

Die Schimpansen, unsere Vettern im Tierreich, ähneln uns in mancher Hinsicht auffallend (oder vielleicht sind wir es, die den Schimpansen ähneln?). Wie wir Menschen verfügen sie über eine Sprachbegabung, ein Gewissen und eine »Theorie des Geistes«, das heißt, sie können sich vorstellen, was eine andere Person denkt.[6] Kein Wunder also, dass die Forscher versucht haben, ihre Befähigung zu psychischem Wohlbefinden zu evaluieren (von Glück wage ich hier nicht zu sprechen). Dabei merkten die Wissenschaftler schnell, dass es auch unter Schimpansen beträchtliche Unterschiede gibt: Manche scheinen mit großer Lebensfreude ausgestattet, während andere mürrische Gesellen sind. Weil die Fragebögen für Schimpansen noch nicht richtig ausgereift sind, bittet man die Pfleger im Zoo, das Glück ihrer Zöglinge einzuschätzen.

In einem Fragebogen[7], der in der Fachwelt mit am verbreitetsten ist, sollen sie folgende vier Fragen beantworten:

»Wie oft scheint Ihnen das Tier an einem gewöhnlichen Tag glücklich, zufrieden, fröhlich oder in positiver Stimmung zu sein?

Wie häufig widmet es sich dem Austausch und angenehmen Interaktionen?

Wie oft bekommt es, was es will (Platz, Nahrung, Gegenstände, Kommunikation etc.)?

Wenn Sie einer Ihrer Schimpansen sein müssten, welcher wären Sie dann am liebsten? Bewerten Sie für jeden mit einer Zahl zwischen 1 und 7, welcher Lebensstil Ihnen am beneidenswertesten scheint.«

Wie man sieht, schließen Wissenschaft und Humor einander nicht aus …

Was können wir nun daraus schließen? Nun ja, wahrscheinlich sind die Leute ein bisschen weniger glücklich, als sie in den Umfragen angeben. Aber bestimmt auch etwas glücklicher, als sie ihren Angehörigen und Freunden erklären (vor allem, wenn sie einen schlechten Tag haben) …

Zwei messbare Dimensionen des Glücks

Kommen wir auf die beiden Dimensionen zurück, deren Existenz die Studien enthüllt haben. Jede von ihnen hat einen Einfluss darauf, wie wir unser Glück von Tag zu Tag subjektiv wahrnehmen.[8] Entscheidend ist die harmonische Mischung aus beiden Dimensionen:

- Die eine ist rein *psychisch* und umfasst das subjektive Gefühl der Zufriedenheit mit der eigenen Existenz (»Mein Leben gefällt mir.«).
- Die andere ist *emotionaler* Natur und hängt von der Häufigkeit positiver Stimmungen ab (»Ich fühle mich oft gut.«).

Diese beiden Dimensionen können spontan auftreten und unabhängig von unseren Willensanstrengungen existieren. Sie können aber auch durch bewusste Bemühungen verändert werden: Man kann seine Werte in der psychischen Dimension des Glücks verbessern, indem man zum Beispiel daran arbeitet, eine Distanz gegenüber *Gedanken* der Unzufriedenheit aufzubauen. Auch auf emotionaler Ebene kann man Fortschritte machen, indem man darauf achtet, sich nicht von negativen *Stimmungen* überfluten zu lassen. In den beiden letzten Kapiteln dieses Buches werden wir sehen, dass die Konstruktion unseres Glücks eine psychische Arbeit an unserer Weltsicht erfordert, gleichzeitig jedoch auch ein Ensemble von Strategien zur »Stimmungssteuerung« entwickelt werden muss.

Glück von oben, Glück von unten

Im Jahre 1980 war ich Assistenzarzt in der Psychiatrie und absolvierte meine ersten Notdienste. Dabei stellte ich schnell fest, dass die meisten Patienten nach Selbstmordversuchen eingeliefert wurden. Es lief fast immer gleich ab, ganz als würde man ein vorgefasstes Szenario durchspielen: Kurz nach dem Patienten treffen die Familie und die nächsten Bekannten ein. Jedes Mal stellen sie sich die Frage nach dem Weshalb. Und dann immer dieselbe wirklichkeitsfremde Bemerkung: »Er/sie hatte doch alles, um glücklich zu sein.« Wenigstens in den Augen der Angehörigen, und trotzdem war das Glück nicht zum Stelldichein erschienen.

Wir haben schon gesehen, dass die Befriedigung unserer Bedürfnisse nicht automatisch mit Glück gleichzusetzen ist. Und wir haben bereits erfahren, dass alles, was dem Glück und dem Wohlbefinden förderlich ist, gleichzeitig auch den Stress erhöhen kann: Geld, Eheleben, Kinder, Arbeit … Denn all diese »Glücksquellen« sind nur *Vorbedingungen* zum Glücklichsein, sie sind häufig notwendig, aber niemals hinreichend. Sie sind *Angebote* und können den Zugang zum Glück erleichtern oder einige Fundamente setzen, aber weder erschaffen sie das Glück, noch garantieren sie es. Was fehlt also noch?

Der Fahrstuhl des Glücks

Die Beziehung zwischen dem Glück und seinen äußeren Bedingungen kann man unter zweierlei Blickwinkeln betrachten.[9]

Der erste wird *bottom-up* genannt (von der Basis zum Gipfel, von unten nach oben). Seine Vertreter sind der Ansicht, dass Glück »von unten her seinen Anfang nimmt« und aus einer Häufung von glücksbegünstigenden Bedingungen entspringt: Geld, Gesundheit, Freunde etc. steigern unsere Chancen, glücklich zu sein. Ohne diese konkreten Grundlagen sei kein Glück möglich.

Die zweite Theorie heißt *top-down* (von oben nach unten) und geht davon aus, dass Glück »oben beginnt« und nur existiert, wenn wir über die nötige geistige Einstellung verfügen, um richtig würdigen zu können, was wir besitzen oder was wir erleben. Ohne diese psychische Vorbedingung sei Glück nicht möglich.

Im vorangegangenen Kapitel haben wir die äußeren Bedingungen fürs Glücklichsein ausführlich behandelt – die »Dinge des Lebens«, welche das Trittbrett zum Glück bilden. Wir haben auch ihre Grenzen aufgezeigt: Obwohl Geld dem Glück ein bisschen nachhilft, liegen 37 Prozent der reichsten Amerikaner unter dem nationalen Durchschnitt, was ihr psychisches Wohlbefinden angeht.[10] Und obwohl die Partnerschaft das Glück steigern kann, endet in den meisten westlichen Ländern fast jede zweite Ehe mit der Scheidung. Diese Aufzählung ließe sich noch lange fortsetzen …

Im Folgenden möchten wir ausführlicher über die psychischen, also subjektiven Bedingungen fürs Glücklichsein sprechen, über die Punkte, die dem Top-down-Modell zugrunde liegen.

Einige psychische Vorbedingungen fürs Glücklichsein

Stendhal schrieb: »Als Charakter eines Menschen bezeichne ich die für ihn typische Art und Weise, dem Glück nachzujagen.«[11] Zu den praktischen psychischen Dimensionen des Glücks hat es natürlich schon Hunderte von Untersuchungen gegeben. In den beiden letzten Kapiteln dieses Buches finden Sie die wichtigsten Lehren, die man diesen Studien entnehmen kann. Aber was können wir in theoretischer

Hinsicht aus ihnen lernen? Hauptsächlich, dass man Glück in eine Reihe von Befähigungen auf psychischem Gebiet und im Verhalten zergliedern kann[12]:

Selbstachtung und Akzeptanz der eigenen Persönlichkeit
Manche Menschen leben im Kriegszustand mit sich selbst; sie kritisieren sich unablässig und setzen sich herab, oft unter dem Vorwand, dadurch besser zu werden und wenigstens nicht *mittelmäßig* zu sein. Dennoch hat man es ohne ein Mindestmaß an Selbstachtung schwer, glücklich zu werden.[13] Eines unserer früheren Bücher erinnert jedoch auch daran, dass eine ausgewogene Selbstachtung nichts mit dem Motto »Ich bin einfach perfekt!« zu tun hat.[14] Sicher beruht sie darauf, dass man sich seiner Vorzüge bewusst ist, aber ebenso auf der Akzeptanz der eigenen Grenzen und Schwächen (was nicht bedeutet, dass man diese Mängel gutheißt oder den Wunsch, sie zu beheben, aufgegeben hat). Die Voraussetzungen für eine stimmige Selbstachtung sind ganz einfach: Man sollte

- in Frieden mit sich selbst leben, also akzeptieren, dass man nicht perfekt ist,
- im Handeln lernen (denn Verzicht aufs Tätigsein bringt wenig) und sich für seine Fehler nicht bestrafen, sondern aus ihnen die richtigen Lehren ziehen und
- sich das Recht auf Fehlschläge einräumen.

Selbstachtung setzt voraus, dass wir den »inneren Kritiker« zum Schweigen bringen, diese giftige Stimme, die wir manchmal in uns tragen. Was sagen Sie einem Freund, der einen Fehlschlag einstecken musste oder auf Schwierigkeiten stößt? Dass er eine Flasche ist, dass er das niemals schaffen wird und es lieber nicht noch einmal versuchen soll? Natürlich reden Sie nicht so daher, denn es wäre ungerecht und wirkungslos. Dennoch gehen viele Menschen, die in Schwierigkeiten stecken, genau auf diese Weise mit sich selbst um.

Um häufig Glück zu verspüren, muss man daran arbeiten, *in Freundschaft mit sich selbst zu leben*. Wichtiger, als sich selbst zu lieben, ist noch, sein eigener bester Freund zu werden: Man sollte sich respektieren und ermutigen, sich selbst gegenüber tolerant und zugleich anspruchsvoll sein.

Positive Beziehungen zu den Mitmenschen

Im vorigen Kapitel haben wir schon darüber gesprochen, wie wichtig der »soziale Rückhalt« für Glück und Wohlbefinden ist. Hier möchten wir einfach nur daran erinnern, welche Bedeutung es hat, dass man in der Familie und unter Freunden ein Netz von Beziehungen knüpft und intakt erhält, aus denen sich dieser soziale Rückhalt speist. Viele Menschen begnügen sich damit, abzuwarten oder gar zu fordern, dass man auf sie zukommt. Sie sind stets auf der Lauer nach Sympathie- oder Interessebekundungen und listen insgeheim alle Details auf, die ihnen von der Zuneigung oder Abwendung der anderen zu zeugen scheinen. Das ist aber das schlechteste Rezept, wenn man sein Beziehungsglück pflegen will.

Ebenso wichtig ist sicher auch, dass man die Vielgestaltigkeit des sozialen Rückhalts akzeptiert. Es bringt nichts, immer nur die »echte« Freundschaft in den Himmel zu heben und darüber alle anderen Formen sozialer Bindung zu vernachlässigen. All diese Formen sind notwendig für uns, von den oberflächlichsten (mit Nachbarn oder der Bäckersfrau übers Wetter reden) bis zu den tiefsten (mit dem besten Freund oder der besten Freundin die wichtigsten Lebensfragen besprechen). All diese Formen des Austauschs können uns kleines oder großes Glück verschaffen. Eine Hierarchie der täglichen Glücksgefühle, die uns aus den sozialen Bindungen erwachsen, sollten wir gar nicht erst aufstellen.

Selbstständigkeit

Glück verträgt sich nicht gut mit Abhängigkeit. Vielleicht sollten wir es uns deshalb eher in Gestalt einer Katze als in Gestalt eines Hundes vorstellen. Wer sein Glück zu sehr von anderen Menschen, vom Status oder von materiellen Gütern abhängig macht, riskiert Leid und Enttäuschungen. So hat man zum Beispiel das »Leere-Nest-Syndrom« (oder Syndrom der krankhaften mütterlichen Nostalgie) beschrieben: Mütter, welche ihr ganzes Dasein auf ihre Kinder hin ausgerichtet haben, bekommen manchmal schwere Depressionen, wenn ihr Nachwuchs das Haus verlässt.[15] Hierher gehören auch die psychischen Schwierigkeiten der überaktiven Leute, wenn sie Urlaub haben oder in Rente gehen. Solche Menschen können ihre beruflichen Aktivitäten eventuell durch ausgiebig betriebene Hobbys ersetzen. Aber diese werden den Statusverlust niemals ausgleichen, falls es dem Überaktiven im Berufsleben auf die Macht angekommen war und nicht auf die Tätigkeit selbst.

Es ist also förderlich fürs Glück, wenn man seine Autonomie ausbaut und dabei trotzdem weitestgehend gesellig bleibt. Wir werden übrigens noch sehen, dass man auch daran arbeiten muss, vom Glück selbst nicht allzu abhängig zu sein!

Ein Gefühl der Kontrolle über die Umgebung

Wie wir schon gesehen haben, ist erfolgreiches Handeln (*flow*) eine Form des Glücks. Allgemeiner gesehen, gibt es eine ganze Reihe von Arbeiten über die Psychologie der Kontrolle[16], also über das von Person zu Person sehr unterschiedliche Gefühl, den Verlauf des eigenen Daseins im Griff zu haben, angefangen von den Kleinigkeiten des Alltags bis hin zu den großen existenziellen Entscheidungen. Je stärker das Kontrollgefühl entwickelt ist, desto höher sind auch die emotionale Stabilität und die Widerstandsfähigkeit gegen Stress, und desto häufiger kann man sich glücklich fühlen.[17]

Durch Studien in angewandter Psychologie konnten diese Hypothesen in der Praxis überprüft werden. So hat man durch verschiedene kleine Maßnahmen das Kontrollgefühl betagter oder invalider Personen gesteigert (Wahlmöglichkeiten beim Essen oder bei der Zeitplanung, erleichterte Mobilität etc.) und dadurch erreicht, dass sich ihr Wohlbefinden beträchtlich erhöhte.[18]

Dieses Phänomen kann auch mit den allgemeinen gesellschaftlichen Rahmenbedingungen verknüpft sein, etwa mit dem Leben in einem diktatorischen Staat. Vor einigen Jahren untersuchte eine Studie die Körpersprache deutscher Arbeiter. Damals war Berlin noch zweigeteilt. Die Studie zeigte, dass Ostberliner Arbeiter viel seltener lächelten, häufiger geduckt dastanden und so weiter. So durfte man mit einiger Berechtigung vermuten, dass ihr Wohlbefinden geringer ausgeprägt war als das ihrer Westberliner Kollegen.[19] Meines Wissens nach hat man die Untersuchung seit der deutschen Wiedervereinigung noch nicht wiederholt …

Ein Zuviel ist allerdings auch hier von Schaden. Das Kontrollgefühl kann durch zu viele Optionen beeinträchtigt werden. Aktuelle Studien haben gezeigt, dass das Wohlbefinden bestimmter Menschen sinkt, wenn sie vor zu vielen Entscheidungsmöglichkeiten stehen.[20] Wer jedes Mal die »bestmögliche Wahl« treffen will, hat mehr zu leiden als jemand, dessen Ziel einfach nur eine »akzeptable Entscheidung« ist. Zögern, Vergleichen, Stress bei der Entscheidungsfindung und nachträgliches Bedauern sind das Los der Perfektionisten. Der Philosoph Kierkegaard behauptete, dass Angst das Schwindelgefühl der Freiheit sei.[21] Eine banale Alltagsbeobachtung bestätigt diese Auffassung.

Esther berichtet: »Mit meinem Mann gehe ich nicht mehr einkaufen; wir verhalten uns total unterschiedlich, und so regen wir uns nur gegenseitig auf. Ihn packt die Angst, wenn er sich vorstellt, eine Wahl treffen zu müssen, vor allem, weil es vielleicht nicht die richtige ist. So kann er Stunden damit verbringen, sich die Waren genau anzuschauen, in der Hand zu wägen und zu vergleichen; er zögert, wählt das eine Produkt, legt es wieder hin und nimmt ein anderes. Und lange danach fragt er sich immer noch, ob er wirklich die beste Wahl getroffen hat. Jede Art von Einkauf macht ihm Angst; er bezeichnet sich selbst als ›einkaufsphobisch‹. Bei mir ist es genau umgekehrt: Ich wähle instinktiv, weil ich denke, dass sowieso alles ungefähr gleich viel wert ist. Nur Sachen, die ganz unpassend oder von schlechter Qualität sind, muss man meiden. Ich habe den Eindruck, dass ich mich nicht öfter täusche als er.«

Sollte der Warenüberfluss, den unsere Konsumgesellschaft zu bieten hat, dem Glück mancher Zeitgenossen abträglich sein? Wir kennen ja die Parabel von Buridans Esel: Das Tier stand gleich weit entfernt von einem Wassereimer und einem Heubündel, und am Ende starb es vor Hunger (und vielleicht vor Stress), weil es sich nicht entscheiden konnte, in welche Richtung es zuerst traben sollte. Noch ein guter Grund, den endlos vielen Glücksverheißungen des Marktes zu misstrauen?

Lebensziele

In diesem Kapitel werden wir ein wenig ausführlicher über die Funktion der materiellen, spirituellen und psychischen Lebensziele und Ideale sprechen, die sich ein jeder setzt, und über ihren nachgewiesenen Einfluss auf unser Gefühl, glücklich zu sein.[22]

Ideale können als Motor oder als Hemmschuh wirken. Verschiedene Studien haben sich mit dem Perfektionismus beschäftigt, dem manche Menschen huldigen, wenn sie ihre Ziele im Leben definieren.[23] Man hat nachgewiesen, dass allzu hohe Zielsetzungen dem Wohlbefinden der Betroffenen systematisch schadeten und auch bei psychischen Krankheiten wie Magersucht oder Bulimie eine Rolle spielten.

Die meisten Arbeiten zeigen auch, dass man seine Lebenspläne auf wirkungsvollere oder auf weniger effiziente Art und Weise verfolgen kann. Eine aktuelle Langzeitstudie, die an Hunderten deutschen und amerikanischen Studenten durchgeführt wurde, untersuchte die möglichen Vorzüge positiver und konkreter Erwartungen und Gedanken (wir wollen sie »optimistische Gedanken« nennen) im Vergleich zu Phantasiebildern vom Erfolg (nennen wir sie hier »Träumereien«). Man schaute sich an, wie sich diese beiden Einstellungen innerhalb der nächsten zwei Jahre auf die Prüfungserfolge auswirkten. Studenten, die vor allem optimistische Gedanken hatten, bestanden die Prüfungen viel häufiger als solche, die Phantasiebildern nachhingen.[24] Selbst in unserer inneren Bilderwelt sollten die Pläne lieber realistisch und aufs Handeln gerichtet sein. Träume vom Erfolg erleichtern dessen Zustandekommen keineswegs, sondern scheinen die Erfolgschancen sogar zu verringern. Mit dem Glück verhält es sich höchstwahrscheinlich genauso: Es nützt nichts, wenn man bloß von ihm träumt und keine konkreten Schritte unternimmt, die sein Eintreffen begünstigen.

Die Persönlichkeitsentwicklung

Schließlich ist unser Glück auch mit dem Gefühl verbunden, wir könnten durch unsere verschiedenen Lebenserfahrungen psychisch und emotional wachsen. Die verstreichende Zeit kann uns das Gefühl geben, dass wir menschlich nach und nach immer reicher werden, statt dass sie uns verbittert und enttäuscht zurücklässt. Dieser wachsende Reichtum an Erfahrung ist die Persönlichkeitsentwicklung. »Vom Leben muss man immerzu lernen«, sagte mir eine meiner Patientinnen.

Nachdem wir schon erfolgreich nach körperlichem Wohlergehen gestrebt haben (welches durch die Fortschritte in Medizin und Hygiene möglich wurde), streben wir nun auch danach, ein vergleichbares Maß an psychischem Wohlbefinden zu erlangen (wovon die wachsende Zahl der Artikel und Sendungen über Psychologie in den Medien zeugt). Strategien zur Personlichkeitsentwicklung haben in unserer westlichen Kultur also gerade Hochkonjunktur.[25] Mit dem Begriff »Persönlichkeitsentwicklung« bezeichnet man die Gesamtheit aller Methoden, die einerseits die psychischen und praktischen Fähigkeiten einer Person erhöhen (*empowerment*, wörtlich: das »Ermächtigen«) und andererseits deren Blick weiten sowie die Verständnis- und Akzeptanzfähigkeit gegenüber der eigenen Person und der Welt ausbauen sollen (*mindfullness*, das »umfassende Bewusstsein«).

Die Methoden der Persönlichkeitsentwicklung sind lange als armselige Verwandte der Psychotherapien betrachtet worden. Sie verfolgen allerdings nicht dieselben Ziele.

Therapien fallen in den Bereich der geistigen Gesundheit und sind Hilfsmittel bei der Behandlung einer leidenden Person. Die Strategien der Persönlichkeitsentwicklung betreffen »normale« Personen (jedenfalls ihrem Selbstverständnis nach), die bestimmte Aspekte ihrer Persönlichkeit bereichern oder ausbauen wollen. Die Grenze ist vor allem eine theoretische. In der Praxis können die Strategien der Persönlichkeitsentwicklung helfen, Rückfällen ehemals deprimierter Patienten vorzubeugen. Ebenso können psychotherapeutische Techniken (so die Selbstbehauptung) in der Persönlichkeitsentwicklung genutzt werden.

Worin sich Therapie und Persönlichkeitsentwicklung unterscheiden	
Therapie	**Persönlichkeitsentwicklung**
Zielt darauf ab, ein persönliches Gleichgewicht *wiederherzustellen*	Zielt darauf ab, das persönliche Gleichgewicht zu *stärken*
Repariert das, was »schlecht funktioniert«	Lehrt neue Handlungsstrategien
Richtet sich eher auf bestimmte Einzelsymptome	Beschäftigt sich eher mit der Persönlichkeit im Ganzen

Es mangelt noch an anerkannten wissenschaftlichen Untersuchungen zur Wirksamkeit dieser Strategien der Persönlichkeitsentwicklung; außerdem sind sie in letzter Zeit von Sekten zur Werbung neuer Anhänger genutzt worden.

Dennoch widmen sich immer mehr Studien diesem vielversprechenden Gebiet.[26] Es wäre wünschenswert, wenn man die Definition des Wohlbefindens durch den Begriff der Persönlichkeitsentwicklung ergänzen würde (bessere Nutzung der psychischen Ressourcen und Selbstakzeptanz). Der Schritt von einem statischen Wohlbefinden (Komfort, Behaglichkeit) zu einem dynamischen (Wachstum, Ausbau) kann unsere Glücksgefühle steigern.[27]

Voraussetzungen fürs Glück

Psychische Voraussetzungen

↓

Glück

↑

Materielle Voraussetzungen

Top-down oder bottom-up?

Welchem der beiden Konzepte soll man nun den Vorrang geben, dem materiellen oder dem psychischen?

Die politisch korrekte Antwort wäre, dass Glück nicht von den materiellen Bedingungen abhängen sollte. Die Wissenschaft ist jedoch überzeugt, dass dies teilweise durchaus der Fall ist, sofern eine Person nicht gerade die außergewöhnliche Gabe besitzt, sich um ihre materiellen, körperlichen und sozialen Lebensbedingungen nicht im Geringsten zu scheren. Der logische Schluss daraus wäre, dass bei der Glückssuche und dem Erlangen des Glücks in den meisten Fällen beide Modelle eine Rolle spielen. Das Fundament des Glücks ist materiell, aber ohne psychische Aufnahmefähigkeit nützt uns dieses Fundament wenig.

Um das »Haus des Glücks« aufzubauen, braucht man solides Baumaterial (die drei kleinen Schweinchen haben das in einem berühmt gewordenen Experiment gezeigt) und großzügige Türen- und Fensteröffnungen (um ein Gefühl der Enge und Isoliertheit zu verhindern).

Man sollte aber vermeiden, das Thema Glück ausschließlich unter einem psychologischen Blickwinkel zu betrachten. Die meisten Forschungen und Beobachtungen, auf die wir uns in diesem Buch stützen, betreffen materiell privilegierte Länder (die europäischen und nordamerikanischen Demokratien). Dies ist vielleicht einer der Gründe, weshalb die Bewohner der westlichen Welt psychologische Faktoren für so wichtig halten, wenn es ums Glück geht. Wir haben den enormen Vorteil, das Problem des Überlebens gelöst zu haben, und können uns jetzt die Frage nach unserer Lebensqualität stellen. Die psychischen und subjektiven Glücksfaktoren haben in sehr armen Ländern, in denen zu allem Überfluss auch noch Diktatur und Unterdrückung herrschen, sicherlich weniger Gewicht.

Mathilde erzählt: »Meine drei Kinder haben ein sehr unterschiedliches Verhältnis zum Glück. Der älteste Sohn ist extravertiert und tritt ziemlich fröhlich auf, aber so einfach liegen die Dinge bei ihm trotzdem nicht. Er ist ein materialistischer Führungstyp; immer möchte er als Erster Zugang zu den guten Dingen haben, und mit Worten oder Gefühlen gibt er sich nicht zufrieden – er verlangt für alles Beweise. Er möchte nicht *geliebt*, sondern *bevorzugt* werden. Er liebt den Besitz und den Gewinn, er möchte sein Glück zeigen und mit anderen teilen. Ein großes internationales Unternehmen hat ihn jetzt zum Marketingchef ernannt. Sein Glück besteht darin, etwas zu besitzen, sich etwas aufzubauen. Mein mittlerer Sohn ist zurückhaltender, emotional stabiler und psychisch wahrscheinlich stärker, aber er ist auch verschlossener, er zeigt am wenigsten von sich. Als er klein war, nannten ihn seine Brüder den ›verrückten Bastler‹; er brachte Stunden mit seinen Baukastenspielen zu, mit seinen Modellen und elektrischen Apparaten. Ich glaube, er hat nach und nach fast alle Haushaltsgeräte auseinander genommen. Heute ist er Ingenieur. Sein Glück besteht darin, etwas zu schaffen. Mein Jüngster ist am kompliziertesten. Ihm fiel es sehr schwer, zu seiner eigenen Persönlichkeit zu finden, vielleicht weil er homosexuell ist und es mit seinem Liebesleben ein bisschen schwerer hatte. Aber auch, weil er die Messlatte sehr hoch legt. Er ist der Intellektuelle der Familie. Wenn ihn seine Brüder aufziehen, weil er sich ›wieder was in den Kopf gesetzt‹ hat, entgegnet er oft: ›Ich muss das Wesentliche finden und den Sinn.‹ Da wundert es mich nicht, dass er Psychologie studiert. Sein Glück besteht darin, sich selbst auszubilden und eine Persönlichkeit zu sein.

Haben, schaffen und sein – jeder geht seinen eigenen Weg.«

Es gibt kein Einheitsglück

Selbstverständlich gibt es in Sachen Glück unterschiedliche Stile. Der eine empfindet es eher in der Aktion, der andere in der ruhigen Distanz. Mal ist es mit äußeren Ereignissen verbunden, mal mit inneren Zuständen. Man kann es in einer Beziehung verspüren oder in der Einsamkeit. Was erzählen uns die Menschen eigentlich, wenn wir sie nach dem Glück befragen? Manche beschreiben Augenblicke unbändiger Freude, andere sprechen von einem Gefühl der glücklichen Erfüllung und Zufriedenheit, wieder andere von ihrer Selbstvergessenheit bei bestimmten Aktivitäten, und manche schließlich empfinden Glück, wenn sie Abstand zu den Dingen gewinnen und von oben einen ruhigen Blick auf sie richten.

Vier Glücksstile lassen sich also beschreiben[28]: das Glück der Aktivität, der Zufriedenheit, der Meisterschaft und der inneren Heiterkeit.

Die vier Gesichter des Glücks

	Glück ist eher mit äußeren Ursachen verknüpft, Glück aus der Bindung an die Welt	**Glück ist eher mit inneren Ursachen verknüpft, Glück der Verinnerlichung**
Glück wird eher in der Bewegung verspürt	Glück der Aktivität	Glück der Meisterschaft
Glück wird eher in Distanz und Überschau verspürt	Glück der Zufriedenheit	Glück der inneren Heiterkeit

Das Glück der Aktivität

Lionel erzählt: »Eine meiner wichtigen Erinnerungen ans Glück reicht in meine Studentenjahre zurück. Ich arbeitete mit ein paar Kommilitonen in der Weinlese. In dieser Mischung aus harter Arbeit während des Tages, brüderlicher Atmosphäre bei den gemeinsamen Mahlzeiten und fröhlichen Abenden lag etwas vom perfekten Glück.«

Dieser erste Glückstyp ist mit der Erfüllung verbunden, die man als Beteiligter an äußeren Ereignissen verspürt. Solch ein Glück kann man empfinden, wenn man ein Fest vorbereitet oder sich auf ihm gut amüsiert oder wenn man gemeinsam etwas leistet, etwa die Instandsetzung eines alten Hauses, das sich ein Freund gekauft hat, und den nachfolgenden Umzug. Das Glück liegt dabei auch im Zugehörigkeitsgefühl, das man beim gemeinsamen Handeln so oft verspürt. Wenn man die Leute aus dem Stegreif nach glücklichen Momenten befragt (wie ich es bei den Vorstudien zu diesem Buch tat), lautet eine der häufigsten Antworten »ein schöner Augenblick, den man mit Freunden verbringt«. Dabei ist es nicht von Belang, ob dieser Augenblick ein müßiger oder arbeitsreicher ist.

Das Glück der Zufriedenheit

Sylvie meint: »Glück? Also ich bin glücklich, wenn ich das einmal Begonnene zu Ende bringe. Und wenn ich es gut zu Ende bringe. Allgemein gesagt, wenn ich sehe, dass meine Projekte zu etwas führen. Eine Arbeit, eine Untersuchung, die Erziehung meiner Kinder ... Ich bin erst glücklich, wenn ich etwas fertiggestellt habe. In diesem Moment erlaube ich mir, ein paar Schritte zurückzutreten und das Gefühl auszukosten. Und manchmal fühle ich mich dann richtig glücklich.«

Dieser zweite Glückstyp speist sich aus der Befriedigung, die man beim Erreichen bestimmter Ziele verspürt. Diese

Ziele können den Besitz materieller Güter betreffen oder den beruflichen und sozialen Status. Solch ein Glück empfindet man, wenn man ein arbeitsreiches Jahr oder bestimmte Erfolge Revue passieren lässt. Aber dieses Glück muss nicht zwangsläufig materialistisch sein; es kann auch aus dem Gefühl herrühren, anderen zum Glücklichsein verholfen zu haben. Das geschieht zum Beispiel, wenn wir unseren Kindern dabei zuschauen, wie sie sich vergnügen, oder wenn wir beobachten, dass sich unsere Freunde bei uns wohlfühlen. Wie das vorher beschriebene Glück entspringt auch dieses unserer Bindung an die Welt. Wir verspüren es aber nicht mitten in der Aktivität, sondern erst aus einem gewissen Abstand heraus.

Das Glück der Meisterschaft

Loïc berichtet: »Für mich bedeutet Glück, auf einer Jacht zu segeln. Das hat etwas Unbeschreibliches. Natürlich sind da das Schauspiel des Meeres, die Geräusche des Windes und die Schönheiten der Küste oder des Horizonts. Aber vor allem fühlt man sich mit dem Schiff eins; man spürt, dass man die Segel genau richtig ausgerichtet hat und der idealen Bahn ziemlich nahe kommt. Dann lausche ich dem Rauschen des Windes, der die Segel bläht, und den dumpfen Tönen der Wellen, die gegen den Bug schlagen, und ich habe den Eindruck, besser als in diesem Augenblick könne ich mich nicht fühlen. Es ist einfach Glück.«

Dieser dritte Glücktyp ist nichts anderes als das *flow*-Erlebnis, über das wir im vorigen Kapitel sprachen. Es ist ein Glück in der Aktivität, aber vor allem ein verinnerlichtes, ein Glück, dessen Mittelpunkt wir selbst und unsere Empfindungen sind. Lesen, Musik spielen, einen Sport betreiben, basteln und sogar arbeiten – alle Aktivitäten, in denen wir gut sind, können uns Zugang zu diesem körperlich spürbaren Glück verschaffen.

Das Glück der inneren Heiterkeit

Dominique meint: »Glück empfinde ich am einfachsten, wenn ich nichts tue, wenn niemand etwas von mir verlangt und nichts passiert. Dann fühle ich mich manchmal ganz plötzlich glücklich. Das kann geschehen, wenn ich einen Sonnenuntergang betrachte oder die aufgehende Sonne, während alle Welt noch schläft. Es kann geschehen, wenn ich Musik höre, und es braucht gar kein großes Meisterwerk zu sein; sogar ein harmloses Liedchen kann mich in einen Zustand der Schwerelosigkeit versetzen ... Es ist eine Frage der Aufnahmefähigkeit, der Ruhe und der Distanz zum Alltagstrubel. Ich fühle mich dann glücklich, da zu sein, Seite an Seite mit der Welt, aber nicht ganz von ihr aufgesogen.«

Dieser vierte Glückstyp entsteht, wenn wir einige Schritte zurücktreten und unser Umfeld aus einem gewissen Abstand betrachten. Er setzt eine relative Abgelöstheit von der Umgebung voraus, die aber nicht mit Gleichgültigkeit verwechselt werden darf. Ein Patient beschrieb es mir einmal mit den Worten: »Es ist das Glück von jemandem, der sich lebendig fühlt und sich freut, am Leben zu sein, der aber auch keine Angst vor dem Tod hat ...« Auch hier handelt es sich eher um ein Glück der Verinnerlichung, zumindest im Augenblick der Empfindung.

Ausrutscher und Irrwege

Selbst das Gute darf man nie im Übermaß betreiben, und man sollte sich hüten, alles auf eine Karte zu setzen ... Bei allen vier Glücksprofilen riskiert man Irrwege, wenn man gewisse Grenzen überschreitet und besonders, wenn man ein einziges Profil intensiv und ausschließlich pflegt.

- Ein hauptsächlich auf Aktivität beruhendes Glück würde zu einer gewissen Oberflächlichkeit führen, zu einer merklichen Abhängigkeit von den Vergnügungen und Stimuli der extravertierten Personen, zu einer übergroßen Abhängigkeit von den Mitmenschen, die man braucht, um sich lebendig zu fühlen.

- Das Glück der Zufriedenheit basiert auf dem Erreichen von Zielen, die man sich einmal gesteckt hat. Es kann zu einem Denken führen, das einseitig aufs Materielle gerichtet ist (wenn man die Ziele erreicht) oder Frustrationen auslösen (wenn man das Ziel verfehlt).
- Das Glück der Meisterschaft, das um den persönlichen Gewinn aus einer intensiv betriebenen Tätigkeit kreist, kann in harmlosen Fällen in Überaktivität und eine innere Abhängigkeit von der Arbeit münden, im schlimmsten Fall in Egoismus.
- Das Glück der inneren Heiterkeit schließlich kann uns zu einer gewissen Passivität verleiten, zu Schicksalsergebenheit und mangelndem Engagement in den notwendigen Kämpfen des Lebens.

Alle vier Glücksarten oder gar keine …

Unsere Glücksgefühle werden umso intensiver, je mehr sich in ihnen diese vier Glückstypen vermischen oder abwechseln. Wenn wir es verstehen, sie zu identifizieren, zu praktizieren und auszukosten, können wir unsere Befähigung zum Glücklichsein stärken.

Montesquieu war der Ansicht, das Glück liege in relativer Instabilität und ständiger Bewegung. Er schrieb: »Wir folgen unaufhörlich auf uns selbst.« Wer es schafft, die verschiedenen Zugänge zum Glück einander abwechseln zu lassen, wird wahrscheinlich häufiger glücklich sein. Wie bei der Ernährung sind auch in punkto Glück Abwechslungsreichtum und eine richtige Dosierung vonnöten.

Während einer umfangreichen Befragung stellten amerikanische Psychosoziologen fest, dass es sehr schwierig war, Menschen zu Auskünften über das Glück zu bewegen. Wenn man sie in einer Gruppe zu diesem Thema befragte, neigten sie dazu, scherzhafte Bemerkungen zu machen, Platitüden zu äußern oder ihre Emotionen herunterzuspielen. Sprach man mit ihnen unter vier Augen, waren sie zwar ernsthafter, steuerten aber auch nur wenig Ergiebiges bei. Von den mageren Resultaten enttäuscht, meinten die Wissenschaftler, dass es viel einfacher gewesen wäre, sie über ihr Sexualleben auszufragen.[29]

Es ist so schwierig, Menschen über ihr Glück zu befragen, weil es sich um einen viel intimeren Gegenstand handelt, als es zunächst den Anschein haben mag. Glück ist stets mit einer persönlichen Geschichte verbunden, und wer darüber spricht, deckt sein Innenleben auf und riskiert, kritisch beurteilt zu werden oder sich gar lächerlich zu machen. Auch ist Glück mit einem sehr persönlichen und komplexen Wertesystem verknüpft, und wer davon erzählt, muss über so wichtige Fragen wie den Sinn des Lebens, das Erreichen oder Verfehlen der eigenen Ideale oder die persönlichen Kompetenzen und Fähigkeiten nachdenken. Vielleicht löst das Thema Glück deshalb bei so vielen Menschen Unbehagen aus.

Biologie, Psychologie und Gesellschaft: drei Grundlagen des Glücks

Gegenwärtig verwendet man in der Psychiatrie gern das so genannte »biopsychosoziale Modell«, um die Erscheinungsformen der menschlichen Psyche zu erforschen. Will man zum Beispiel das Auftreten einer psychischen Störung wie der Depression erklären, zieht man biologische Daten heran (erbliche Veranlagung, Funktionsstörungen der Neurotransmitter), psychische Angaben (Lebenslauf des deprimierten Patienten) und soziologische Fakten (sozialer Druck in der betreffenden Kultur und Epoche).

Auch das Glück ist durch die Allzweckmühle des »Biopsychosozialen« gedreht worden, und danach hat man vorgeschlagen, es als ein komplexes und hierarchisches Ensemble zu begreifen, das auf drei Dimensionen fußt[30]:

- Die Basisdimension ist biologischer Natur und beruht auf der Befriedigung der grundlegenden Bedürfnisse (Nahrung, Wärme, Bindung, Sicherheit, Sexualität etc.). Eine Person, die ihr Glück, auch wenn die Grundbedürfnisse längst befriedigt sind, weiterhin nur in dieser Dimension sucht, könnte als *Hedonist* bezeichnet werden.
- Die zweite Dimension ist psychischer Natur und hat mit dem Bedürfnis nach Selbstentfaltung zu tun. Ohne ein Mindestmaß an Selbstachtung fühlt man sich schwerlich glücklich; die Psychotherapeuten können aus ihrer Berufserfahrung bezeugen, dass dieser Aspekt der Persönlichkeit entscheidend für den Zugang zum Glück ist.[31] Eine Person, die ihr Glück aber ausschließlich aus dieser Dimension abzuleiten versucht, könnte man zu Recht als *Individualisten* bezeichnen.
- Die dritte Dimension ist die soziale; sie entspricht im Großen und Ganzen der Sorge um die Mitmenschen und den praktizierten Tugenden. In ihrem Versuch über das Glück definierte Madame du Châtelet, die Geliebte Voltaires, den Begriff Tugend so: »[…] alles, was zum Glück der Gesellschaft beiträgt.«[32] Wir werden noch sehen, dass es zu den Zusammenhängen zwischen Glück und Uneigennützigkeit zahlreiche verschiedene Meinungen gibt. Eine Person, die hauptsächlich diese dritte Glücksdimension verfolgt, könnten wir als *guten Bürger* bezeichnen. Ein

Modell für eine solche Haltung geben die Heiligen und die Patrioten ab.

Ein erfülltes Glück setzt die Aktivierung aller drei Dimensionen voraus, wenn möglich in ihrer maximalen Ausprägung: biologische, psychische und soziale Zufriedenheit. Die Vorherrschaft einer dieser Dimensionen zum Schaden der anderen verschafft Genuss (beim Hedonisten, der seine Wünsche erfüllt), Erfolg (beim Individualisten, der seine Ziele erreicht) oder ruhmvolle Größe (beim Staatsbürger, der seinen Überzeugungen gemäß handelt), aber nicht immer Glück.

Wer eine der Dimensionen zu sehr ins Extrem treibt, lässt die anderen verkümmern. Das Problem des Ruhmes hat die Theoretiker des Glücks am meisten interessiert, denn es wirft die Frage nach der Unvereinbarkeit bestimmter Lebensideale mit der Glückssuche auf. Madame de Staël, von Napoleon verabscheut und ins Exil gezwungen, schrieb, dass »Ruhm das strahlende Trauerkleid des Glückes« sei. Ohne den Ruhm zu suchen, haben viele politische Aktivisten, Personen, die sich für eine große Sache engagierten, oder Patrioten im Kampf gegen Fremdherrschaft sich dafür entschieden, ihrem Leben einen Sinn zu geben, indem sie einen Weg einschlugen, der sich mit den Pfaden des Glücks nicht unbedingt kreuzte, manchmal sogar in eine ganz andere Richtung führte. Daher schrieb Saint-Exupéry: »Der Mensch sucht seine eigene Dichte, nicht aber sein Glück.« (Er hätte auch schreiben können »seine eigene Wahrheit« ...)

Gibt man seinem Leben einen Sinn, reicht das zum Glücklichwerden nicht aus, aber tut man es nicht, versperrt man sich mit Sicherheit den Zugang zum Glück. Die alten Griechen gaben einem »guten Leben« den Vorrang vor einem glücklichen Dasein. Sie achteten darauf, dass das persönliche Wohl mit dem öffentlichen vereinbar blieb. Deshalb sollte sich niemand zu Lebzeiten glücklich schätzen – ein solches Urteil war der Nachwelt vorbehalten. »Niemand kann vor seinem Tod als glücklich bezeichnet werden«, versicherte Solon, den die Griechen der Antike als ihren größten Weisen betrachteten. Die soziale Dimension des Glücks wurde damals also als dominant angesehen.

Sinn des Lebens und geglücktes Dasein	
»Um ein erfülltes Leben zu haben, muss man …«	**Antworten in Prozent (zwei Nennungen waren möglich)**
Anderen Menschen Glück spenden	44 %
Nutzen, was das Leben einem bietet	38 %
Ein Ideal haben und ihm treu bleiben	23 %
In Harmonie mit der Natur leben	18 %
Lernen, sich selbst zu erfahren	18 %
Materiellen Gütern weniger Bedeutung beimessen	15 %
An sein Schicksal glauben	11 %
Die Todesfurcht überwunden haben	7 %

(Nach einer Umfrage des Instituts Sofres für das Magazin *Psychologies*, durchgeführt im Jahr 2002 unter eintausend repräsentativ ausgewählten Personen[33])

Sisyphos und das Glück

Und wenn sich dieser Lebenssinn, nach dem wir so angestrengt suchen, schließlich als eine Illusion erweist? Wenn das Leben nun gar keinen Sinn hat, sondern einfach absurd ist? Müssten wir dann auf die Vorstellung von Glück verzichten? Nicht unbedingt, meint vor allem Albert Camus. In seinem Essay *Der Mythos des Sisyphos* denkt der Literaturnobelpreisträger von 1957 über das Absurde und die Hoffnung nach.[34] Sisyphos ist von den Göttern dazu verdammt worden, in alle Ewigkeit einen riesigen Stein bis auf den Gipfel eines Berges zu wälzen. Von dort rollt dieser Stein jedoch immer wieder ins Tal. »Und nun sieht Sisyphos, wie der Stein innerhalb weniger Augenblicke in jene niedere Welt hinabrollt, aus der er ihn wieder hoch auf den Gipfel wälzen muss. Er geht in die Ebene hinunter.«

Es ist gerade dieser Rückweg, diese Verschnaufpause, in der Sisyphos für uns interessant wird. Für Camus ist das Schicksal des Sisyphos nicht zwangsläufig ein schreckliches. »Ich sehe, wie dieser Mann schwerfälligen, aber gleichmäßigen Schrittes zu der Qual hinuntergeht, deren Ende er nicht kennt. Diese Stunde, die gleichsam ein Aufatmen ist und ebenso zuverlässig wiederkehrt wie sein Unheil, ist die Stunde des Bewusstseins.«

Denn tragisch ist der Mythos, weil der Held sich seines Schicksals bewusst ist. Aber eben dieses Bewusstsein kann den Sinn des Mythos und des kummervollen Lebens von Sisyphos auch verändern: »Auch er findet, dass alles gut ist. Dieses Universum, das nun keinen Herrn mehr kennt, kommt ihm weder unfruchtbar noch wertlos vor. [...] Der Kampf gegen Gipfel vermag ein Menschenherz auszufüllen. Wir müssen uns Sisyphos als einen glücklichen Menschen vorstellen.«

Camus' Ansicht nach ist der absurde Mensch, der sich der Sinnlosigkeit aller Dinge bewusst wurde, womöglich besser dafür gerüstet, ein intensives Leben zu führen und das Glück zu erfahren[35]: »Das Glück und das Absurde sind zwei Töchter derselben Erde. Sie sind unzertrennlich. Es wäre ein Irrtum zu sagen, dass Glück unbedingt aus der Entdeckung der Absurdität geboren wird. Es kann auch geschehen, dass das Gefühl der Absurdität aus dem Glück geboren wird ...« Ein bisschen Aspirin gefällig?

Die Glückssuche, eine Gebirgswanderung

Der katholische Denker Teilhard de Chardin konnte wenig anfangen mit dem flauen Konsens, der in unserer Epoche zum Thema Glück vorherrscht – mit einem Konsens, der die Suche nach dem Glück für vergeblich erklärt, weil das Problem entweder unlösbar sei (in dieser Welt kann es gar kein echtes Glück geben) oder aber, weil es unendlich viele mögliche Lösungen gebe (ein Jeder wird nach seiner Fasson selig).

Teilhard de Chardin beschrieb drei Formen des Glücks: das Glück der Ruhe, des Vergnügens und der Entwicklung.[36] In einer berühmten Metapher verglich er das Menschengeschlecht mit einer Gruppe von Bergwanderern, die nach einigen Stunden Marsch feststellen, dass der Weg zum Gipfel steil und mühselig ist. Die einen werden nun lieber in die Schutzhütte hinabsteigen und sich dort ausruhen oder eine gute Mahlzeit zu sich nehmen (Glück der Ruhe). Andere werden meinen, dass sie hoch genug geklettert sind, die Aussicht hier schon ganz ordentlich ist und man sich am besten auf der Bergwiese in die Sonne legt (Glück des Vergnügens). Die übrigen schließlich – und ihnen gehört offenkundig die ungeteilte Sympathie des Autors – werden Blut und Wasser schwitzen, um den Gipfel zu erreichen, weil sie überzeugt sind, ihr Platz sei dort oben (Glück der Entwicklung).

Teilhard de Chardin meint, dass wir vorwiegend dieses Glück der Entwicklung und des innerlichen Wachstums anstreben sollten. Es enthält seinerseits drei Teilstufen. Zunächst muss man lernen, sich selbst zu achten und die eigene Persönlichkeit zu entdecken: Einheitsfindung und »Zentrierung«. Dann muss man aus sich hinausgehen und sich den anderen öffnen: Einigkeit und »Dezentrierung«. Schließlich müssen wir lernen, unser Leben einer Kraft unterzuordnen, die größer als unsere eigene ist: Unterordnung und »Überzentrierung«.

Obgleich uns dieses Konzept heute moralisch sehr akzeptabel scheint, wurde es seinerzeit von den kirchlichen Autoritäten nicht gerade geschätzt. Im Jahre 1962 riefen sie alle katholischen Lehrkräfte auf, die Jugend von der Lektüre dieses Philosophen abzubringen. Nichtsdestotrotz wurde die katholische Kirche stark von einer Haltung geprägt, die Teilhard de Chardin »christlicher Humanismus« genannt hatte. Die Pfade des Glücks überschneiden sich nämlich oft mit den Wegen des Glaubens.

Glück und Glaube

»Man liebt etwas und glaubt daran, dass es existiert.«[37] Diese Definition des Glaubens passt sehr gut zum Gegenstand unseres Buches. Eine Freundin hatte mir eines Tages auf meine Frage nach dem Glück geantwortet: »Glück? Also, daran glaube ich überhaupt nicht …« Für sie und viele andere wäre Glück also eine Glaubenssache, und sie meinen, man solle lieber nur von Wohlbefinden sprechen, der »weltlichen« Version des Glücks.

Um glücklich zu werden, muss man dran glauben …

Wenn wir es uns richtig überlegen, steht das Geheimnis des Glücks dem Geheimnis des Glaubens recht nahe. Nehmen Sie bloß einmal die »kleinen Glücksmomente«, auf die wir im letzten Kapitel noch ausführlicher zu sprechen kommen. Erinnern diese Augenblicke, in denen uns das Glück zu überraschen scheint, nicht an das, was Christen die göttliche Gnade nennen – jenes »unbegründete, bedingungslose und unverdiente Geschenk«[38], das einen Gläubigen manchmal überrascht?

Und noch eine Parallele gibt es: Wenn es stimmt, dass »der

Glaube schöner ist als Gott«, wie Claude Nougaro in seinem Chanson *Engelsfeder* versichert, sollte es dann nicht auch glücklich machen, wenn man das Glück erwartet, wenn man es vorbereitet und nach ihm strebt? Und vielleicht fördert man damit ja auch sein Eintreffen?

Religion und Glück

Aber welche Beziehungen zum Glück hat der »echte« Glaube? Die Zusammenhänge zwischen Religion und Glück sind recht ausgiebig untersucht worden. Der Glaube scheint die Gläubigen glücklicher zu machen. Dieser Effekt hängt übrigens von den sozialen Umständen ab: In den Vereinigten Staaten wirkt er sich offenbar stärker aus als in Europa; bei älteren Menschen, Frauen und Protestanten ist er ausgeprägter ...[39]

Um diesen Zusammenhang zu erklären, hat man auf drei Wirkungsmechanismen verwiesen: auf den sozialen Rückhalt, die Beziehung zu Gott sowie die Glaubensinhalte und Überzeugungen.

- Der *soziale Rückhalt* ist die Gesamtheit aller Vorteile, die man aus der Zugehörigkeit zu einer Gruppe oder einem Beziehungsnetz aus wohlwollenden Personen ziehen kann: Familie, Freunde, Bekannte, Arbeitskollegen, Nachbarn etc. Als Angehöriger einer religiösen Gemeinschaft erfährt man meistens eine starke soziale Unterstützung. Man kann bei seinen Glaubensbrüdern emotionalen Rückhalt finden (Zuneigung, Sympathie, Einverständnis), materielle Unterstützung (Spenden, Darlehen, praktische Hilfe) und informative (Ratschläge, Erklärungen). Daran liegt es wohl auch, dass die Gläubigen, die zum Gottesdienst gehen, sich als noch glücklicher und zufriedener erklären als die übrigen.[40]

- Die *direkte Beziehung zu Gott* ist eine weitere Erklärung. Sie liegt den meisten Gebeten zugrunde: »Herr, höre meine Worte, merke auf meine Rede! Vernimm mein Schreien, mein König und mein Gott; denn ich will vor dir beten.« (Psalm V) Die Überzeugung, dass Gott unser Leben aufmerksam verfolgt, die Gewissheit, dass es über uns ein wachsames, mächtiges und wohlwollendes Wesen gibt, selbst wenn dessen Wirken nicht immer vorhersehbar ist, scheint für das Glück der Gläubigen eine wichtige Rolle zu spielen. Und auch hier bringt das Handeln im Vergleich zum bloßen Glauben noch einen Pluspunkt: Mit der Häufigkeit der Gebete wächst das Gefühl des Wohlbefindens.[41] Wir erfahren aus den wissenschaftlichen Studien nicht, ob bestimmte Arten von Gebeten besonders förderlich fürs Glück sind. Und wir können auch die Frage nicht klären, ob es wirklich das Gebet ist, das den Gläubigen glücklich macht, oder ob glückliche Gläubige einfach mehr beten. Cioran hatte seine eigene Meinung dazu – wie üblich eine skeptische: »Das Gebet des traurigen Menschen hat nicht die Kraft, bis zu Gott vorzudringen.« Anders gesagt: Nur die Gebete glücklicher Menschen werden erhört. Die Religionen zeigen uns ja auch, dass man nicht nur betet, um etwas zu erbitten, sondern auch, um Gott zu danken …
- Die mit dem Glauben einhergehenden *inneren Überzeugungen* haben schließlich auch Einfluss auf das Glücksgefühl.[42] Die Religion bietet uns einige existenzielle Gewissheiten. Vor allem lässt sie die Gläubigen annehmen, dass das Leben einen Sinn hat – trotz aller Leiden und Prüfungen, die es bereithalten kann. Eine Studie an 406 Patienten mit psychischen Schwierigkeiten hat die positive Wirkung von Gebeten und praktizierter Religiosität auf das Wohlbefinden unterstrichen.[43] Gläubige Menschen haben offenbar ein stärkeres Gefühl der Kontrolle über ihr Alltagsleben, sie sind optimistischer und haben mehr Selbstvertrauen.[44]

Hier muss man auch anmerken, dass der Glaube eine wirksame Hilfe im Kampf gegen die Angst vor dem Tod sein kann – vor allem durch die Überzeugung, dass es ein Jenseits gibt, in dem Liebe und Gerechtigkeit herrschen: »Aber der Gerechten Seelen sind in Gottes Hand, und keine Qual rühret sie an.« (Die Weisheit Salomos, III,1)

Glaube und Glück: Halten Sie die verordnete Dosis ein?

Aber aufgepasst, auch bei den Beziehungen zwischen Glaube und Glück gibt es nicht überall eitel Sonnenschein! Aus der Geschichte wissen wir zur Genüge, dass Religion kein Allheilmittel ist und dass sie zu kollektivem Leid führen kann (Fundamentalismus, Intoleranz und Glaubenskriege) oder zu individuellem Kummer (Schuldgefühle, starrsinnige Haltung, Hass und Gewalt).

Wahrscheinlich kommt es auch bei der Religiosität auf die richtige Dosis an. Eine Studie über Depressionsrisiken, die man im elsässischen Departement Bas-Rhin an betagten Personen durchführte, zeigte zum Beispiel, dass das Verhältnis zwischen Glaube und Wohlbefinden in Form einer Glockenkurve dargestellt werden kann: Die allzu Gläubigen schnitten nicht besser ab als die Nichtgläubigen, und das optimale Wohlbefinden ließ sich bei den »maßvoll Gläubigen« beobachten.[45]

Beschließen wir diesen kleinen Streifzug durch die Welt der Religion mit zwei Anmerkungen. Zunächst einmal ist der Glaube an Gott keine Hygienemaßnahme mit dem Ziel, das persönliche Glück zu steigern. Den Glauben kann man nicht als Rezept für mehr Wohlbefinden verordnen. Weiterhin bedeutet Glaube auch nicht, dass man von Gott alles erwarten oder einfordern könnte. Und wenn wir ans Glück glauben, sollten wir die Welt ebenso wenig bloß im Lichte unserer Glückssuche sehen.

Aber eine – fundamentale – Frage bleibt uns noch zu beantworten: Warum gibt es das Glück eigentlich?

Wozu dient Glück?

In *Die wiedergefundene Zeit* erzählt Marcel Proust, wie er auf der Straße gegen einen hervorstehenden Pflasterstein stößt. Wie in der Episode mit dem Madeleinegebäck fühlt er sich von dieser Kleinigkeit zutiefst berührt: »Von neuem war mir die undeutlich aufblitzende Vision ganz nahe und schien mir zu sagen: ›Ergreife mich im Vorübergehen, wenn du die Kraft dazu hast, und versuche das Rätsel des Glücks, das ich dir aufgebe, zu lösen.‹«

Proust begreift, dass ihn die ungleich hohen Pflastersteine an die Bodenplatten im Baptisterium des Markusdoms zu Venedig erinnern: »In der gleichen Weise hatte der Geschmack der kleinen Madeleine Combray in mein Gedächtnis zurückgerufen. Warum aber hatten mir die Bilder von Combray und von Venedig in dem einen und andern Augenblick so viel Freude geschenkt, Freude, die einer Gewissheit glich und ohne sonstige Beweise genügte, mir selbst den Tod gleichgültig erscheinen zu lassen?«

»Mir den Tod gleichgültig erscheinen zu lassen …«

Unter allen Tieren ist es nur dem Menschen bewusst, dass er eines Tages sterben wird. Das löst in manchem von uns schwindelerregende und beständige Ängste aus. Seit dem Augenblick unserer Geburt, ja schon seit unserer Zeugung kommen wir mit jeder Sekunde dem Tod näher. Unser Leben ist nichts als ein großer Countdown. Um auf das unabänderliche Verfließen der Stunden hinzuweisen, haben die mit dem Tod vertrauten alten Römer an ihren Sonnenuhren gern folgenden Spruch angebracht: *Vulnerant omnes, ultima necat* (»Eine jede verwundet, die letzte tötet.«) Und Woody Allen hat dazu in der ihm eigenen Art angemerkt: »Seit der Mensch weiß, dass er sterben muss, fällt's ihm schwer, so richtig locker zu bleiben.«

Wir haben also ein *Bedürfnis* nach Glück, weil es auf der Welt Unglück und Tod gibt. Und vor allem, weil wir alle von diesen dunklen Seiten wissen, sei es durch Reflexion oder aus eigener Erfahrung. Bloßes Wohlbefinden wiegt zu leicht im Vergleich zu diesen bedrohlichen Ungeheuern. Aber unser Bewusstsein, durch welches wir die Angst vor dem Tod verspüren, eröffnet uns auch die Möglichkeit, unser Wohlbefinden in Glück zu verwandeln.

Wie Proust uns zeigt, ist Glück ganz einfach das Mittel, mit dem wir den Tod vergessen oder das Leben ertragen, obgleich wir wissen, dass wir sterben werden. Das meinte wohl auch Paul Claudel, als er schrieb: »Glück ist nicht das Ziel des Lebens, sondern sein Hilfsmittel.«

Cécile meint dazu: »Augenblicke des Glücks sind in meinem Leben immer eine Überraschung, *göttliche Überraschungen*, wie man so sagt. Es sind stets Erlebnisse, Situationen, Erfolge, mit denen ich nicht gerechnet hatte oder von denen ich vorher nicht wusste, dass sie mich so glücklich machen würden. Diese Momente sind meine *volle Glücksdosis*, sie füllen mich ganz aus und spenden mir jede Menge Hoffnung und Motivation, aber zugleich verwirren sie mich. Das Auftauchen von Glück ist das freudige Mysterium des Daseins; es ist der Grund, weshalb ich mir bei Selbstmordgedanken immer sage: Bleibe neugierig, lebe weiter, es kann immer noch etwas Glückliches geschehen, das weißt du doch, also glaube auch daran …«

Glücklich leben, obwohl wir um den Tod wissen?

Ich lebte ohne viel Bedacht
Und hab mein Dasein hingebracht,
Wie mich's Natur, die Mutter, lehrte;
– Und find's doch sehr verwundernswert,
Warum der Tod sich um mich schert,
Der ich mich nie noch um ihn scherte!

MATHURIN RÉGNIER

Der Tod ist dermaßen allgemeinverbindlich, dass er schon beinahe eine Formalität ist.

MARCEL PAGNOL

Das Gute am Totsein ist, dass man es im Liegen erledigen kann.

WOODY ALLEN

»Lasst uns glücklich leben, während wir auf den Tod warten …«

Diese berühmte Formulierung des Humoristen Pierre Desproges[46] ist mehr als ein Scherz (übrigens wusste der Autor, als er das so betitelte Werk schrieb, wahrscheinlich schon von seiner Krebserkrankung). Die einzige große Frage, die es wert ist, sich darüber den Kopf zu zerbrechen, lautet doch: Wie können wir glücklich sein, obwohl wir wissen, dass wir eines Tages sterben werden?

Nicht nur über das Glück, auch über den Tod hat man weltweit und zu allen Zeiten nachgedacht. Der Tod ist natürlich für alle Menschen eine Obsession und die Todesfurcht das größte Hindernis, das es zu überwinden gilt, wenn man sein Dasein genießen möchte. Bei näherer Betrachtung können wir beim Umgang mit dieser Todesfurcht drei Strategien entdecken.

Manche Leute beschließen, so wenig wie möglich daran zu denken und alles von sich zu schieben, was sie ans Sterben erinnert. Das ist eine Verweigerungs- und Verdrängungshaltung. Unsere moderne Gesellschaft entwickelt sich in diese Richtung: Der Tod soll kein Bestandteil des Lebens mehr sein, und man stirbt heutzutage fast immer im Krankenhaus. Und jedermann ist versessen darauf, »jung zu bleiben«, als wenn das vorrückende Alter eine Beleidigung und unerträgliche Bedrohung wäre. Dieser Jugendkult bewirkt, dass in den Zeitschriften für ältere Leser die Rentner gerade mal wie vierzig aussehen.

Andere denken immerzu an den Tod, so die überängstlichen Menschen und die Hypochonder. Sie sind vom Tod besessen und überzeugt, dass man den Feind zurückdrängen kann, wenn man ihn nicht eine Minute aus den Augen lässt und ihm niemals den Rücken kehrt. Diese Patienten verwenden eine Menge Zeit darauf, ihre Körperfunktionen zu überprüfen und die Ärzte zu konsultieren. Und die Mediziner wissen, dass es einem Hypochonder nicht so sehr ums Gesundwerden geht (das würde ihn ja von den Ärzten entfernen, was ihm Angst macht) als vielmehr darum, in ständiger Obhut zu leben.

Wieder andere denken über das Problem nach und machen es sich zunutze, um mehr vom Leben zu haben: Es bringt nichts, wenn wir uns den kurzen Aufenthalt auf Erden selbst verderben. Die Weisesten unter uns empfinden das Glück durch ihr Wissen um Unglück und Tod sogar noch stärker.

Diesen Weg haben auch die Philosophen eingeschlagen. Aber ihre Stimmen harmonieren nicht immer miteinander, zumindest nicht beim ersten Hinhören. Montaigne schreibt:

»Philosophieren heißt, sterben zu lernen«, während Spinoza verkündet: »Die Weisheit ist eine Meditation nicht über den Tod, sondern über das Leben.« Wenn man es sich genau überlegt, liegen die beiden Standpunkte jedoch gar nicht so weit auseinander.

»Zum Philosophieren ist es nie zu früh noch zu spät, denn es ist nie zu früh noch zu spät zum Glücklichsein«, behauptete der Philosoph Epikur. Brauchen wir also Weisheit, um glücklich zu werden? Wahrscheinlich, denn Weisheit ist für einen Erwachsenen vielleicht das einzige Mittel, zum Glück zu gelangen, nachdem ihm die Spontaneität des Kinderglücks verloren gegangen ist. Gide sprach vom Ideal eines »Menschen, der sich glücklich nennt und der denkt«. Beides lässt sich durchaus miteinander vereinen: Hat man Weisheit nicht als »Höchstmaß von Glück bei einem Höchstmaß von Hellsichtigkeit«[47] definiert?

Proust zu lesen, lohnt sich immer wieder

Vor einigen Seiten hatten wir Marcel Proust aus den Augen verloren. In der geschäftigen und gleichgültigen Straße hatte er unbeweglich verharrt und hartnäckig versucht, seine Erinnerungsfetzen zusammenzufügen. Jetzt wollen wir zu seiner Geschichte zurückkehren: »Ein tiefes Azurblau berauschte meine Augen, Eindrücke von Kühle, von blendendem Licht wirbelten um mich her, und in meinem Verlangen, sie zu erfassen, ohne dass ich mich deswegen mehr zu rühren wagte als damals, da ich den Geschmack der Madeleine wahrnahm und versuchte, bis zu mir vordringen zu lassen, was er mir ins Gedächtnis rief, blieb ich ohne Rücksicht darauf, ob ich die zahlreich versammelte Schar der Chauffeure zum Lachen reizte, in schwankender Haltung stehen, wie ich es eben schon getan hatte, während mein einer Fuß auf dem hohen Pflasterstein, der andere auf dem niedrigen ruhte.«

Proust *wartet* nicht bloß auf das Glück. Er sucht es und gibt sich alle Mühe, damit es sich ihm zeigt. Dabei kümmert es ihn wenig, ob er in den Augen der Passanten lächerlich oder bizarr wirkt: Unter keinem Vorwand, mit keiner Entschuldigung wird er seine Suche aufgeben.

Das Recht aufs Glück verteidigen, sich von seiner Suche nicht abbringen lassen, es selbst erschaffen zu können – von all dem wollen wir jetzt sprechen.

Kapitel 6

Glück – ein Thema, das die Gemüter erhitzt

Anders als alle übrigen Güter, nach denen man strebt, um etwas anderes zu erlangen, wird das Glück um seiner selbst willen gesucht: Es ist das höchste Gut. Über seine Natur und die Festlegung, worin es besteht, herrscht jedoch kein Einvernehmen.

ARISTOTELES

Seit Aristoteles vor fast zweieinhalbtausend Jahren die Debatte lostrat, hat es zum Thema Glück immer lebhafte Diskussionen gegeben.

Bis heute ist nichts endgültig entschieden. Die einen sehen das Glück als real und sogar notwendig an und glauben, dass man es erreichen kann. So schrieb der Dichter Paul Éluard: »Man braucht nicht von allem etwas, um eine Welt zu erschaffen, man braucht Glück und sonst nichts.« Andere sind skeptisch, so der Philosoph Immanuel Kant, für den Glück ein Ideal ist, das nicht der Vernunft, sondern der Einbildungskraft entspringt.

Zu keinem anderen Gegenstand, von der Liebe vielleicht abgesehen, gibt es so viele Bücher. Und viel eher als die Liebe gibt das Glück Anlass zu heftiger Polemik und scharf voneinander abgegrenzten Meinungen …

Eine kurze Geschichte des Glücks im Abendland

Das Glück ist wahrscheinlich der älteste Gegenstand der Philosophie.[1] Für die meisten Philosophen des griechischen und römischen Altertums bedeutete Glück schlicht und einfach das *summum bonum*, das »höchste Gut«. Es gab sogar ein eigenes, heute aus der Mode gekommenes Wort, mit dem man die Philosophie des Glücks bezeichnete: Eudämonismus. Dennoch ist diese lange philosophische Tradition später in den Hintergrund gerückt.

Glück und Christentum

Im Jahre 386 unserer Zeitrechnung verfasste Augustinus, der künftige Heilige, kurz nachdem er sich zum Christentum bekannt hatte, eines seiner Frühwerke: *De beata vita (Vom glücklichen Leben)*.[2] Fünf Jahre später wurde das Christentum zur Staatsreligion des Römischen Reiches.

Für die frühen Christen konnte Glück nur von Gott selbst herrühren. Der Mensch sollte nicht versuchen, auf Erden glücklich zu werden; er sollte sich lediglich sein Glück im Jenseits verdienen: »Nicht das Glück erobern, sondern das Recht aufs Glück – das ist der Sinn des Lebens.«[3] Das Christentum wollte den Begriff des Glücks durch den Heilsbegriff ersetzen. Das einzig vorstellbare Paradies konnte demnach nicht zu Lebzeiten eines Menschen erreicht werden: Es musste notgedrungen in der Vergangenheit, in der Zukunft oder in fernen Ländern angesiedelt sein.

In der Vergangenheit: Dies sind die Mythen vom goldenen Zeitalter oder vom Garten Eden, die der heilige Augustinus in mehreren seiner Reflexionen über das Glück geschickt aufgreift: »Woher nehmen wir diesen Begriff des Glücks? Wenn er in unserem Gedächtnis verankert ist, liegt es daran, dass wir früher einmal glücklich gewesen sind.«

In der Zukunft: Dies ist die Verheißung des Paradieses, in welches die Menschen kommen, die es sich durch ihre Lebensführung und ihre Gebete verdient haben. Die Utopisten und positivistischen Philosophen des 19. Jahrhunderts brauchten diese Versprechungen einer glücklichen Zukunft nur wiederaufzunehmen. »Das goldene Zeitalter liegt vor uns«, verkündete Saint-Simon damals. Und auch Karl Marx dachte in diese Richtung, wenn er im *Kommunistischen Manifest* schrieb: »An die Stelle der alten bürgerlichen Gesellschaft mit ihren Klassen und Klassengegensätzen tritt eine Assoziation, worin die freie Entwicklung eines jeden die Bedingung für die freie Entwicklung aller ist.«[4]

In fernen Ländern: In seiner monumentalen, spannenden *Geschichte des Paradieses* zeigt Jean Delumeau[5], dass man im Mittelalter lange überzeugt war, das irdische Paradies sei gar nicht verschwunden, sondern bestehe irgendwo im Orient fort. Bis ins 16. Jahrhundert glaubte die Christenheit an die Existenz des legendären »Johannesreichs«, das man in China oder Indien vermutete. Zahlreiche Schriften bezeugten die Existenz dieses Wunderlandes und schilderten auch das Glück, welches dort herrsche: »Unsere Mildherzigkeit lässt uns jeden fremdländischen Gast und Pilger aufnehmen. Es gibt keine Armen unter uns. Wir kennen weder Diebstahl noch Schmeichelei, weder Habsucht noch Zwietracht ... Bei uns herrscht kein Laster.«[6] Aber im Zeitalter der großen Entdeckungsreisen musste man allmählich zurückstecken und seine Hoffnungen begraben: Auf dieser Erde war das Paradies nirgendwo zu finden. Oder zumindest brauchte man nicht unbedingt auf Reisen zu gehen, um es zu finden ...

Damals begann man neu zu entdecken, dass die Suche nach dem Glück eine persönliche Angelegenheit ist. Ein vergebliches oder eher erfolgversprechendes Unterfangen – je nach dem Welt- und Menschenbild, das man vertrat.

Bei Pascal klingt es düster: »Wir sehnen uns nach der Wahrheit und finden in uns nur Ungewissheit. Wir streben nach dem Glück und finden nur Elend und Tod. Wir sind unfähig, uns nicht nach Wahrheit und Glück zu sehnen, und sind der Gewissheit wie des Glücks unfähig.«[7]

Zuversichtlicher war Michel de Montaigne: »Ich, der ich kein anderes Ziel habe, als zu leben und mich zu erfreuen.«

Auf jeden Fall war bis ins 16. Jahrhundert die Frage nach

dem Glück, sofern man sie überhaupt stellte, in den Augen der Moralisten weniger wichtig als viele andere Fragen, etwa die nach Ruhm oder Seelenheil.[8]

Die Revolution des Glücks

Das 18. Jahrhundert war für das Glück eine außerordentlich fruchtbare Periode. In seinem bemerkenswerten Standardwerk *Die Idee des Glücks in der französischen Literatur und Philosophie des 18. Jahrhunderts* zeigt Robert Mauzi, der mit Michel Foucault und Roland Barthes befreundet war, überzeugend, wie »auf der Stufenleiter der moralischen Werte die ruhmvolle Größe als höchste Rechtfertigung vom Glück abgelöst wird« und wie dieses zu einem »quasi zwanghaften Wert« erhoben wird.

Für diese wachsende Bedeutung des Glücks sind mehrere Erklärungen vorgebracht worden: die Lockerung moralischer und religiöser Zwänge, eine lebhafte ökonomische Entwicklung, aber auch der Einfluss der Reformation[9], welche den freien Willen und die individuelle Verantwortung eines jeden aufwertete.

Vor allem aber war es auch das Jahrhundert großer Revolutionen mit weltweiter Ausstrahlung. Wie wir noch sehen werden, war das Glück sowohl beim amerikanischen Unabhängigkeitskrieg als auch in der französischen Revolution von 1789 ein wichtiges Thema.

Schließlich war das 18. Jahrhundert die Epoche der Aufklärung, eine Zeit unglaublicher philosophischer und intellektueller Aktivität, in der auch über das Glück nachgedacht wurde. Alle großen Geister der Epoche steuerten ihren Standpunkt bei, so Voltaire (»Das große Geschäft und das einzige überhaupt, das man verfolgen soll, ist ein glückliches Leben«), Rousseau (»Die Natur hat den Menschen glücklich und gut geschaffen, aber die Gesellschaft verdirbt ihn und macht ihn elend«) und Diderot (»Es gibt nur eine Pflicht: glücklich zu sein«). Den berühmten Autoren schloss sich eine Unzahl weniger bekannter Denker an, und Abhandlungen über das Glück erschienen so viele wie niemals zuvor.

»Wo ich bin, ist das irdische Paradies«, schreibt Voltaire im letzten Vers seines langen Gedichts *Der Weltmann* (1736). Das Werk wird heute kaum noch gelesen, aber das Zitat ist um die Welt gegangen.

Im amerikanischen Unabhängigkeitskrieg sollte man sich daran erinnern, postulierten doch die Gründungsväter: »All men are created equal. They are endowed by their creator with certain alienable rights. That among there are life, liberty and the pursuit of happiness.« (»Alle Menschen sind von Geburt gleich. Sie sind von ihrem Schöpfer mit bestimmten unveräußerlichen Rechten ausgestattet worden. Dazu zählen das Recht auf Leben, auf Freiheit und auf das Streben nach Glück.«)

In Frankreich sind die Worte berühmt geworden, mit denen Saint-Just im Jahre 1794 seinen Bericht an den Nationalkonvent beschloss: »Das Glück ist in Europa eine neue Idee.« Die revolutionäre Vision, jedem das Recht auf Glück zu gewähren, scheint klar hindurch: »Europa soll lernen, dass ihr auf französischem Territorium keinen unglücklichen Menschen mehr wollt und keinen Unterdrücker. Dieses Beispiel soll auf der ganzen Welt Früchte tragen; überall soll es die Liebe zur Tugend und das Glück verbreiten.«[10] Diese schönen Ideen gingen in den Hinrichtungsexzessen und später im Getöse der napoleonischen Kriege unter …

Das romantische Unglück

»Was erwartet man eigentlich vom Glücklichsein? Antwort: Man erwartet, dass Glück ebenso interessant ist wie Unglück.«[11]

Im 19. Jahrhundert machte die Romantik die Ansicht salonfähig, Unglück sei etwas Schickes. »Das Unglück hört auf, ein Seelenzustand zu sein, und wird zu einer Geschichte.«[12] So entstand eine Mythologie des Unglücks, deren Wirkungen bis in unsere Tage reichen. Schwermut und Traurigkeit werden nun zunehmend als Beweise für seelische Größe und moralische Überlegenheit betrachtet. Wenn uns die Amerikaner mit ihrer Kultur des Optimismus und des »Positiven« manchmal auf die Nerven gehen, liegt das vielleicht auch an diesem unterschiedlichen kulturellen Erbe: Über die Vereinigten Staaten breitete sich die Woge der Romantik nicht so nachhaltig aus wie über den Alten Kontinent.

Auf der einen Seite stand also das oberflächliche und leere Glück, auf der anderen das reiche und tiefe Unglück ...

Das ist jedoch falsch. Auch Philippe Delerm weist darauf hin, wenn er schreibt, dass Glück in seinen Augen einfach *leicht* ist, »das Gegenteil von schwer, nicht das Gegenteil von tief«. Im 19. Jahrhundert hatte auch der Hass auf das »Glück der Massen« seine Geburtsstunde, und keiner verkörperte ihn besser als Friedrich Nietzsche, für den ein solches Glück das erbärmliche Ziel schwacher Menschen darstellte. Zu seiner Entlastung muss man aber auch anmerken, dass der große Philosoph ein zutiefst gequälter und unglücklicher Mensch war.

Trotz alledem hatte sich das zarte Pflänzchen Glück gut entwickelt. Die großen revolutionären Strömungen machten sich den Begriff zunutze, auch wenn Marx und andere meinten, dass der Mensch erst nach einer politischen Befreiung, der Revolution also, sein Glück finden könnte.

Seither ist das Thema Glück nie wieder in der Versenkung verschwunden. Aber welche Kämpfe mussten dafür ausgefochten werden!

Streitgespräche über das Glück: Wenn ich das Wort GLÜCK höre, ziehe ich meinen Revolver

Du bist glücklich, du bist im Unrecht.

PHILIPPE DELERM

»Glück: Man wettere dagegen.« So ein Eintrag hätte in Flauberts *Wörterbuch der Gemeinplätze* stehen können, zumal dieser Autor, wie wir noch sehen werden, mit dem Glück so seine Schwierigkeiten hatte.

Das Thema Glück ruft viele leidenschaftliche, keinen Widerspruch duldende Reaktionen hervor. Mit einigen Freunden hätte ich mich beinahe zerstritten, nachdem sie erfahren hatten, dass ich ein Buch übers Glück schreiben wollte. Andere versuchten, mich aus ihren Kreisen auszuschließen, weil ich mich auf ein so banales und zugleich anmaßendes Thema einließ.

Glück ist ein Gegenstand, an dem sich eher die Leidenschaft als die Vernunft abarbeitet. Das trifft besonders auf Menschen zu, die dem Glück misstrauen. Es fehlt wirklich nicht an Anklagepunkten, und ich habe mir einmal den Spaß gemacht, diese Vorwürfe aufzulisten. Hier sind sie, die sieben Todsünden des Glücks:

Sünde Nr. 1: Glück verweichlicht die Menschen und macht sie mittelmäßig.

In einem Brief an Jules Janin regt Baudelaire sich richtig auf: »Sie sind also *glücklich*. Ich finde es beklagenswert, mein Herr, dass Sie so schnell glücklich sind. Wie tief muss ein Mensch gesunken sein, um sich für glücklich zu halten! … Ich bemitleide Sie und finde meine schlechte Stimmung vornehmer als Ihre Glückseligkeit!«

Flauberts Attacken gegen das Glück können sich damit durchaus messen: »Es gibt Befriedigungen des Bürgers, die ekelhaft sind, und es gibt diese ordinären Glücke, deren Vulgarität mich anwidert.«[13]

Die zwanghafte Furcht vor Mittelmäßigkeit war anscheinend mit die wichtigste Motivation für derartige Kritik. Man kann sich fragen, ob in dieser Haltung nicht sowohl Ohnmacht (»Ich schaffe es nicht, mich glücklich zu fühlen«) als auch Überheblichkeit (»Ich bin den anderen überlegen«) liegen und zu solch einem Werturteil führen (»Also sind die Glücklichen aus furchtbar banalen Gründen glücklich«).

Aber streng genommen wirft diese Kritik tatsächlich drei Fragen auf: Welche Beziehungen gibt es zwischen Glück und Selbstzufriedenheit, Glück und Mittelmaß sowie Glück und Kreativität?

Muss Glück zu Selbstzufriedenheit führen? Natürlich kann das vorkommen, aber geschieht es zwangsläufig? Und sollten Leiden und Schwermut in dieser Hinsicht besser abschneiden als Glück und Wohlbefinden? Kleinliches Verhalten und Selbstgenügsamkeit finden sich bei griesgrämigen Leuten genauso wie bei glücklichen!

»Mir scheint, dass es eine Verbindung zwischen Glück und Mittelmaß gibt«, schreibt der Essayist Pascal Bruckner in seinem kritischen Essay *Verdammt zum Glück*.[14] Um glücklich zu sein, muss man tatsächlich das richtige Maß finden zwischen intensiver Beschäftigung und Zwanghaftigkeit, zwischen Konzentration aufs Selbst und Öffnung zur Welt hin. Aber es hängt alles davon ab, welche Vorstellung man vom goldenen Mittelweg hat und ob man sich mit laschem Mittelmaß begnügt oder nach einem subtilen Gleichgewicht strebt: »Auch die goldene Mitte ist ein Extrem, aber eines der Höhe; sie ist ein Gipfel, eine Vollendung, wie ein Bergkamm zwischen zwei Abgründen oder ein Passweg zwischen zwei Sümpfen.«[15] Sicher besteht die Kunst des

Glücklichseins darin, das richtige Maß zu finden, aber es ist nicht das Mittelmaß.

Bleibt noch die Frage nach der Beziehung zwischen Glück und Kreativität. Für Marcel Proust ist Glück zwar »heilsam für den Körper, doch der Kummer ist es, der die Kräfte des Geistes entwickelt«. Die Vorstellung vom schöpferischen Potenzial des Leidens und von einem Wohlbefinden, das in Nutzlosigkeit und bleierne Schwere mündet, ist klassisch geworden. »Überall erblicke ich nur Anlässe zur Zufriedenheit, und doch bin ich nicht zufrieden ... Ich bin allzu glücklich, und Glück langweilt mich«, lässt Jean-Jacques Rousseau in der *Neuen Heloise* seine Heldin Julie sagen.

Als Psychiater habe ich jedoch zu viele leidende Personen gesehen, deren Schmerzen nicht im Geringsten zu höherer Kreativität führten, um diesen Standpunkt uneingeschränkt teilen zu können. (Oft war es ganz im Gegenteil so, dass die Kreativität erst wiederkehrte, wenn das Leiden überwunden war.) Ich glaube, dass man hierbei den Zustand des inneren Friedens (keinen Mangel leiden) mit dem der Übersättigung (keine Lust oder Motivation mehr verspüren) verwechselt. Der innere Friede bringt keinen Motivationsverlust mit sich, sondern eher ein geschärftes Urteilsvermögen. Und wir Menschen können uns auch auf andere Weise zum Handeln motivieren als durch Mangelerfahrungen und Leid.

Sünde Nr. 2: Glück macht egoistisch.

»Er war also glücklich, und nichts auf der Welt bekümmerte ihn.« Mit diesen Worten beschreibt Flaubert Charles Bovary, einen durchschnittlichen Mann, der aber aufrichtig verliebt ist in seine Gattin, die unglückliche und unbefriedigte Emma.

Weil Glück eine gewisse Selbstreflexion erfordert und ein Gefühl des Friedens erzeugt, wird ihm Egoismus vorgeworfen. Rousseau schrieb zwar zu Recht, dass »uns das Glück uns selbst näher bringt«, aber diese Annäherung ans eigene Ich ist nicht gleichbedeutend mit Egoismus.

Die meisten wissenschaftlichen Arbeiten zu diesem Thema haben das genaue Gegenteil ergeben[16]: Eine positive Stimmung zieht erhöhte Aufmerksamkeit für die Umgebung nach sich (»externer Fokus«), während die negative Stimmung eine gesteigerte Konzentration auf die eigene Person hervorruft (»interner Fokus«).

So steigert zum Beispiel Wohlbefinden das uneigennützige Handeln in sehr unterschiedlichen Bereichen. Bei einem Test versetzte man freiwillige Versuchspersonen in gute Laune, indem man sie bei einem Spiel gewinnen ließ oder sie bat, sich an schöne Erlebnisse zu erinnern. Hinterher waren sie eher zum Blutspenden bereit[17] oder gaben karitativen Einrichtungen eine größere Geldsumme.[18] Interessanterweise hatte dieses uneigennützige Verhalten keinen »Opfercharakter«, wurde also nicht durch irgendwelche Schuldgefühle motiviert. Der Altruismus wächst parallel zur Sorge um die eigene Person: Je glücklicher man ist, desto eher bekommt man Lust, anderen zu helfen, aber desto mehr Aufmerksamkeit und Respekt erweist man auch sich selbst.[19]

Trotz solcher Forschungsergebnisse halten sich noch immer zählebige Vorbehalte gegen das Glück: Wie kann man glücklich sein, wo es auf der Welt doch so viel Unglück gibt? Die Heldin eines Theaterstücks von Jean Anouilh hat genau dies ausgesprochen: »Wenn ich auch schummeln und mit aller Kraft die Augen zusperren würde, irgendwo gäbe es immer einen verlorenen Hund, der mich am Glücklichsein hindert.«[20] Solcherlei Kritik wirft gleich mehrere Fragen auf: Ist die Schwierigkeit, glücklich zu werden, wirklich so klar und eindeutig mit übergroßem Altruismus verbunden? Sind solche Begründungen manchmal nicht bloß Ausreden, und hat die Unfähigkeit, glücklich zu sein, ihre Ursachen nicht eher im Einzelnen als im Zustand der Welt?

Aber es stellt sich auch eine grundlegende Frage: Muss man sich überhaupt dafür rechtfertigen, glücklich zu sein? Hier werden wir an das Problem erinnert, das sich aus der Existenz Gottes ergibt: Wenn Gott existiert, wie soll ich dann erklären, dass er Unglück und Leid, Grauen und Ungerechtigkeit geschehen lässt? Die Christen haben diese Frage natürlich seit jeher debattiert und schließlich sogar zu einem speziellen Wort des Philosophen Leibniz gegriffen. Die »Theodizee« ist die Gesamtheit aller Argumente, mit denen man die Existenz und die Güte Gottes rechtfertigen kann, obwohl es so viel Böses auf der Welt gibt. Müssen wir vielleicht erst ein Wort wie »Eudämonodizee« erfinden (eine Zusammensetzung aus den griechischen Wörtern *eudämonia*, »Glück«, und *diké*, »Gerechtigkeit«), um zu rechtfertigen, dass Glück eine Realität ist und viele Vorzüge hat?

Sünde Nr. 3: Glück macht ängstlich und unglücklich.

Die Verfechter dieser These glauben, dass wir vom Recht aufs Glück zur *Pflicht*, glücklich zu sein, abgedriftet sind. Was einst bloß wünschenswert war, sei auf schleichende Weise allgemeinverbindlich geworden, und inzwischen sei Glück ein neuer Zwang und eine zusätzliche Diktatur. »Die Verpflichtung zur Euphorie«[21] soll sich zum Schönheitswahn und zum Leistungsdruck gesellt haben.

Flaubert (schon wieder er!) behauptet: »Glück: Hast du einmal überlegt, wie viele Tränen das schreckliche Wort schon hat fließen lassen? Ohne dieses Wort würde man ruhiger schlafen und ungezwungener leben.« Maurice Maeterlinck merkte dazu nüchterner an: »Glücklich zu sein heißt, die dem Glück innewohnende Beunruhigung überwunden zu haben.«

Um ein glückliches Leben zu führen, muss man tatsächlich akzeptieren, dass Glück immer nur phasenweise auftritt;

man muss aus dem Glück nicht das Zentrum, sondern den inneren Impuls seines Daseins machen. Glück ist ein Ziel – zur Zwangsvorstellung soll es nicht werden. Unter dieser Bedingung wird es eher zu unserer Entfaltung beitragen, als dass es uns knechtet, und es wird uns unbestreitbar ein Bedürfnis werden. Selbst ein so eingefleischter Pessimist wie Cioran gelangte voller Verwunderung zu folgendem Schluss: »Glück und Unglück machen mich gleichermaßen unglücklich. Wie kommt es nur, dass ich das Erstere bevorzuge?« Als hätte man zwischen zwei Übeln zu wählen ...

Sünde Nr. 4: Die Idee des Glücks ist eitel, irreführend und trügerisch.

»Fürchten Sie sich nicht vor dem Glück; es existiert nicht.« Michel Houellebecq versucht in all seinen Büchern, den Leser davon zu überzeugen, dass der Mensch nicht glücklich werden kann.[22] Ans Glück kann man sich nur durch die Liebe annähern, aber mit der Liebe geht es immer schlecht aus, und in Houellebecqs Romanen nehmen die Liebesbeziehungen sogar ein tragisches Ende. Der Autor des verhinderten Glücks lässt in seinem Roman *Plattform* die folgende Diskussion stattfinden:

»›Das Glück ist eine heikle Sache‹, sagte er in belehrendem Ton, ›es ist schwierig, es in uns selbst, und unmöglich, es anderswo zu finden.‹ Nach ein paar Sekunden fügte er mit strenger Stimme hinzu: ›Chamfort.‹ Lionel betrachtete ihn bewundernd, er schien völlig von ihm fasziniert zu sein. Der Ausspruch kam mir fragwürdig vor: Wenn man ›schwierig‹ und ›unmöglich‹ gegeneinander austauschte, kam man der Wirklichkeit vielleicht etwas näher; aber ich hatte keine Lust, das Gespräch fortzusetzen, es war dringend nötig, wieder zu der normalen touristischen Situation zurückzufinden.«[23]

Houellebecq hat in Sachen Glück zwei Grundüberzeugungen: Erstens ist es unmöglich, glücklich zu werden, und zweitens könnte man dem Glück nur in der Liebe näher kommen. So meint er auch, dass sich unser Streben nach Klugheit und Selbstständigkeit mit dem Glück schlecht vereinen lässt, vor allem bei den Frauen der postfeministischen Generation: »Natürlich verschlossen sie sich damit jeder Möglichkeit des Glücks – da dieses untrennbar mit Zuständen regressiver Verschmelzung verbunden ist, die mit dem praktischen Gebrauch der Vernunft ganz unvereinbar sind –, aber sie hofften, auf diese Weise dem sentimentalen, moralischen Schmerz zu entgehen, der ihre Vorgängerinnen so gequält hatte.«[24]

Die Suche nach dem Glück soll also nur in Leid oder einem Gefühl der Leere münden. So bemerkte auch François Mauriac: »Es gibt Menschen, in die sich das Glück verbeißt, als wäre es das Unglück, welches es im Grunde auch ist.« Aber statt auf die angebliche Unmöglichkeit machen uns solche Standpunkte eher darauf aufmerksam, wie extrem schwierig es für manche Menschen ist, das Glück zu erlangen oder auszukosten. So sind sie bisweilen versucht, ihrem eigenen Lebensweg universelle Gültigkeit zuzusprechen.

Sünde Nr. 5: Glück ist zum Marketingartikel geworden.

Von all den Verwendungszwecken, die unsere Gesellschaft für das Glück hat, ist einer wohl am ärgerlichsten: die Werbeindustrie hat sich des Glücks bemächtigt. Der amerikanische Schriftsteller Henry Miller sprach 1954 unverblümt vom »klimatisierten Albtraum«, um den glatten und materialistischen *american way of life* der Nachkriegsjahre zu charakterisieren (der übrigens in weiten Teilen unserem heutigen Lebensstil entspricht). Man kann sich natürlich fragen, ob die Klimaanlagen etwas dafürkönnen und ob es nicht auch »unklimatisierte Albträume« gibt, die genauso schwer zu ertragen sind. Auf jeden Fall haben die Glücksverheißungen und die verlogenen Rezepte zum Erlangen des Glücks, wie sie über die Werbung pausenlos auf uns einprasseln, tatsächlich etwas Widerwärtiges und ganz sicher eine vergiftende Wirkung.

Aber wir sollten das Kind nicht mit dem Bade ausschütten. Es ist besser, gegen die Abwege und Irreführungen zu kämpfen (vom »Glück« in Kommerz und Werbung haben wir ja schon gesprochen), als ganz darauf zu verzichten, über das Glück zu sprechen und nachzudenken und auch entsprechend zu handeln.

Sünde Nr. 6: Glück ist das neue Opium für das Volk.

Ist Glück politisch gefährlich?

Erste potenzielle Gefahr: »Ihr Armen und Geknechteten, das Glück existiert nur im Kopf. Akzeptiert eure Lebensumstände und schraubt lieber eure Erwartungen zurück, als dass ihr nach Veränderung strebt.« Wenn Glück nicht vom Reichtum oder dem sozialen Rang abhängt, bringt es einem schließlich auch nichts, den Platz der Mächtigen einnehmen zu wollen oder wenigstens zu versuchen, ihnen ein paar Privilegien zu entreißen ... Sollte Glück ein neues »Opium für das Volk« sein? Sollten sich bei glücklichen Menschen jeder Rebellionsgeist und jeder Sinn für Kritik in Wohlgefallen auflösen? Dann würde die Manipulation des Glücks eine bessere soziale Kontrolle ermöglichen. Die einer solchen Haltung zugrunde liegende Ideologie lässt sich auf einen simplen Nenner bringen: »Bescheiden wir uns mit unserem Schicksal.« Imre Kertész, der Literaturnobelpreisträger des Jahres 2002, verwendete den Ausdruck »dem Glück in die Falle gegangen«, um die Risiken des Motivationsverlusts zu beschreiben, die seiner Ansicht nach mit einer Hingabe ans Glück verbunden sind.[25] Auch Rimbaud meinte: »Glück ist ein Desaster.« Wenngleich das für künstlerische Kreativität manchmal zutrifft, lässt es sich nicht unbedingt auf politische Forderungen anwenden. Über das Glück kann man nicht endlos Lügen verbreiten: Wenn ein unglückliches Volk sich nicht auflehnt, dann meist, weil es Angst hat, und nicht, weil es sich für glücklich hält.

Zweite Gefahr: »Man muss das Volk glücklich machen, selbst wenn es nicht danach verlangt hat.« Die meisten Diktaturen haben es sich zum Ziel gesetzt, ihre Bürger über kurz oder lang glücklich zu machen: »Da wir ihnen das Glück versprechen, können sie ruhig die paar mehr oder minder qualvollen und blutigen Unannehmlichkeiten ertragen, die der große Sprung nach vorn mit sich bringt ...« Wozu das geführt hat, wissen wir ja. Auch in vielen literarischen Texten wird eine nicht allzu ferne Zukunft beschrieben, in der das menschliche Glück systematisch erzeugt wird, vor allem mit Hilfe diverser chemischer Substanzen. So geschieht es in *Schöne neue Welt* von Aldous Huxley oder in *Ein unerträgliches Glück* von Ira Levin (dem Autor des berühmten Buches *Rosemaries Baby*). Demokratien begnügen sich damit, das Wohlbefinden ihrer Bürger bestmöglich zu sichern, aber ums Glück müssen sich die Menschen dann selber kümmern. Dieser Ansatz ist vernünftiger ...

Sünde Nr. 7: Glück ist einfach banal.

Die sechs genannten Kritikpunkte beruhen allesamt auf ehrenhaften und annehmbaren Prämissen. Und sie haben den Vorteil, uns gegenüber möglichen und meist auch realen Abwegen wachsam bleiben zu lassen. Hinter vielen Vorwürfen scheint jedoch noch ein anderer Antrieb zu stehen: Glück und Glückssuche sind einfach nicht *chic*. Sie sind sogar geradezu vulgär und taugen höchstens fürs Volk und die Kleinbürger.

Wie konnte es so weit kommen?

Glück und Klassenkampf

> *Wir sind niemals glücklicher, als wenn wir mit unseren Scherzen das Dienstmädchen zum Lachen gebracht haben.*
>
> JULES RENARD

Der aufmerksame Leser wird es schon längst bemerkt haben: Flaubert hegte einen Groll gegen das Glück. Sein Freund Maxime Du Camp machte ihm deswegen Vorwürfe: »Du hast alle ersehnten Bestandteile des Glücks in deiner Hand, ganz nahe bei dir, und doch bist du nicht glücklich.« Flaubert gestand das ein: »Es ist seltsam, mit wie wenig Glauben ans Glück ich geboren wurde.« In den Irrungen und Wirrungen der Madame Bovary kann man diese Schwierigkeiten des Autors wiederfinden, der ja eingeräumt hatte: »Madame Bovary, das bin ich«. So heißt es im Roman: »Das Glück, das dieser Liebe hätte entspringen sollen, war nicht eingetroffen; sie musste sich wohl getäuscht haben, dachte sie. Und nun wollte Emma herausfinden, was man im Leben genau unter den Worten *Glückseligkeit, Leidenschaft* und *Liebestrunkenheit* verstand, die sie in den Büchern so schön gefunden hatte.« Das bürgerliche Glück (übrigens das einzige, das Flaubert wirklich von innen heraus beobachten konnte) war also eine der Zielscheiben des Autors.

Aber auch die Glücksmomente des einfachen Volkes sind schon analysiert und beschrieben worden. In seinem Werk *Die kleinen Leute* rehabilitiert der Anthropologe Pierre Sansot[26] diese Glücksvorstellungen und betont den »edlen Charakter« des Glücksstrebens in den einfachen Schichten:

die Bälle zum Nationalfeiertag, die Durchfahrt der Tour der France durch eine Stadt, die sonntägliche Mahlzeit, Ferien auf dem Campingplatz, Basteleien ... »Es ist wahrscheinlich besser, Größe im Geringen zu manifestieren, als unentschlossen zu bleiben, plump, lächerlich und unfähig zu einer schönen Geste der Leichtigkeit.«

Sollte es je nach Klassenzugehörigkeit unterschiedliche Arten von Glück geben? Und könnten diese Unterschiede teilweise erklären, weshalb sich die Vorstellungen über das Glück und die Herangehensweisen an dieses Thema so und nicht anders entwickelt haben? Greifen wir also noch einmal unsere knappen historischen Orientierungsmarken auf und betrachten wir sie jetzt unter dem Gesichtspunkt der Klassenkämpfe.

Drei Etappen in der Geschichte des Glücks

Erste Etappe: Von der Antike bis in die Renaissance galt Glück als etwas Erstrebenswertes; es war die Angelegenheit der Weisen, der Philosophen, der Gebildeten und Aristokraten, während man das Vergnügen als vulgär ansah (das Volk begnügt sich mit Brot und Spielen, *panem et circenses*).

Zweite Etappe: Durch die französische Revolution und den amerikanischen Unabhängigkeitskrieg, beide vorbereitet von den sozialen Veränderungen des 18. Jahrhunderts, wurde das Recht auf Glück für alle Bürger eingefordert. Das Glück sollte unter den Menschen aufgeteilt werden.

Dritte Etappe: Ab dem 19. Jahrhundert wurde das Glück vulgär und das Vergnügen chic, zumindest in mancher Leute Augen. Das allgemeine Streben nach Glück und Entfaltung der Persönlichkeit erreichte ein in der bisherigen Menschheitsgeschichte nie gekanntes Ausmaß. Dies erweckte bei den intellektuellen Eliten jedoch zunehmend Misstrauen. Nietzsche schrieb etwa: »›Wir haben das Glück erfunden‹ –

sagen die letzten Menschen und blinzeln.« Und der geniale Dandy Oscar Wilde gestand ein: »Das Glück habe ich niemals gesucht – wer strebt schon nach Glück? Ich habe das Vergnügen gesucht.« André Gide hatte das Phänomen klar erkannt: »Freude erschien als vulgär, als Zeichen einer allzu guten und plumpen Gesundheit ... Wer traurig war, bewahrte sich das Privileg der Spiritualität und somit der Tiefgründigkeit.«

Glück und soziale Unterschiede

Sollte die Zurückweisung des Glücks daher rühren, dass Glücksstreben inzwischen zum Volkssport geworden ist? Das wäre wirklich ärgerlich ... Einige aktuelle Beispiele scheinen dies jedoch zu belegen. In den vergangenen Jahren fanden in den sogenannten »intellektuellen« Medien Frankreichs unangemessen heftige Attacken auf Philippe Delerm und seine Bücher (etwa *Der erste Schluck Bier*) statt. Delerms Texte widmen sich den kleinen Glücksmomenten des Alltags – jenen Spielarten von Glück, die allen offen stehen und weder ein dickes Bankkonto noch große kulturelle Vorbildung erfordern.

Noch heftiger und verrückter waren die Angriffe gegen den Film *Die fabelhafte Welt der Amélie* (2001) von Jean-Pierre Jeunet.[27] Der Film erzählte in Bildern, die einem Traum entsprungen zu sein schienen, die Geschichte einer jungen Frau, die den schlichten Wunsch hat, die Menschen in ihrer Umgebung glücklich zu machen.

War diese Aggressivität gegen die Ideen gerichtet, die Delerms Bücher und Jeunets Film transportierten, oder zielte sie eher auf den phänomenalen Erfolg dieser Werke? (Der Erfolg der einen ist nämlich nicht immer das Glück der anderen.) Auf jeden Fall enthüllte sie, dass Glück und die verschiedenen Sichtweisen darauf paradoxerweise einen der herrlichsten Anlässe zu Zank und Streit abgeben, den man sich nur vorstellen kann ...

Das Grundproblem ist wahrscheinlich, dass Glück die Einzigartigkeit eines jeden Individuums auszulöschen scheint. Das würde auch erklären, weshalb es so wenig gelungene Romane über das Glück gibt[28], denn für einen Roman braucht man notgedrungen stark individualisierte Figuren. Sollten sich die Menschen also eher in ihren Leiden unterscheiden als in ihren Freuden? Das denken zumindest viele Intellektuelle, deren Hauptsorge es ist, sich von der Masse abzuheben.

Sicher strebt jeder Mensch nach Anerkennung. Manch einem genügt es jedoch, wenn man seine Konformität anerkennt, seine Ähnlichkeit mit den Mitmenschen. Andere wollen unbedingt in einer herausgehobenen Position anerkannt werden; ihnen ist es wichtig, nicht so zu sein wie die Übrigen.[29] In einer Gesellschaft, welche die Suche nach dem Glück überbewertet und die große Mehrheit der Menschen glücklich zu machen verspricht, haben die Verfechter einer elitären Anerkennung nun einmal keine andere Wahl, als das Glück zu kritisieren und von sich zu weisen ...

Die Klischeevorstellungen über das Glück liegen nicht immer dort, wo man sie erwartet

Der wahre Rebellionsgeist liegt darin, das Glück in diesem Leben zu suchen.

HENRIK IBSEN

»Gewiss steht es jedem frei, sein eigenes Glück zu verachten, aber wer das Glück der anderen verachtet – und manchmal sogar aktiv –, ist eher dumm als bösartig. Dummheit jedoch schadet dem Glück.«[30] Vielleicht gilt ein Satz, den man oft in der Kantine hört, auch für das Glück:

»Wenn Sie es nicht mögen, verleiden Sie es wenigstens nicht den anderen!«

Diderot meinte, dass die Theorien übers Glück immer nur die persönliche Geschichte der Leute erzählen, die sich solche Theorien ausdenken. Aber können wir dieses Argument nicht mit noch größerer Stichhaltigkeit auf die Kritiker des Glücks anwenden? Wenn die »eudämonophobischen« Intellektuellen öffentlich bekunden, wie reserviert sie dem Glück gegenüberstehen, weiß man nicht, ob sie dabei nur von Vorsicht geleitet werden oder aber von heimlicher Angst. Könnte es für manche vielleicht schmerzhafter sein, bei der Glückssuche zu scheitern, als dem Glück von vornherein zu entsagen? Oder spielt gar uneingestandene Eifersucht mit hinein? Wie viel Glauben verdienen diese »Menschen, die selbst niemals glücklich zu sein verstanden und jene nicht ausstehen können, die glücklich zu sein versuchen«[31]? Sogar unser guter Flaubert, der sein ganzes Leben lang die Vorstellung vom Glück gegeißelt hatte, sagte auf seine alten Tage voll Bedauern: »Ich bin feige gewesen in meiner Jugend. Ich hatte Angst vor dem Leben. Das rächt sich nun alles …«

Kämpfen die Verfechter des »Gegenglücks« denn, wie sie uns weismachen wollen, gegen eine wirkliche Diktatur, oder folgen sie einfach einer Modeerscheinung? Ein Wüten gegen das Glück ist genauso töricht wie der süßliche Ton gewisser Glückstraktate. Meiner Meinung nach ist es sogar noch sinnloser. Welche Botschaft können Werke über die Kunst, das Glück nicht zu suchen, letztendlich schon haben, selbst wenn sie so amüsant und gelungen sind wie die kürzlich erschienenen *Elf Lektionen, um sich sein Leben total zu verpfuschen*?[32] Der Philosoph Roger-Pol Droit bemerkte zu Recht: »Man fragt sich natürlich, ob diese Vergnügungen für reiche Leute auch nur das kleinste Lächeln bei einem Menschen hervorrufen, dem kein Glück droht, weil ihm die Last der Geschichte von vornherein nur ein verpfuschtes Leben zu bieten hat«.[33] Und wird nicht ein lasches und konformistisches Gerede à la *Nach dem Glück soll man nicht suchen* gerade zum Gemeinplatz unserer Epoche, zu einer stereotypen und unfruchtbaren Denkschablone?

Eines Abends hörte ich einer Gesprächsrunde über das Glück zu.[34] Eingeladen hatte man einen Philosophen, einen Psychoanalytiker und einen Theologen. Natürlich kritisierten sie die Vorstellung, man könne sein Glück suchen; sie waren dabei nicht besonders schlecht gelaunt, sondern sprachen einfach nur mit der ruhigen Gewissheit von Leuten, die etwas von der Sache verstehen. Als man jedoch die Zettelchen mit den Publikumsfragen eingesammelt hatte, war der Moderator ziemlich verlegen …

Viele Fragen zeigten nämlich eine gewisse Verärgerung und lauteten im Prinzip so: »Haben Sie mit dem Glück vielleicht persönlich ein Hühnchen zu rupfen, dass Sie die Glückssuche derart heruntermachen?« Die Gesprächsteilnehmer mussten also den Rückwärtsgang einlegen und erklären, dass sie nichts gegen das Glück hätten, sondern nur gegen den Zwang zum Glücklichsein.

Im Fernsehen hört man manchmal den Ausdruck »die Menschen da draußen«, wenn es um jene Menschen geht, die weder Stars noch Journalisten sind. Diese Menschen ohne Sonderstatus oder Medienglanz lieben eben einfach das Glück und die Vorstellung, glücklich zu sein.

Wie soll man sich nun also diesem aufrichtigen Glücksstreben gegenüber verhalten? Gewiss nicht schroff abweisend, sondern eher klug unterscheidend. Statt dass wir uns unnötig ins Glücklichwerden verbeißen (Glück braucht wenig Verbissenheit), sollten wir uns lieber die wirklich wichtigen Fragen stellen, vor allem die nach den Modellen für das Glück. Wir sollten über echtes und falsches Glück diskutieren und informieren, aber vor allem darüber sprechen, auf welche Weise man glücklich werden kann …

DRITTER TEIL

Das Glück aufbauen

Vor dem Glück sind wir nicht alle gleich.

Wie bei Reichtum und Talent gibt es auch hier Arme und Wohlhabende, Hochbegabte und schwache Schüler, Lebensläufe, die alles hergeben, und andere, die wenig zu bieten haben ...

Daher müssen wir jetzt über die Wege sprechen, auf denen man das Glück suchen und finden kann. Es gibt auf diesem Gebiet keine Dogmen oder unumstößlichen Gewissheiten. Aber es existieren Wegweiser, an denen sich jeder orientieren kann.

Alles beginnt mit zwei fundamentalen Fragen: Wie schafft man es, sein Unglück in Grenzen zu halten? Und wie entwickelt man nach und nach seine Befähigung zum Glücklichsein?

Kapitel 7
Wie man sich nicht selbst unglücklich macht

Wir sind nicht glücklich: Unser Glück ist nur das Schweigen des Unglücks.

Jules Renard

Das Wort »Unglück« bezeichnet einerseits ein äußeres Ereignis, das uns trifft, andererseits aber auch das innere Gefühl, welches daraus erwächst. Bei manchen schweren Schicksalsschlägen (Trauerfall, Krankheit, Ruin, Gewalttaten etc.) verengt sich der subjektive Spielraum praktisch auf Null. Man verspürt dann enorme Unglücksgefühle, und es stellt sich nur noch die Frage der Resilienz, der Widerstandsfähigkeit: Wie kann man es überstehen und vor allem, wie lebt man hinterher weiter? Von solchen schlimmen Unglücksfällen wollen wir hier nicht sprechen, denn wir sind schon im zweiten Kapitel auf sie eingegangen. Jetzt möchten wir uns eher mit dem Unglück beschäftigen, das stärker von unserer subjektiven Einstellung abhängt, das wir teilweise selbst fabrizieren oder aufblähen, und mit den Möglichkeiten, solchem Unglück die Stirn zu bieten.

Wir alle wollen glücklich sein, aber an manchen Tagen müssen wir erst einmal der Schwermut entrinnen, dem Gefühl von Traurigkeit ohne ersichtlichen Grund. Für die meisten von uns – privilegierte Bewohner der westlichen Welt im beginnenden 21. Jahrhundert – ist nicht das »wirkliche Unglück« die größte Schwierigkeit; am Glücklichsein hindern uns eher die vielen kleinen Wunden, die uns das Alltagsleben schlägt: Stimmungseinbrüche, Kummer und Sorgen, Zorn und Ressentiments …

Wie wappnet man sich gegen solch häufig auftretende Probleme, in denen geringfügige, aber hartnäckige Unglücksgefühle ihren Nährboden finden? Und wie schafft man es, dieses negative Gefühl am Ausbrechen zu hindern oder wenigstens nicht ewig andauern zu lassen? Manchmal sind wir nämlich unseres eigenen Unglücks Schmied …

Die Versuchung des Unglücks

Das Leben ist ein kleines, mieses und teures Restaurant. Und außerdem ist es noch zu kurz.

WOODY ALLEN

Amélie erzählt: »Ich lebe nicht, ich überlebe einfach nur. Ich genieße mein Dasein nicht; im Kopf bin ich immerzu blockiert, meine Beziehung zum Glück steht auf wackligen Füßen. Da gibt es immer etwas, das klemmt, immer irgendeinen Kummer, über den ich nachgrübele, immer ein Unglück, das in der Nähe lauert. Am schlimmsten ist dabei mein Gefühl, dass alles aus mir selbst kommt. Am Ende überzeuge ich mich jedes Mal, wie unglücklich ich doch bin; ich lasse mich ohne Widerstand vom Trübsinn überfluten und schlüpfe mühelos in die Rolle einer Person, der vom Leben übel mitgespielt wird. Manchmal bin ich ohne erkennbaren Grund traurig. Ein andermal sind wirkliche Sorgen der Ausgangspunkt, aber sie nehmen schnell übertriebene Ausmaße an. In beiden Fällen habe ich das Gefühl, dass ich dem Lockruf der Schwermut nicht widerstehen kann. Als würde ich in irgendeinem Winkel meines Gehirns eine kleine Fabrik herumtragen, die immerzu Unglück produziert …«

Den Hang des Menschen zum Unglücklichsein hat man

schon oft beschrieben und verspottet. Der Psychotherapeut Paul Watzlawick, ein legendärer Vertreter der Schule von Palo Alto, verfasste in den achtziger Jahren eine köstliche *Anleitung zum Unglücklichsein.*[1] Zu diesem Thema gibt es also einiges zu sagen, und in den Sprechzimmern der Psychotherapeuten ertönt immer wieder die Geschichte von den Schwierigkeiten der Menschen, sich vom Unglück loszureißen.

Woraus setzt sich diese »Verlockung des Unglücks« zusammen? Man kann in ihr zwei wichtige Tendenzen beobachten:

- Die eine ist *emotionaler* Natur; sie besteht in der Neigung, sich der Niedergeschlagenheit hinzugeben (die Psychotherapeuten sprechen von »trauriger Gestimmtheit«).
- Die andere ist *psychischer* Natur und ist dadurch gekennzeichnet, dass man die Sorgen und Widrigkeiten des Alltags aufbläht.

Der erste Mechanismus ist an die Stimmung gebunden, die emotionale Grundfärbung, die stets in uns präsent ist. Aktuelle Studien haben bestätigt, dass die meisten Menschen gegen ein Versinken in negative Stimmungen ankämpfen müssen.[2] Dieser Kampf ist nicht immer einfach, und auch wenn wir wissen, dass man »sich nicht gehen lassen darf«, tun wir doch nicht immer das Nötige, um uns vom Trübsinn loszureißen, wenn er uns befällt.

Der andere Mechanismus ist von psychischer Art: Man verwandelt ein einfaches Hindernis in eine unüberwindliche Barriere, einen Misserfolg in ein entsetzliches Debakel, einen Zwischenfall in eine Katastrophe ... Dieses subjektive Aufbauschen von Alltagssorgen wurde durch viele Studien bei ängstlichen und depressiven Patienten festgestellt. Man hat diesen Mechanismus aber auch bei »normalen« Individuen nachgewiesen und gezeigt, dass er von großem Einfluss auf das subjektive Wohlbefinden und den persönlich wahrgenommenen Stresspegel ist.

Warum sind wir fürs Unglück so begabt?

Der Philosoph Alain pflegte zu sagen: »Pessimismus ist eine Sache der Stimmung, aber Optimismus ist Willenssache.« Es fällt stets leichter und kostet weniger psychische Energie, sich seinem Unglücksgefühl hinzugeben, statt es zu bekämpfen. Umgekehrt muss man sich leider meist anstrengen, um das Wohlbefinden *fortdauern* zu lassen.

Erklären lässt sich das zunächst aus individuellen Faktoren. Unter den Menschen ist die Befähigung zu emotionalem Wohlbefinden sehr unterschiedlich ausgeprägt. Manche dieser Differenzen sind biologischen Ursprungs (das so genannte Temperament), aber die meisten haben psychische Ursachen (in der Familie vorherrschende affektive und pädagogische Muster, biografische Ereignisse etc.).

Daneben gibt es jedoch Faktoren, die typisch für das ganze menschliche Geschlecht sind. Die Evolution förderte offenbar eine große Zahl negativer Emotionen, um unsere Überlebenschancen zu erhöhen.[3] Furcht steigert unsere Aufmerksamkeit für Probleme, Angst begünstigt das Flucht- oder Angriffsverhalten, Zorn schüchtert die Gegner oder Rivalen ein, Traurigkeit erweckt Mitleid und macht die Gruppe solidarisch.

Während sich die Natur also um unser Überleben gekümmert hat, war ihr unsere Lebensqualität ziemlich gleichgültig. Das Spektrum der positiven Emotionen und Stimmungen ist viel schmaler, störanfälliger und schwieriger zugänglich. Wohlbefinden ist gewissermaßen ein Luxus, den die Evolution nicht vorgesehen hat.

Und so müssen wir oftmals »daran arbeiten«, glücklich zu sein.

Warum sollte man gegen die Versuchung zum Unglücklichsein ankämpfen?

Wozu eigentlich die ganze Mühe? Wieso soll man der Natur nicht einfach freien Lauf lassen und so sein, wie man eben ist?

Na schön, warum eigentlich nicht ... Seit die Romantiker im 19. Jahrhundert diese Mode in die Welt setzten, gibt es durchaus ein »Vergnügen an der Melancholie« und sogar eine gewisse Anziehungskraft des Unglücks. Manchmal ist mit seelischem Schmerz ein bestimmtes Maß an Kreativität verbunden. Aber man sollte das nicht überbewerten, denn Angst und Unglück lähmen uns viel häufiger, als dass sie uns stimulieren würden.[4] Selbstverständlich kommt es auch hier auf die Dosis an. Wenn die negativen Emotionen und das Unglücksgefühl nur gelegentlich auftreten, nicht lange vorhalten und unseren Alltag nicht zu sehr beeinträchtigen, können sie durchaus von selbst wieder verschwinden. Aber der Flirt mit dem Unglück birgt gewisse Gefahren in sich, welche die Psychologie gerade zu erforschen beginnt.

Erster Nachteil: Wer nicht gegensteuert, fühlt sich länger unglücklich.

Lässt man seinen Unglücksgefühlen freien Lauf, riskiert man, dass sie länger vorhalten. Früher nahm man genau das Gegenteil an. Man glaubte an eine gewisse kathartische Wirkung der Emotionen: Indem man sich abreagierte, würde man sich angeblich von seiner Aggressivität befreien, und indem man sich beklagte, könnte man sein Leid lindern. Offenbar funktioniert es aber oft umgekehrt: Wer sich ständig beklagt und keine Reaktion erhält (für manche Lebensläufe oder bestimmte Psychotherapien ist das typisch), kann sich am Ende einreden, das ganze Leben habe ihm übel mitgespielt. Und wenn man aggressiven Spielen und Sportarten nachgeht oder auch nur dabei zuschaut, kann das ebenfalls das Risiko erhöhen, dass man sich hinterher erneut aggressiv verhält. Auch Unglück nährt sich aus sich selbst. Je mehr ich mich gehen lasse, desto länger dauert der unerfreuliche Zustand an.

Zweiter Nachteil: Wer sich nicht wehrt, verstärkt die negativen Gefühle.

Gebe ich mich meinem Unglücksgefühl so richtig hin, werde ich von einer bloßen Emotion (»Ich fühle mich unglücklich«) in eine umfassende Sichtweise hinübergleiten (»Mein ganzes Leben ist schrecklich«). Die Kognitionswissenschaftler nennen so etwas *emotionales Argumentieren*. Wenn ich mich ständig – selbst ohne genau feststellbaren oder triftigen Grund – traurig *fühle*, werde ich bald meinen, dass mein ganzes Leben oder sogar das Leben überhaupt traurig *ist*.

Eine aktuelle Studie über die Interaktionen zwischen Mutter und Kind[5] hat bestätigt, dass unsere Stimmung von beträchtlichem Einfluss auf unsere Weltsicht ist. Man bat 99 Mütter, an einem Experiment im Psycholabor teilzunehmen. Die Versuchsperson sollte sich zweimal fünfzehn Minuten zusammen mit ihrem zwei- bis fünfjährigen Kind in einem Zimmer aufhalten. In der zweiten Viertelstunde hatte sie jedoch ein anderes Programm zu absolvieren. Zunächst war der Mutter einfach nur gesagt worden, sie solle mit ihrem Kind spielen. In der zweiten Viertelstunde sollte sie dann Rechenaufgaben lösen und gleichzeitig aufpassen, dass ihr Kind nicht an die Spielsachen ging, die in einer Ecke herumstanden. Wir brauchen wohl nicht zu betonen, dass die zweite Versuchsbedingung den Stresspegel der Mütter anschwellen ließ. Nach jeder Sequenz beurteilten die Mütter ihren emotionalen Zustand und vor allem die allgemeine Qualität der Beziehung zu ihrem Kind.

Es zeigte sich, dass die Bewertung der Mutter-Kind-Beziehung nicht nur von den Persönlichkeitsmerkmalen der Mutter oder dem tatsächlichen Verhalten des Kindes abhing, sondern ebenso von der momentanen Stimmung der Mutter. Je gestresster sie war, desto nervtötender und lästiger fand sie ihr Kind. Der eigene emotionale Zustand hatte ebenso viel Gewicht wie das Verhalten des Kindes. Dieses Phänomen war schon bei früheren Untersuchungen aufgedeckt worden: dysphorische Mütter (also solche, die starke negative Emotionen verspüren) nehmen ihr Kind negativer wahr.[6]

Wenn aber der momentane Seelenzustand schon die Sicht einer Mutter auf ihr Kind beeinflussen kann, dann wird er wohl in allen anderen Lebenslagen erst recht seine Spuren hinterlassen!

Dritter Nachteil: Wer keine Grenzen setzt, begünstigt die Wiederholung des Unglücksgefühls.

Lässt man seiner Traurigkeit freien Lauf, bereitet man damit auch ihre Wiederkehr vor. Wohlbekannt ist dieses Phänomen bei Depressionen, wo es eine starke Neigung zu Rückfällen gibt, aber auch bei der traurigen Alltagsstimmung konnte es nachgewiesen werden. Je tiefer und anhaltender eine Emotion auftritt, desto leichter wird sie sich unter ähnlichen Umständen wiederholen. Dabei können die auslösenden Anlässe immer winziger werden.

Die kognitiven Therapeuten nennen so etwas *cognitive shift* (kognitive Verknüpfung): Die betroffene Person verliert bereits bei immer harmloseren Ereignissen ihre Nerven.[7] Wer seinen Unglücksgefühlen freien Lauf lässt, bereitet damit ihre glorreiche Rückkehr vor und riskiert, sie zum vorherrschenden »emotionalen Stil« zu machen.

So kann man – nach einem Wort des lateinischen Dichters Terenz – schließlich zum »Folterknecht seiner selbst«, zum

»Selbstquäler«, werden.[8] Ein wichtiger Ratschlag lautet also: Man sollte grundsätzlich versuchen, seinen Unglücksgefühlen und verdrießlichen Stimmungen nicht zu viel Raum zu gewähren und nicht zu sehr in Passivität, Grübeleien oder Klagen zu versinken.

Verdrossenheit, Schwermut und trübe Stimmung: Wolken beschatten das Glück

Jeanne erzählt: »Es gibt Tage, wo ich schon beim Aufwachen merke, dass es mies laufen wird. Ich habe nur traurige Gedanken oder Sorgen im Kopf und fühle mich unglaublich empfänglich für Traurigkeit. In der Metro habe ich dann zum Beispiel den Eindruck, dass alle Leute unglücklich sind und ein genauso tristes Leben führen wie ich. Jeder Bettler zerreißt mir das Herz! Wenn ich mich nicht zusammennehme, wird es ein schrecklicher Tag, und ich versinke immer tiefer in meiner Traurigkeit – es sei denn, ich erfahre eine sehr gute Neuigkeit. Früher habe ich mich dieser schwebenden Melancholie einfach hingegeben. Heute habe ich keine Lust mehr, mich in meiner Schwermut zu aalen; ich habe genug davon erlebt. Wenn ich mich morgens so melancholisch fühle, nehme ich mir für den Tag vor, gegen meine trübe Stimmung anzukämpfen, sie nicht einfach zu akzeptieren, ihr nicht zu gehorchen, ihr so richtig zuzusetzen! Ich frage mich dann, weshalb ich mich so fühle. Habe ich vielleicht gute Gründe, Trübsal zu blasen?«

Wie soll man Traurigkeit genau definieren? Die Wörterbücher sprechen von einem »schmerzlichen, stillen Zustand«, von einer »Missstimmung, deren Ursache man nicht ausmachen kann und die einen darin hindert, sich an allem Übrigen zu erfreuen«[9]. In allen Sprachen und Kulturen gibt es zur Bezeichnung trauriger Stimmungen ein reiches Vokabular: im Deutschen spricht man von *Missstimmung,*

Ein Loblied auf die Depression?

Früher war man der Ansicht, körperliches Leiden müsse ertragen werden. Es sei ein Schicksal des Menschen und bereichere ihn sogar. Nicht nur, weil es damals weniger therapeutische Möglichkeiten gab, ließen die Ärzte ihre Patienten eher leiden als heute. Sie zögerten zum Beispiel, Morphium zu verabreichen, um die Schmerzen von Krebskranken im Endstadium zu lindern.

Inzwischen hat man eingesehen, dass uns das Leiden nicht größer macht und dass wir ihm mit schmerzstillenden Mitteln sogar mit mehr Menschenwürde begegnen können.

Bei seelischem Leid hat sich diese Einsicht noch nicht durchgesetzt. Lange Zeit hat man den Schmerz depressiver Menschen unterschätzt, und noch immer wird das Leid von Patienten mit Angsterkrankungen unterbewertet. Inzwischen verringert sich der Rückstand auf diesem Gebiet, aber hier und da kann man noch hören, wie die Vorzüge psychischen Leidens gepriesen werden. Manche Therapeuten sprechen sogar von den *Vorteilen* einer Depression.[10] Was soll man davon halten?

Gewiss kann uns das Gefühl, unglücklich zu sein, manchmal gute Dienste leisten: Es regt uns zum Nachdenken an, erinnert uns daran, dass Glück keine Selbstverständlichkeit ist, und macht uns bewusst, dass das Freisein von Schmerzen egal welcher Art bereits eine Form oder der Anfang von Glück ist. Aber das trifft nur für die ersten Augenblicke zu. Sollte das seelische Leid andauern oder sich wiederholen, verschafft es uns keine tieferen Einsichten, es sei denn, wir verfügen über außergewöhnliche psychische Ressourcen. Als Patient wird man die Depression wahrscheinlich erst loben, wenn man sie überstanden hat. Ein Therapeut hat da leicht reden, er steckt ja nicht in der Haut des Kranken …

La Rochefoucauld hat zu dieser ewigen Neigung, anderer Leute Leid zu unterschätzen, lakonisch angemerkt: »Wir besitzen alle Kraft genug, das Unglück anderer zu ertragen.«

Schwermut, Gram, Traurigkeit, Trübsal oder *Niedergeschlagenheit*, im Englischen von *spleen* oder *blues*, im Französischen von *morosité* oder *cafard …*

Diese Zustände sind im Allgemeinen eine Mischung aus wirklichen Ärgernissen und flauen Stimmungen. Zahlreiche wissenschaftliche Arbeiten[11] haben die *mood regulation* untersucht, die Mechanismen der Stimmungssteuerung. Für unser Glück spielen sie eine fundamentale Rolle. Im dritten Kapitel haben wir bereits über die positiven Stimmungen gesprochen, aber jetzt müssen wir auch auf die negativen eingehen, die zu allem Überfluss zahlreicher und vielgestaltiger sind.

Die eigene Stimmung (der emotionale Hintergrund unseres Bewusstseins) wird leicht übersehen. Hier haben wir wieder das berühmte »emotionale Argumentieren«: Fühle ich mich traurig, werde ich meinen, die ganze Welt sei ein trauriger Ort. Eine der Fragen, die einem Therapeuten am häufigsten gestellt werden, ist die nach dem Temperament (der Neigung, gewisse Stimmungen besonders leicht zu verspüren): »Wenn ich doch aber ein melancholischer Mensch bin? Kann man da überhaupt viel ausrichten?« Wie wir bereits erwähnten, bleibt die Stimmung bei ein und derselben Person tatsächlich relativ stabil (*set point*). Angesichts von günstigen oder unangenehmen Ereignissen kommt es zwar zu Ausschlägen nach oben oder unten, aber hinterher stellt sich meist wieder der Durchschnittswert ein.[12] Und wenn man keine persönlichen Anstrengungen unternimmt, bleibt dieser Wert tendenziell über Jahre hinweg stabil.

Es ist allerdings möglich, ihn auf lange Sicht zu verändern – durch eigene Bemühungen, Persönlichkeitsentwicklung oder Psychotherapien. Durch diese Arbeit am Selbst kann die »schlechte Stimmung« natürlich nicht ein für allemal aus der Welt geschafft werden; man kann aber lernen, mit solchen Stimmungen besser umzugehen.

Was kann man gegen Stimmungstiefs tun?

Die eigene Laune aufmerksam beobachten

Wir sollten unsere Stimmungen so ernst nehmen, wie sie es verdienen: nicht zu sehr (sonst denken wir, sie wären ein Spiegelbild der Realität, was nicht immer der Fall ist) und auch nicht zu wenig (sonst wären wir ständig der Spielball unserer Launen). Wie überall ist es auch hier einfacher, gleich am Anfang aktiv zu werden: Wir sollten über unsere traurige Stimmung nachdenken, statt uns ihr auszuliefern. Entweder hat unsere Melancholie äußere Gründe: Können wir da etwas ändern? Oder sie selbst ist das Problem: Wie können wir in diesem Fall ihre Ausbreitung hemmen? Anders gesagt: Wir sollten immer versuchen, unsere Stimmungen zu begreifen. Gibt es Gründe für unsere negative Seelenlage? Wenn ja, wie kann man mit diesen Ursachen umgehen? Wenn nein, wie bringt man die Schwermut wieder zum Verschwinden?

Realistisch bleiben

Man kann nichts dagegen tun, dass es negative Stimmungen gibt und dass sie in uns auftreten. Man kann jedoch dagegen ankämpfen, dass sie sich in eine Schicksalsneurose verwan-

Die Dysthymie

Neben den typischen depressiven Schüben gibt es eine Stimmungsstörung, die von den Fachleuten »Dysthymie« genannt wird (zusammengesetzt aus dem griechischen *dys-*, »Fehl-, verkehrt«, und *thymie*, »Stimmung«). An Dysthymie leidende Patienten weisen depressive Symptome auf, die zwar weniger stark ausgeprägt sind als bei der Depression, dafür aber chronisch auftreten: »Mir geht es nie so richtig schlecht, aber auch niemals richtig gut.« Eine Dysthymie beruht wahrscheinlich teilweise auf biologischen Grundlagen, denn sie spricht recht gut auf manche Antidepressiva an[13], aber sie kann auch psychotherapeutisch behandelt werden[14] oder durch eine Kombination aus beiden Methoden[15]. Unter unseren Patienten, die mit dem Glück ihre Mühe haben, leiden manche an Dysthymie. Aber aufgepasst: Die medikamentöse oder psychotherapeutische Behandlung der Dysthymie ist keine Garantie für nachfolgendes Glück. Sie ermöglicht es nur, dass man sich hinterher sein Glück selber schmiedet.

deln. Vor allem kommt es darauf an, gegen die Neigung zu Verallgemeinerungen vorzugehen: »Beginnt das schon wieder?«, »Immer dasselbe!« und so weiter. Wer so denkt, ist oft im Irrtum, und einen Gefallen tut er sich damit ohnehin nicht, denn es würde die traurige Stimmung nur noch verschlimmern. Wenn aber wiederholt dieselben Schwierigkeiten auftreten, ist es sinnvoller, mit ein wenig Abstand über dieses Problem nachzudenken und nicht, wenn die Stimmung gerade eingebrochen ist.[16]

Aktiv werden

Auch wenn es nicht gerade schmeichelhaft für unser Ego ist: Alle wissenschaftlichen Studien zeigen, dass man seine Stimmung eher durch Aktivität verbessern kann als durch Nachdenken.[17] Man muss also handeln, wenn es einem nicht gut geht. Schon wieder eine Binsenweisheit? Mag sein, aber im Alltag läuft es anders! Die meisten ängstlichen oder deprimierten Menschen machen nämlich genau das Gegenteil: Je schlechter es ihnen geht, desto mehr quälen sie sich, indem sie in Passivität verfallen, ihre Freunde nicht mehr besuchen oder ihren liebsten Hobbys und Freizeitbeschäftigungen nicht mehr nachgehen. Daraufhin geht es ihnen noch schlechter, und so schließt sich der Teufelskreis.

Es ist keine Selbstverständlichkeit, angenehme Dinge zu tun, obwohl es einem nicht gut geht. Man hat einfach keine Lust dazu. Aber alle verfügbaren Untersuchungen belegen, dass man diese Lust durch ein paar Anstrengungen zu Beginn wieder aktivieren muss (wie man einen Motor, den man abgewürgt hat, neu anwirft). Über das Ziel darf man sich keine Illusionen machen: Wenn es uns schlecht geht, sollen uns angenehme Beschäftigungen nicht gleich glücklich machen, sondern einfach nur verhindern, dass sich das Unglück verschlimmert oder dauerhaft in uns einnistet.

Aus dieser Perspektive heraus fragen kognitive Therapeuten ihre Patienten oft: »Was würden Sie Ihrem besten Freund empfehlen, damit sich seine Stimmung wieder aufhellt?« Das führt oft zu interessanten und stichhaltigen Überlegungen. Und dann fragen die Therapeuten: »Warum machen Sie es denn nicht selbst?« Das wiederum erfordert ein tiefer gehendes Nachdenken. Denn die meisten von uns sind es nicht gewohnt, sich selbst wie einen guten Freund zu behandeln!

Wie man im Experiment gute Laune erzeugt

Die Forscher in den Psychologielaboren greifen zu den unterschiedlichsten Techniken, um bei ihren Versuchspersonen positive oder negative Stimmungen hervorzurufen. (Dann kann man zum Beispiel untersuchen, ob die Stimmung einen Einfluss auf die mathematischen Fähigkeiten hat oder ob sie sich darauf auswirkt, wie wir über uns selbst und über Unbekannte sprechen.) Diese Techniken wurden natürlich auf ihre Wirksamkeit hin untersucht.[18] Hier die Hitparade der Tricks, mit denen man im Labor die Stimmung heben oder senken kann, wenigstens für 10 oder 15 Minuten. Entdecken Sie darunter auch einige Ihrer persönlichen Strategien?

(Die Zahlen bezeichnen den Wirkungsgrad. Je näher man der Zahl 1 kommt, desto stärker die Wirkung.)

Einen lustigen Film sehen	0,73
Ein Geschenk bekommen	0,38
Detailliert an angenehme Dinge denken*	0,36
Zu einem Erfolg beglückwünscht werden	0,33
Musik hören, die man mag	0,32
Eine angenehme Unterhaltung führen	0,27
In ein Gesicht blicken, das eine positive Emotion ausdrückt	0,19

* Der günstige Einfluss auf die Stimmung wächst noch, wenn man über diese angenehmen Dinge mit jemandem spricht, am besten mit einem Freund.

Kummer, Nöte und Besorgnis: Wenn das Leben nur noch aus Sorgen besteht

Wir sind doch alle Possenspieler: wir überleben unsere Probleme.

E. M. CIORAN

Annette erzählt: »Ich habe meine Eltern niemals glücklich erlebt. Dafür machten sie sich einfach zu viele Sorgen! Ich glaube wirklich, dass sich ihnen nie die Frage nach dem Glück gestellt hat; sie hatten das Gefühl, auf die Abwendung von Unglück so viel Energie verwenden zu müssen, dass sie von allen positiven Emotionen nur die Erleichterung kannten (›Uff, wir sind noch mal davongekommen!‹) und die Ruhe (›Na schön, jetzt können wir ein bisschen durchatmen!‹). Wenn ich bei meinen Freundinnen war, erlebte ich manchmal hedonistische Eltern, die sich *Zeit nahmen* oder eine lästige Hausarbeit *auf später verschoben*, um sich einen schönen Augenblick zu gönnen. In meiner Familie war so etwas unvorstellbar. Ich war also fasziniert davon, welches Glück diese Leute hatten; es kam mir so vor, als wären sie wirklich Glückspilze, von den Göttern reich beschenkte Menschen, wir anderen dagegen einfach gewöhnliche Sterbliche und damit unglückliche Leute. Am häufigsten hörte man von meiner Mutter einen Satz, der mir heute noch in den Ohren klingt: ›Mit all den Sorgen, die ich habe …‹ Als ich erwachsen wurde, hatte ich ihre Sichtweise natürlich übernommen. An der Universität haben mich die Zimmernachbarinnen oder meine Freunde wegen meiner Fixierung auf Sorgen aufgezogen. Eine meiner Freundinnen hat bei mir sogar eine ›Angstbulimie‹ diagnostiziert: Ich hatte wirklich richtige Krisen, bei denen ich bis zur Übelkeit alles, was irgendwie beunruhigend war, in mich aufsog. Und was bei der Bulimie das Erbrechen ist, waren bei mir die Tränen …«

Wie soll man glücklich werden, wenn man pausenlos mit Sorgen konfrontiert ist? Oder besser gesagt, wenn man sich mit diesen Sorgen konfrontiert *fühlt*?

Ein und dasselbe Ereignis wird von der einen Person als harmloses Missgeschick betrachtet, von der anderen als schreckliche Katastrophe wahrgenommen. Für manche ist ein widriges Geschick, was es eben ist: ein unangenehmer, aber unvermeidlicher Moment der Biographie, eine Unterbrechung des Glücks (Unglück als Situation, Unglück als Emotion). Vielen anderen Menschen aber liefert es den Vorwand für ein Herumgrübeln über das eigene unglückliche Los (Unglück als Konstruktion). Für manche schließlich ist es der Beweis dafür, dass Glück unmöglich oder illusorisch ist (Unglück als Sichtweise). Furcht und Beunruhigung zählen manchmal zu den größten Hindernissen auf dem Weg zum Glück. Und sie zementieren unsere Unfähigkeit, *leicht* zu leben.

Ängste zehren das Glück auf

Angstvolle Gedanken reiben uns auf und beeinträchtigen dadurch den Zugang zu Glücksmomenten. Durch sie fühlen wir uns ständig auf dem Sprung, und das ist unvereinbar mit der Entspanntheit und inneren Ruhe, wie sie mit dem Wohlbefinden verbunden sind. Übermäßig besorgte Menschen opfern das Wirkliche (die Chance, zumindest für einen Augenblick glücklich zu sein) dem Virtuellen (der unablässigen Wachsamkeit gegenüber potenziellen Problemen).

Furcht ist eine Sicht auf die Welt, eine Lesart der Umgebung: Man nimmt seinen Alltag so wahr, als sei er voller Bedrohungen, und verwendet den größten Teil seiner Aufmerksamkeit und Energie darauf, diese Bedrohungen im Auge zu behalten, sie vorwegzunehmen und die Gefahren abzuwenden. Eine kleine Dosis Furcht ist nützlich: Man achtet auf Probleme und bereitet sich darauf vor, ihnen gegenüberzutreten. Aber so wie es einen zu hohen Blutdruck gibt, obwohl der Blutdruck selbst ein normales und sogar lebenswichtiges Phänomen ist, gibt es bei zahlreichen Menschen auch einen zu hohen Angstpegel. Diese Störung kann chronisch sein oder nur vorübergehend auftreten. Zahlreiche psychische Mechanismen spielen hier eine Rolle:

- Wenn gar kein Problem sichtbar ist, zeigen diese Menschen eine übertriebene Wachsamkeit gegenüber Gefahren. Diese äußert sich im pausenlosen Überwachen der Umgebung und der unaufhörlichen geistigen Vorwegnahme von negativen Geschehnissen. Der Ängstliche denkt an die Gefahren, noch ehe sie auftreten, und lässt seiner Phantasie freien Lauf, indem er sich die schrecklichsten Katastrophenszenarios ausmalt. Diese ständige Vorwegnahme führt dazu, dass er das Hier und Jetzt nicht mehr genießen kann.

Ein Freund erzählte mir von seiner achtjährigen Tochter Bérénice, die solch ein ängstliches Temperament hat: »Es war am Sonntagmorgen, und ich kam mit Bérénice vom Markt zurück. Alles war in Ordnung, und wir sprachen über dies und das, als sie mich plötzlich fragte, ob wir eines Tages vielleicht ganz arme Leute sein würden. Und gleich darauf, ob es in unserem Land einen Krieg geben könnte. Als ich sie fragte, warum sie an solche Sachen dachte, erklärte sie, sie habe gerade einen zerlumpten Mann gesehen, und da habe sie an die Armut denken müssen. Außerdem sei gerade ein Flugzeug vorbeigeflogen, und da habe sie an Bomben und Krieg gedacht ... So ist Bérénice – selbst wenn alles glatt läuft, kommen Ängste in ihr hoch. Als könnte sie sich niemals richtig in die kleinen Glücksmomente des Alltags versenken ... Sie verbringt eine Menge Zeit damit, das Schlimme vorwegzunehmen.

Als sie noch kleiner war, durften wir ihr nichts versprechen, sonst dachte sie pausenlos daran und nervte uns mit ihren Fragen. Wenn wir ihr zwei Wochen im Voraus sagten, dass sie bei einer Mitschülerin zum Geburtstag eingeladen sei, fragte sie uns jeden Tag zehnmal, ob es bald so weit sei. Sie neigt dazu, sich zu verzetteln, von einer Aktivität zur nächsten zu flattern: Kaum hat sie mit einer Sache begonnen, denkt sie schon an die nächste. Sobald sie sich langweilt, fragt sie zum Beispiel, ob es nicht bald Mittagessen oder Kaffee und Kuchen gibt, obwohl sie gar keinen Hunger hat. Sie möchte einfach nur, dass die Zeit schneller vergeht. Wir müssen ihr helfen, ruhiger zu werden und den Moment zu genießen, denn sonst bringt sie gar nichts mehr zu Ende und hat an nichts Spaß.«

- Wenn tatsächlich Probleme auftauchen, sind bei übersteigerter Ängstlichkeit eine *Verstärkung* (jedes Ärgernis wird zur Katastrophe) sowie eine *distanzlose Fokalisierung* charakteristisch (man sieht nur noch die Probleme, so dass man von ihnen völlig überflutet wird). Das Denken des Ängstlichen ist seinem Wesen nach verallgemeinernd: Aus einem widrigen Ereignis fabriziert man sich ein ganzes unglückliches Schicksal. Und man wird durch seine Ärgernisse keineswegs nach und nach »immunisiert«. Jedes neue Malheur bestätigt einem vielmehr, wie glücklos, wie unglücklich man doch ist. Aus dem verzweifelten Kontrollbedürfnis der Ängstlichen erklärt sich ihre perfektionistische Sicht aufs Dasein: In ihren Augen hätten alle Ärgernisse und Widrigkeiten rechtzeitig vermieden werden müssen. Treten sie dennoch ein, hat man entweder nicht das Nötige getan, oder das Schicksal ist besonders grausam. In beiden Fällen muss man seine Wachsamkeit verdoppeln, damit es beim nächsten Mal anders kommt.

Folgendes erzählte mir ein Patient, der selbst ängstlich war (aber wenigstens wusste, weshalb): »Mit meiner Mutter war alles kompliziert. Sobald wir uns etwas vorgenommen hatten, zum Beispiel ein sonntägliches Picknick, begann ihre Angst zu arbeiten. Schon ab Montag musste man Proviant beschaffen, jedes Mal übergroße Mengen, denn man konnte ja nie wissen. Mein Vater musste ihr genau beschreiben, wohin es gehen sollte. Einfach ins Blaue aufzubrechen kam gar nicht in Frage; es gab ganz genaue Festlegungen. Zu viel Schatten durfte es nicht sein, die Kinder hätten sich erkälten können. Zu viel Sonne aber auch nicht, denn man hüte sich vor einem Sonnenstich (wir Kinder mussten sowieso zu allen Jahreszeiten Kopfbedeckungen tragen). Zu nahe an einer großen Straße durfte es nicht sein (wegen des Lärms und der Unfallgefahr), aber auch nicht zu weit weg (damit man schnell zum Arzt konnte, falls sich jemand schwer verletzen sollte). Schon zu Wochenmitte konnte sie nicht mehr richtig schlafen, weil sie an die enormen Gefahren dachte, die über unseren Häuptern schwebten. Wenn es nun wie verrückt regnete? Und wenn wir uns neben ein Hornissennest setzten oder neben einen Haufen Giftschlangen? Und wenn uns ein gigantischer Stau die Rückfahrt total vermieste? So ging es ewig weiter. Am Ende sagten wir ihr gar nichts mehr von unseren Plänen, aber das gefiel ihr auch nicht …«

Was kann man gegen Furchtgefühle tun?

Nachdenken, statt zu grübeln.
Was, nachdenken?! Aber die ängstlichen Leute denken doch immerzu an ihre Probleme, werden Sie sagen. Gewiss – daher ist es für sie auch keine Lösung, »nicht mehr dran zu denken«, wie es die Mitmenschen oft empfehlen. Zunächst einmal würde das gar nicht funktionieren, denn Sorgen kommen immer wieder an die Oberfläche. Und dann wäre

es auch nicht effizient: Die Sorgen einer ängstlichen Person haben stets ein Minimum an berechtigten Grundlagen und einen gewissen Realitätsgehalt, es sind nicht einfach Wahnvorstellungen.

In der Therapie helfen wir unseren Patienten, *besser* über ihre Probleme nachzudenken, denn Furcht ist meist das Ergebnis von vagen und unproduktiven Grübeleien. Der Ängstliche denkt an einen Anlass zur Beunruhigung, gerät in Panik und grübelt in einer Endlosschleife darüber nach, sofern er nicht gleich einen neuen Grund zur Sorge findet. Dabei konzentriert er sich nicht auf die Suche nach Lösungen, sondern auf den kommenden Schrecken und das große Unglück, das daraus entstehen wird ... Glück ist eine Aufbauarbeit, für die Aktivität und Entscheidungsfindung wichtig sind. Die fruchtlosen Grübeleien der Angst sind davon meilenweit entfernt.

Ahnungen nicht in Gewissheiten verwandeln.
Ängstliche Menschen neigen zu verengendem Denken. Angesichts einer Ungewissheit (»Wird es beim sonntäglichen Picknick regnen oder nicht?«) hält man nur die bedrohlichste Hypothese für wahrscheinlich (»Ja, es wird in Strömen regnen, die Kinder werden total durchnässt sein, sie werden sich was holen, etwas richtig Schlimmes, sie werden ins Krankenhaus müssen, und wenn sie dann noch an einen Arzt geraten, der keine Ahnung hat, nimmt es vielleicht ein böses Ende ...«). Andere Hypothesen werden nicht einmal erwogen. So wird der angstvolle Zweifel (negative Hypothese: »Wird es regnen?«) in den Rang einer Gewissheit erhoben (negative Überzeugung: »Ja, es wird bestimmt regnen!«).

Eines der klassischen Verfahren bei Psychotherapien mit ängstlichen Personen liegt darin, ihnen beizubringen, angesichts einer Ungewissheit systematisch verschiedene Hypothesen ins Auge zu fassen: Na gut, es kann regnen, es kann aber auch trocken bleiben oder nur kurz regnen oder nur ein bisschen; und wenn der Regen zu heftig ist, kann man das Picknick ja auch abblasen und trotzdem einen schönen Sonntag verbringen. Man vervielfacht also die Hypothesen, ohne dass man sich unbedingt für eine bestimmte entscheidet, und lässt sein Denken letztendlich »demokratisch« funktionieren – jeder Standpunkt bekommt Rederecht. Auf die Dauer kann Glück nur aus einem umfassenden und klarsichtigen Bewusstsein hervorgehen.

Nicht hinter jedem Zwischenfall eine Katastrophe wittern. Hat der Chef ihre Arbeit kritisiert, wird eine ängstliche Person nicht nur gern zur negativen Hypothese greifen (»Er muss schrecklich wütend auf mich sein, und ich habe ihn bestimmt tief enttäuscht«), sondern sie wird diese Hypothese auch ins Maßlose steigern (»Bald wird er mich loswerden wollen«). Das nennt man ein *Katastrophenszenarium.*

Solche Katastrophenszenarien gelangen den ängstlichen Menschen nicht völlig zu Bewusstsein, aber dennoch spinnen sie diese Vorstellungen bis ins letzte Extrem aus. Das ist auch der Grund für die unangemessen starken Angstgefühle. Die Kritik des Chefs wird zur Basis einer fürchterlichen Phantasiekonstruktion, die der Logik der schlimmstmöglichen Wendung gehorcht: »Er wird mich künftig auf dem Kieker haben, er wird mich so weit bringen, dass ich Fehler mache, und dann wird er mich entlassen; ich werde nie wieder Arbeit finden, man wird uns auf die Straße setzen, und meine Kinder werden in der Metro betteln müssen …«

Man muss sich diese Funktionsweise bewusst machen und beginnen, sie in Frage zu stellen. Das ist eine sehr wichtige Etappe im Kampf gegen die Angst. Dabei braucht man sich nicht einzureden, das Schlimme existiere nicht; man muss einfach nur merken, dass es nicht so wahrscheinlich ist, wie das Unterbewusstsein es sich ausmalt. Glück heißt nicht, dass man sich immerzu sagt, es könne einem nichts passieren. Vielmehr müssen wir begreifen, dass eine ständige Konzentration auf das Schlimme uns oft daran hindert, ihm, wenn es wirklich eintritt, wirksam zu begegnen. Wenn es aber nicht kommt, verderben wir uns mit dieser Haltung den Spaß am Leben.

Vertrauen lernen.
Neueste wissenschaftliche Studien über die Angst zeigen, dass diese Emotion zum großen Teil auf einer »Allergie gegen die Ungewissheit« beruht.[19] Sobald die Lage nicht völlig voraussehbar und abgesichert ist, beginnt der Ängstliche das Schlimmste anzunehmen. Einen ängstlichen Menschen zu behandeln läuft letztendlich darauf hinaus, seine Toleranz gegenüber der Ungewissheit zu erhöhen und ihn zu lehren, hinter dem Ungewissen nicht systematisch eine Gefahr zu wittern.

Eine meiner ängstlichen Patientinnen fasste das Ergebnis ihrer Therapie so zusammen: »Inzwischen versuche ich, grundsätzlich erst einmal Vertrauen zu haben. Solange ich für das Schlimmste keine Beweise habe, zwinge ich mich, es mir nicht ständig auszumalen. Und dann habe ich zu meinem Erstaunen entdeckt, dass das Gegenteil von Furcht nicht Naivität ist, sondern Realismus ...« Wenn wir über den Optimismus sprechen, werden wir noch sehen, dass Misstrauen oftmals kurzsichtiger ist als Zuversicht und dass Vertrauen ohnehin einen viel besseren Weg zum Glück darstellt.

Der Pessimismus: Hellsichtigkeit oder Verblendung?

> *Glücklich zu sein, ist kein gutes Zeichen; das Unglück hat dann bloß den Zug verpasst, und mit dem nächsten kommt es bestimmt.*
>
> MARCEL AYMÉ

Jérôme meint: »Ich bin ein Spielverderber, ein richtiger Sauertopf … An der Universität nannten sie mich ›Miesepeter‹: Ich war ein kleines Männlein, das immer eine Mütze trug und pausenlos vor sich hin brummelte. Seltsamerweise mochte man mich; die Leute bekamen gute Laune, wenn sie mich sahen. Wahrscheinlich diente ich als Blitzableiter für ihre trüben Stimmungen. Jedenfalls funktionierte das in der Gruppe so. Meine Freundinnen hatten allerdings schnell die Nase voll … Meine Lieblingssätze sind: ›Das klappt sowieso nicht‹, ›Die Mühe kann man sich sparen‹ und ›Ach, lass es sein‹. Fröhliche Leute regen mich auf, ich finde, dass sie vom Leben nichts begriffen haben und noch schrecklich grün hinter den Ohren sind, wenn nicht gar egoistisch. Ich weiß nicht, ob ich unglücklich bin; ich würde das nicht behaupten; ich würde eher sagen, dass ich niemals zufrieden bin, weil mir scheint, dass es auf dieser Welt wenig Grund für Zufriedenheit gibt. Mein Problem ist, dass ich mich gerade in ein richtig fröhliches Mädchen verliebt habe. So wie ich bin, wird sie mich aber nicht lange aushalten. Sie sagt mir, dass ich krank sei und mich behandeln lassen solle. Dass ich ein Glückskrüppel sei. Früher hätte mich das in die Flucht geschlagen. Aber wenn ich sie so leben sehe, frage ich mich, ob sie nicht Recht hat …«

Was ist eigentlich Pessimismus?

Ein Pessimist ist jemand, der sich bei ungewissem Ausgang immer für die negative Variante entscheidet. Ich habe meine Brieftasche verlegt? Die finde ich niemals wieder! (Und bestimmt hat sie jemand geklaut …) Meine Freunde sind unpünktlich? Bestimmt kommen sie gar nicht! Die Pessimisten behaupten, es sei immer besser, das Schlimmste anzunehmen.

Pessimismus ist im Grunde nichts anderes als eine Form von Angst, eine stille und resignative Furcht, aus der man ein ganzes Gedankengebäude gezimmert hat. Man versucht, seinen Mitmenschen die pessimistische Haltung als Hellsichtigkeit zu verkaufen, und lacht insgeheim über die Naivlinge, die lieber annehmen, das Schlimmste könne auch ausbleiben. Der Pessimist denkt: Wenn ein Übel eintreffen kann, dann wird es auch eintreffen. Solch eine Denkweise ist vielleicht nützlich, wenn Sie als Luftfahrtingenieur versuchen, dem Nullrisiko nahe zu kommen und Zwischenfälle zu vermeiden. Aber ist sie auch im Alltag brauchbar? Und worauf beruht sie eigentlich?

Die Motivationen der Pessimisten sind ein spannendes Forschungsfeld und haben für die Betroffenen überhaupt nichts Unlogisches an sich:

- An das Schlimmste zu denken sei ein gutes Mittel, um hinterher nicht enttäuscht zu sein, wenn das erhoffte Glück ausbleibt. Das ist der *vorbeugende Pessimismus*.
- Pessimismus helfe uns auch, mit dem Unglück besser klar zu kommen, wenn es tatsächlich eintritt. Das ist der *vorbereitende Pessimismus*.
- Schließlich beruhen pessimistische Haltungen manchmal auch auf *Aberglauben*. Wenn man das Schlimmste erwartet (aber im Stillen doch das Beste erhofft und es bloß niemandem sagt), dann zieht man kein Unglück an. So ver-

hält sich zum Beispiel ein Student, der nach der Prüfung laut herausposaunt, dass er alles verhauen habe und für das Ergebnis schwarz sehe. Insgeheim weiß er jedoch, dass es gar nicht so schlecht gelaufen ist und er sich Hoffnungen machen darf. Ein pessimistisches Auftreten scheint ihm aber von Vorteil: Seine Mitmenschen und er selbst werden nicht allzu enttäuscht sein, falls er wirklich durchrasselt; der Gedanke an die Nachholprüfungen im September ist leichter zu ertragen, wenn man sich rechtzeitig darauf vorbereitet; und überhaupt, man weiß ja nie, ob man vielleicht den Zorn der Götter auf sich lenkt, wenn man zu früh triumphiert …

Dieser »defensive Pessimismus« ist bereits von Wissenschaftlern untersucht worden; man kennt seine Mechanismen inzwischen ziemlich gut.[20] Der amerikanische Psychologe Martin Seligman, ein Vorreiter der Optimismus-Forschung, hat ein Modell geschaffen, das von Psychotherapeuten gern genutzt wird: die Theorie der Attributionen[21]. Jedem Ereignis in unserem Leben schreiben wir unterschiedliche Merkmale zu, die von den Umständen abhängen. So können wir etwa meinen,

- dass wir einen Erfolg unseren eigenen Anstrengungen verdanken (internale Attribution) oder einfach Glück hatten (externale Attribution);
- dass der Erfolg vom allgemeinen Wert unserer Person zeugt (globale Attribution) oder einfach nur beweist, dass wir mit dieser bestimmten Art von Aufgaben gut zurechtkommen (spezifische Attribution);
- dass wir jetzt annehmen dürfen, auch beim nächsten Mal erfolgreich zu sein (stabile Attribution), oder dass dieser eine Erfolg keineswegs den nächsten verbürgt (instabile Attribution).

Beim Pessimismus werden die Attributionen systematisch mit einem negativen Vorzeichen versehen, egal wie der Kontext beschaffen ist. So verfestigt sich bei den Pessimisten eine unkomfortable Weltsicht, die nicht gerade gut an die Realitäten angepasst ist.

Psychische Attributionen bei Pessimismus	
Positive Ereignisse (»Mir ist etwas gelungen«)	**Negative Ereignisse (»Mir ist etwas fehlgeschlagen«)**
»Das war nicht mein Verdienst« (externale Attribution)	»Das war meine eigene Schuld« (internale Attribution)
»Das wird nicht lange vorhalten oder nicht noch einmal klappen« (instabile Attribution)	»Das wird lange vorhalten oder beim nächsten Mal erneut misslingen« (stabile Attribution)
»Das hat weiter nichts zu bedeuten« (spezifische Attribution)	»Das bedeutet eine ganze Menge und spricht Bände über meine Probleme« (globale Attribution)

Wie Pessimismus das Glück hemmt

Pessimismus und Glück vertragen sich nicht gut, und das hat mehrere Gründe:

- *Pessimismus vermiest einem die schönen Augenblicke des Lebens:* Er führt dazu, dass man keine Vorfreude empfinden kann (kein Glück der Vorwegnahme) und sich über ein schönes Ereignis nicht freut – oder höchstens im letzten Moment, und auch dann mit aller Vorsicht und in Maßen. So lebt man ständig im Kielwasser der vorangegangenen Sorgen und in Erwartung des nächsten Kummers.
- *Pessimismus bereitet uns nicht aufs Unglück vor*, auch wenn die Pessimisten das Gegenteil behaupten (»Falls es

schief geht, bin ich nicht so enttäuscht«). Denn wenn ein Unglück eintrifft, stürzen sie sich mit einem gewissen Genuss und einer traurigen Befriedigung darauf (»Das habe ich ja gleich gewusst!«). Hinterher leiden sie genauso wie die Optimisten. Zahlreiche Untersuchungen haben bestätigt, dass es eine enge Verbindung zwischen Pessimismus und Depressionsrisiko gibt.[22]

- *Pessimismus bestätigt sich immer wieder selbst:* Die Pessimisten behalten nur die Fälle im Gedächtnis, bei denen sie Recht hatten (ja, das kommt vor). Ihre falschen Voraussagen – und das sind die meisten – kehren sie hingegen unter den Teppich. Astrologen und Wahrsager gehen seit Urzeiten[23] so vor, um die Welt von ihrer Kompetenz zu überzeugen: Immer wenn man ihre *sämtlichen* Weissagungen systematisch überprüft, ist die Bilanz verheerend.[24] Wir werden noch sehen, dass dies auch für die Voraussagen der Pessimisten gilt.
- *Pessimismus kann unseren Mitmenschen lästig werden* und zu Beziehungsproblemen führen. Eine Mutter erzählte mir Folgendes über die Schuldirektoren ihrer Kinder: »Unser ehemaliger Schulleiter war sehr kompetent, aber er dachte immer so schrecklich negativ. Wenn wir ihn um etwas baten – ich bin nämlich Elternvertreterin –, verfinsterte sich sein Gesicht, und er sagte immer gleich: ›Das wird bestimmt nicht möglich sein.‹ Selbst wenn es hinterher durchaus möglich war … Der neue Schulleiter ist genauso kompetent, hat aber eine ganz andere Art. Wenn wir ihn um etwas bitten, sagt er: ›Versprechen kann ich Ihnen nichts, aber schauen wir mal, was sich machen lässt.‹ Letztendlich erreichen wir dasselbe wie früher, aber die Atmosphäre ist eine ganz andere. Den heutigen Schulleiter sucht man viel lieber auf, und er wirkt kompetenter, weil er einfach konstruktiver ist. Er prüft zuerst, ob es eine Lösung gibt, und sagt nicht gleich, dass sich bestimmt nichts machen lässt.«

Wie kann man gegen Pessimismus ankämpfen?

- *Ein bisschen Bescheidenheit! Seien Sie sich Ihrer Sache nicht so sicher.* Die meisten Pessimisten halten sich einfach für scharfblickend und meinen, sie hätten stets Recht. Das liegt auch der englischen Redensart *sader but wiser* zugrunde – ›trauriger, aber klüger geworden‹. Pessimisten halten den Optimismus für einen krankhaften Auswuchs von Naivität. Im nächsten Kapitel werden wir aber erfahren, wie wenig die Tatsachen und die Forschungsergebnisse der Psychologie das bestätigen.
- *Sprechen Sie das Negative (»Das klappt bestimmt nicht!«) nur ein einziges Mal aus.* Es bringt nichts, es dauernd zu wiederholen. Sie sollten sich sogar fragen, ob Sie es überhaupt jedes Mal zur Sprache bringen müssen. Ihre Freunde und Angehörigen haben das von Ihnen schon so oft zu hören bekommen, dass sie ihre Ohren längst auf Durchzug geschaltet haben. Denken Sie nach, ehe Sie herumnörgeln!
- *Überprüfen Sie systematisch, ob sich Ihre Voraussagen bewahrheiten*, und ziehen Sie Ihre Lehren daraus. Wenn das Vorhergesagte in neun von zehn Fällen nicht eingetroffen ist, weshalb sollten Sie dann so weitermachen? Nur weil Sie das eine Mal Recht hatten?
- *Konzentrieren Sie sich auf die Lösungssuche statt auf die Probleme und deren schlimme Folgen.* Den Pessimisten fehlt es normalerweise nicht an Intelligenz. Unter dem Einfluss ihrer gewöhnlich traurigen Grundstimmung können ihnen jedoch eine Menge Fehlurteile unterlaufen. Das ist von zahlreichen Untersuchungen aufgezeigt worden.[25]
- *Fragen Sie sich mal, was reizvoller ist – glücklich zu sein oder Recht zu haben?* Auf lange Sicht haben Pessimisten nur einen einzigen Grund, zufriedener als die Optimisten zu sein (von denen sie natürlich wissen, dass sie die glück-

licheren Menschen sind) – hin und wieder behält ein Pessimist Recht. Sein einziger Vorteil ist, dass er von Zeit zu Zeit sagen kann: »Das habe ich dir ja gleich gesagt!« Ist das aber ausreichend, um am Pessimismus festzuhalten? Und sind seine Kosten nicht viel zu hoch im Verhältnis zum mageren Nutzen?

Keine Zeit zum Glücklichsein ...

Marc berichtet: »Also wenn ich daran zurückdenke – heute fällt es mir wirklich schwer, mich in der Person, die ich damals war, wiederzuerkennen. Ich war wie ein Rauschgiftsüchtiger, und meine Droge hieß Aktivität. Ich musste nicht nur immerzu etwas tun, sondern auch schon tausend Pläne für die Zukunft haben. Wenn das kommende Wochenende nicht mit irgendwelchen Feiern, kulturellen oder sportlichen Aktivitäten ausgefüllt war, hatte ich gleich das Gefühl, psychisch und sozial tot zu sein. Es war eine alte Geschichte. Meine Eltern erzählten mir, dass ich als kleines Kind am frühen Sonntagmorgen zu ihnen ins Bett gesprungen war und sie gefragt hatte, was heute auf dem Programm stehe. Mein Vater war auch ein bisschen so, aber ich habe ihn übertroffen. Ich glaube, in meiner Schulzeit habe ich mich niemals faul an den Strand oder in einen Liegestuhl gelegt. Das Paradies war für mich der Club Med, wo es einen Haufen sportliche und sonstige Aktivitäten gab und man nicht den kleinsten Augenblick unbeschäftigt bleiben musste ... Dann hatte ich einen schweren Motorradunfall, einen Beckenbruch, und musste monatelang liegen. In dieser Zeit hatte ich zwei unglaubliche Begegnungen. Zuerst lernte ich meine künftige Frau kennen, die als Krankenschwester in dieser Abteilung arbeitete. Und dann lernte ich, was Ruhe ist. Einfach nur in Büchern schmökern, aus dem Fenster nach den vorbeiziehenden Wolken schauen,

Musik hören ... Nach meiner Reha-Zeit hatte ich mich verändert. Sicher war ich auch älter geworden, aber ich hatte einmal richtig nachgedacht über all die Angst und Unzufriedenheit, die hinter meiner Hyperaktivität steckten. Denn eigentlich hatte ich mir meinen Terminkalender auch deshalb so voll gepackt, weil ich nicht zu gründlich nachdenken wollte. Zum Beispiel darüber, dass ich kein wirkliches Ziel im Leben hatte, dass ich, seelisch gesehen, allein dastand. Und dann hat mich meine zukünftige Frau definitiv umgekrempelt. Sie hat mir beigebracht, auch einmal nichts zu tun oder jedenfalls nicht drei Dinge auf einmal: Wenn man eine CD hört, muss man dabei nicht unbedingt lesen oder telefonieren. Am Anfang fand ich sie ein bisschen alternativ angehaucht. Sie setzte mich in den Park der Klinik und sagte: ›Lassen Sie die Zeitung und Ihr Handy liegen, schauen Sie sich einfach nur die Bäume an, die Eichhörnchen und den Himmel, das wird Ihnen besser bekommen!‹ So etwas hatte ich nie im Leben gemacht! Und plötzlich geriet ich in einen seltsamen Zustand: Ich fühlte mich glücklich! Auch dies passierte mir zum ersten Mal in meinem Leben. Vorher war ich fröhlich, aufgekratzt, erleichtert oder zufrieden gewesen, aber nicht glücklich. Ich begriff, dass Glück nur bei einem Mindestmaß an Langsamkeit auftreten kann. Und vor Langsamkeit hatte es mir stets gegraust. Ich dachte immer, sie wäre das Vorzimmer der absoluten Leere. Aber eigentlich ist es umgekehrt: Gerade Hyperaktivität und Hast führen letzten Endes zu nichts.«

»Glück? Na schön, wenn ich fertig bin ...«

»Her mit dem Glück, schnell, schnell!« – das scheint die Devise mancher sehr aktiven Person zu sein. Gewiss gibt es ein Glück des Handelns. Sind aber alle Aktivitäten ein Schritt in

Richtung Wohlbefinden und Glück oder manchmal auch bloßer Selbstzweck?

Die meisten vielbeschäftigten Menschen ziehen aus der Aktivität richtige Glücksgefühle. Viele von ihnen sind »Reiz-Sucher«, sie brauchen immerzu Intensität und Stimulation, weil sie nur so das Gefühl haben, wirklich lebendig zu sein. Sie begehen oft den Fehler, die übrigen Glückstypen zu vernachlässigen. Andere wiederum sind ängstliche Personen, die vom einem unbewussten, aber zügellosen Drang besessen sind, ihre Umgebung zu kontrollieren (was von ihrem Perfektionismus herrührt). Wieder andere vereinigen in sich die beiden eben genannten psychischen Profile.

Einmal behandelte ich eine hyperaktive junge Frau wegen einer schweren Angsterkrankung. Gegen Ende der Therapie, als es ihr schon deutlich besser ging, sprachen wir über viele Einzelheiten ihres Alltags (ein deutsches Sprichwort sagt völlig zu Recht: »Der Teufel steckt im Detail«). Vor allem redeten wir darüber, wie sie sich fühlte, wenn Freunde bei ihr zu Gast waren. Solche Besuche waren für sie eher eine Quelle von Sorgen und Stress, als dass sie ihr Vergnügen bereiteten. Alles musste perfekt sein – die Ordnung im Haus, das Essen, die Konversation, und alle Gäste mussten sich untereinander großartig verstehen … Wir stellten uns ein paar simple Fragen: Was ist eigentlich am wichtigsten, wenn man Freunde einlädt? Muss man sich bis zum letzten Moment abrackern, um den perfekten Empfang zu garantieren? Oder sollte man sich lieber entspannen, um in Form zu sein, wenn die Gäste eintreffen?

Daraus entwickelten wir natürlich eine therapeutische Übung …

Diese barmherzigen Samariter hatten es zu eilig

Wir möchten alle gern glauben, dass wir selbst Herr und Meister über unsere Taten und Entscheidungen sind. Dennoch können uns so triviale Faktoren wie Zeitdruck dazu bringen, dass wir unsere Ideale verraten.

Kennen Sie das Gleichnis vom barmherzigen Samariter? In dieser berühmten Bibelpassage (Lukas 10, 30-37) lobt Jesus den Samariter, der vom eigenen Geld etwas hergibt, um einem Unbekannten zu helfen. Eines Tages wird ein Mann auf dem Wege von Jerusalem nach Jericho von Räubern angegriffen, ausgeplündert und verwundet. Halbtot lassen sie ihn am Straßenrand liegen. Ein Priester und ein Levit (Angehöriger eines Stammes, der sich dem Tempeldienst geweiht hat) gehen vorüber, kommen ihm aber nicht zu Hilfe. Da taucht ein Samariter auf (die Samariter wurden von den Hebräern verachtet, weil sie von babylonischen Siedlern abstammten) und leistet ihm Hilfe; er pflegt ihn und bringt ihn auf eigene Kosten in einer Herberge unter.

In einem klassischen Experiment der Sozialpsychologie[26] sollten Studenten aus einem Priesterseminar eine Predigt über den barmherzigen Samariter schreiben. Dann sollten sie in ein benachbartes Stadtviertel gehen, um ihre Predigt in einem Tonstudio aufnehmen zu lassen.

Jedem zweiten Versuchsteilnehmer hatte man gesagt, er habe genügend Zeit bis zum Beginn der Aufnahmen. Die andere Hälfte der Gruppe hatte man hingegen zur Eile angetrieben, weil die Studiotechniker angeblich schon warteten. Als sich die künftigen Priester ins Studio begaben, stießen sie auf einen Mann, der hustend und wimmernd in einer Toreinfahrt lag (natürlich war es ein Gehilfe des Versuchsleiters). Wie reagierten die Studenten? Von den unter Zeitdruck gesetzten Versuchsteilnehmern hielten nur 10 Prozent an, um dem Unbekannten zu helfen (im Vergleich zu immerhin 41 Prozent in der anderen Gruppe). Waren sie deshalb schlechte Priesterschüler? Nein. Sie glaubten einfach nur, zu spät dran zu sein, und konzentrierten sich völlig auf ihre Aufgabe. Die Zwänge des Alltags hatten sich als stärker erwiesen als ihre religiöse Berufung und ihre fromme Lektüre.

Die Moral von der Geschichte lautet: Egal wie unsere Ideale (in Sachen Güte oder Glück) auch aussehen mögen, im Alltag können wir sie leicht vergessen.

Warum tun sich überaktive Leute mit dem Glück schwer?

Die Antwort lautet schlicht und einfach: Weil Glück zu nichts *dient*.

So etwas ist für überaktive Personen aber kaum zu ertragen. Ich liebe eine Anekdote, die der Philosoph Albert Memmi in seinem kleinen Essay *Glücksmomente* erzählt: »Eine Dame aus meiner Bekanntschaft pflegte zu sagen: ›Ich gehe jetzt schnell Mittag kochen, dann können wir schnell essen, und dann können wir schnell ein Mittagsschläfchen halten.‹ Worauf ihr Mann hinzufügte: ›Und dann können wir schnell sterben.‹«

Wenn sie sich, oft erst auf ihre alten Tage, die entscheidende Frage stellen, wozu das Leben eigentlich dient, werden zahlreiche überaktive Leute vom »Wenn ich das gewusst hätte«-Syndrom erfasst. John Lennon meinte dazu: »Leben ist das, was verrinnt, während Sie Pläne machen.«

Was kann man tun, um das Glück nicht zu vergessen?

- *Nehmen Sie sich einfach Zeit zum Überlegen.* Denken Sie regelmäßig über die Prioritäten nach. Der größte Nachteil (und zugleich Vorteil) von Überaktivität ist, dass sie uns daran hindert, über unsere eigentlichen Ziele nachzudenken. Luc erzählt dazu: »Ich habe eine schwere Depression durchgemacht, die mit Überarbeitung zu tun hatte. Und bei dieser Gelegenheit wurde mir bewusst, dass ich auf eine absurde Weise lebte – ich war wie ein Haufen von Muskelfasern mit einem einzigen Neuron. Reiz und Reaktion, Reiz und Reaktion – man gewöhnt sich daran, auf die Anforderungen der Umgebung wie ein Roboter zu reagieren. Schließlich vergisst man, weshalb man eigentlich so ein Leben führt und welchem Ziel man nachjagt. Was bringt es letztendlich, wie ein Verrückter zu arbeiten?«
- *Lockern Sie hin und wieder bewusst die Zügel!* In der Psychotherapie empfehlen wir vielen Patienten, das Nichtstun zu lernen oder, genauer gesagt, nicht pausenlos etwas zu tun: Sie müssen nicht gleich das Autoradio einschalten, sobald sie in ihren Wagen steigen, und nicht gleich eine CD einlegen oder (schlimmer noch) den Fernseher anknipsen, sobald sie nach Hause kommen. In Augenblicken der Ruhe und Entspannung sollten sie nicht lesen, sondern an die Decke schauen oder durchs Fenster den Himmel und die Wolken betrachten. Ihre Wochenenden oder den Urlaub sollen sie nicht mit einem Haufen Aktivitäten voll stopfen. Wir bringen den Patienten auch bei, zu Hause oder im Beruf Arbeit zu delegieren. Die anderen können ruhig auch etwas tun, selbst wenn sie es (zumindest in den Augen der Überaktiven) weniger gut hinbekommen.

Ich erinnere mich, dass ich eines Tages einer Patientin eine therapeutische Übung vorschlug: Sie sollte ihre Kinder das

Sonntagsessen ganz allein zubereiten lassen. Das hatte sie bisher niemals erlaubt, »weil es dann lauter zerbrochenes Geschirr, Matscherei und Verschwendung geben würde«. Zu ihrer großen Überraschung ging es aber gut. Vor allem aber hatte sie Gefallen daran gefunden, auch einmal nichts zu tun und sich bedienen zu lassen. Dafür musste sie das Risiko akzeptieren, dass es ein paar kaputte Teller und nur annähernd gelungene Gerichte geben könnte. Aber es hatte schon genügt, in der Therapie darüber zu sprechen.

Die gleiche Patientin erzählte mir nach ihrer Therapie, sie habe jetzt, wo es ihr besser ging, einen schärferen Blick für die tausend kleinen Alltagsszenen, in denen voll gestopfte Terminkalender und ewiger Zeitdruck den Ton angaben. »Wenn ich heute mit meinen Kindern zum Sandkasten gehe, fallen mir die Eltern auf, die ihre Kinder zu sehr antreiben und ständig dazu anhalten, von den Spielgeräten und den anderen Kindern mehr zu profitieren: ›Na los, rutsch noch mal, warum gehst du nicht auf die Rutsche? ... Und guck mal da, das Klettergerüst, klettere doch mal bis ganz nach oben ... Weshalb spielst du nicht mit den anderen? Zu Hause jammerst du immer, dass du allein bist ...‹ Ich sage mir dann, dass auch ich einmal so war. Das ist ein komisches Gefühl. Wenn man nicht aufpasst, erreicht man genau das Gegenteil von dem, was man eigentlich will: Man macht seine Kinder nicht glücklich, man setzt sie nur unter Druck.«

Verärgerung, Zorn und andere feindselige Emotionen

Negative Emotionen sind den Psychotherapeuten wohlbekannt. Sie füllen das Bewusstsein mancher Personen völlig aus und gehen dann mit einer besonders belastenden Weltsicht einher. Von diesen negativen Emotionen gibt es ein ganzes Spektrum: man meckert, macht ironische Bemerkungen, ist eingeschnappt, verabscheut oder attackiert andere Leute … Daraus resultiert eine umfassende negative Einstellung. Man nörgelt über die kleinsten Kleinigkeiten herum, sagt nein, noch ehe man nachgedacht hat, liefert am laufenden Band pessimistische Voraussagen oder brüllt beim geringsten Ärgernis los. Man leidet unter dem unwiderstehlichen Zwang, seine Mitmenschen zu kritisieren.

»Wenn man die Leute so beobachtet, kann man wirklich nur höhnisch lachen. Vor ein paar Tagen sah ich aus dem Fenster zu, wie zwei Typen Tennis spielten. Bestimmt waren sie überzeugt, gut zu spielen; sie legten sich so richtig ins Zeug und nahmen sich schrecklich ernst. Dabei waren sie echt lächerlich, diese beiden Nullen – einfach schlecht, stocksteif und rührend in ihrem Eifer, angeblich elegante Bewegungen zu zeigen. Wohlgemerkt: In Sachen Blödheit, Selbstzufriedenheit und dümmlicher Selbsttäuschung stehen die Frauen den Männern in nichts nach. Wenn ich all diese hässlichen Schnepfen sehe, die sich für schön halten, kann ich bloß grinsen! All diese braven Frauen, die sich so anziehen, wie es ihnen die neueste Mode befiehlt, und die glauben, sie würden so aussehen wie die Models in den Magazinen, während sie in Wahrheit nur Bockwüste sind. Das kommt davon, wenn man auf Fotos reinfällt, die 20 Jahre jüngere und 20 Kilo leichtere Frauen zeigen. Die Leute sind doch wirklich so was von blöd! Allesamt … Gestern früh musste ich auf die Post, um ein Paket abzuholen. Ich gehe extra früh hin, bevor meine Arbeit beginnt, aber was sehe ich? Eine riesenlange Warteschlange, und nichts als Rentner, die reinsten Omi-und-Opi-Horden! Um acht Uhr morgens! Sie haben den ganzen Tag nichts zu tun, aber auf die Post gehen sie zu einer Zeit, wo sie die arbeitende Bevölkerung so richtig nerven können. Und dann kapieren sie nichts, jeder von ihnen blockiert den Schalter eine Viertelstunde lang. Gar nicht erst zu reden von den Typen, die sich vordrängeln und den anderen weismachen wollen, sie wären krank und gebrechlich. Und dann erst diese Knallchargen von Postbeamten, wenn die was aus dem Hinterzimmer holen müssen, bleiben sie jedes Mal 'ne Viertelstunde weg! Die haben die Eile wirklich nicht erfunden, und wir bezahlen dafür! Es ist erschütternd, wie hässlich, stupide, böswillig und durchtrieben die Leute sind … Man ist wirklich umzingelt von lauter Erbärmlichkeit!«

Solche Schilderungen (und noch eine Menge vom gleichen Kaliber) hat mir Philippe, einer meiner Patienten, geliefert. Er war wegen einer schweren Sozialphobie in meine Sprechstunde gekommen. Später, als es ihm schon viel besser ging, sollte ich ihm helfen, das Leben mehr zu genießen. Er war von einem sehr negativ eingestellten Vater erzogen worden, der nicht nur seinen Sohn systematisch herabsetzte, sondern gleich alle Menschen. Leider hatte Philippe diese Weltsicht übernommen: Er war ständig von einer Bitterkeit erfüllt, unter der zuallererst er selbst zu leiden hatte.

Feindselige Emotionen als Versuchung

Eine solche »negative Emotionalität« kann gelegentlich bei jedem auftreten, denn sie entwickelt sich parallel zum Stresspegel: Je stärker wir unter Druck stehen, desto mehr laufen wir Gefahr, unsere Mitmenschen zu kritisieren. Aber wenn das zur Gewohnheit wird, hängt es meist mit einem tief sitzenden persönlichen Unbehagen zusammen. Solche Menschen sind im Allgemeinen selbst unglücklich. Ich erinnere mich, dass mein Großvater, wenn jemand unhöflich zu ihm war, zu sagen pflegte: »Wie unglücklich er sein muss, um sich so aufzuführen!«

Dieses Unbehagen kann die unterschiedlichsten Ursachen haben: geringe Selbstachtung, Angst, Unsicherheit, Verletzlichkeit, Eifersucht, Neid – kurz und gut, alles Dinge, die auch für den Betroffenen selbst nicht sehr angenehm sind.

Jules Renard schrieb: »Gerade der Mensch, der ich bin, macht mich zum Menschenfeind.« Nach den Ursachen für die Verbitterung griesgrämiger Leute braucht man nicht lange zu suchen; sie liegen in ihrer Unzufriedenheit mit sich selbst.

Bei einem feindseligen emotionalen Stil sucht man im Falle von Schwierigkeiten auch lieber nach Schuldigen als nach Lösungen. Dieser Reflex kann schon im frühen Kindesalter auftreten: Die vierjährige Clelia war in ihrer Familie dafür bekannt, dass sie ihrer Umgebung die Schuld zuschob, wenn ein Problem auftauchte. Klemmte der Reißverschluss ihres Mantels, war daran ihr Bruder Schuld, der sie geärgert hatte, oder ihre Mutter, die Clelia zur Eile antrieb, weil sie mit ihr in den Kindergarten wollte. Hatte sie ein Spielzeug verbummelt, konnte es bloß die Schwester weggenommen haben …

Feindselige Emotionen beeinträchtigen das Wohlbefinden und schädigen die sozialen Bindungen

Negative Emotionen haben einen Nachteil, der nicht lange auf sich warten lässt: Sie mindern und untergraben sehr schnell das Wohlbefinden. Es ist schwer, sich gut zu fühlen, wenn man Zorn oder Groll verspürt.

Aber diese Feindseligkeit verhindert auch, dass später positive Emotionen auftreten können: Da sie sich so häufig einstellt, gräbt sie sich tief in die Psyche ein und füllt dort gern den ganzen verfügbaren Raum aus.

Feindselige Emotionen haben auch langfristig Nachteile: Wenn man (zum Teil unbewusst) eine so negative Weltsicht pflegt, ist das nur schwer mit dauerhaftem Glück vereinbar. Denn Letzteres ist mit einem Mindestmaß an Toleranz verbunden, woran die Philosophen uns immer wieder erinnern. Wer eine Allergie gegen die Schwächen der Mitmenschen hat, verliert auch schnell seine sozialen Bindungen, die so nützlich sind für das Glück. Und ein Ausschluss aus dem sozialen Verband beschädigt wiederum die Fähigkeit, Abstand zu gewinnen und den eigenen Verstand zu gebrauchen.[27]

Caroline erzählt: »Eine Freundin, mit der ich inzwischen zerstritten bin, verbrachte ihre Zeit damit, die Mitmenschen schlecht zu machen. Sie war immer so negativ eingestellt. Was sie über die anderen sagte, stimmte manchmal, und bisweilen war es amüsant, aber nie ließ sie ein gutes Haar an jemandem. Eines Tages, als ich mich ein bisschen erschöpft fühlte, rief sie mich an, und nach einer halben Stunde merkte ich, dass sie fast die ganze Zeit über andere Leute hergezogen war. Ich machte sie darauf aufmerksam, vielleicht ein bisschen unverblümt, und sie nahm es sehr schlecht auf und begann mich zu beleidigen. Seitdem reden wir nicht mehr miteinander. Ich nehme an, sie erzählt anderen Leuten jetzt Schlechtes über mich. Wenn ich es mir richtig überlege, braucht sie wahrscheinlich die Missgeschicke und Schwächen der anderen. Nicht dass sie sich daran ergötzen würde; ich denke nicht, dass es ihr Vergnügen bereitet. Es ist aber eine Art Nahrung für sie. Ich glaube, damit entschuldigt sie ihre eigenen Unzulänglichkeiten ...«

Was kann man gegen feindselige Emotionen tun?

- *Geben Sie Ihr Ideal von der »Besten aller Welten« auf!* Viele Negativdenker sind fehlgegangene Idealisten, die von ihresgleichen ein perfektes oder zumindest kohärentes Verhalten erwartet haben. Aus Enttäuschung schwenken sie oft ins andere Extrem über – in Groll und Zynismus. Übrigens sind sie auch häufig von sich selbst enttäuscht.
- *Achten Sie in Stresssituationen auf sich!* Wir haben bereits gesehen, dass die negative Emotionalität parallel zum

Stresspegel anschwillt oder zurückgeht. Wer das weiß, sollte sich zunächst einmal fragen: »Was ist heute mit mir passiert? Warum bin ich so schlecht gelaunt?«, ehe er herumbrummt: »Was sind denn das alles für Idioten am Lenkrad? Die haben ihren Führerschein wohl im Lotto gewonnen!« Einer meiner Patienten hatte sich selbst das Therapieziel gesetzt, seinen Mitmenschen gegenüber nur noch »Wohlwollen oder Gleichgültigkeit« zu empfinden. Wenn er sich emotional wohl fühlte, schaffte er das tatsächlich. Daraus zog er den richtigen Schluss, dass die feindseligen Emotionen nicht von den anderen kommen, sondern vom eigenen Stresspegel ausgelöst werden.

- *Überlegen Sie, was Ihnen die feindseligen Emotionen einbringen, und stellen Sie sich die richtigen Fragen!* Was nützen mir mein hämisches Grinsen, meine Gereiztheit, meine Zornesausbrüche? Tun sie mir gut? Kann ich dadurch verändern, was mich stört? Was für ein Verhalten wäre nützlicher? Das bedeutet nicht, aufs Handeln zu verzichten oder seine Unzufriedenheit nicht mehr auszudrücken. Man sollte diese Unzufriedenheit vielmehr als ein Signal begreifen, das die Aufmerksamkeit auf ein Problem lenkt – ich denke darüber nach, dann handle ich und gehe zur nächsten Sache über … Will man sich lieber zum Richter aufschwingen oder glücklich leben?
- *»Nicht spotten, nicht weinen und nicht hassen, sondern verstehen.«* Dieser schöne Satz von Spinoza ist schon ein ganzes Arbeitsprogramm. Wer es umsetzt, fährt damit offenbar ganz gut; das geht zumindest aus einer Anekdote hervor, die Cioran erzählte: »Man fragte Fontenelle, als er fast hundert Jahre alt war, wie es ihm gelungen sei, nur Freunde und keinen Feind zu haben. – Indem ich zwei Axiomen folgte: Alles ist möglich, und alle Menschen haben Recht.«[28] Weiser Verzicht oder Toleranz? Auf jeden Fall eine gute Ausgangsbasis für jemanden, der seinen Blick auf die Welt verändern möchte …

Drei Hindernisse trennen uns von unserem Glück

Wenn Sie Schwierigkeiten mit dem Glück haben, kann das an dreierlei Hürden liegen[29]:

- an einem zu großen Abstand zwischen Ihrem verflossenen und Ihrem heutigen Glück,
- an einem zu großen Abstand zwischen Ihrem Glück und dem Glück der anderen,
- an einem zu großen Abstand zwischen Ihrem erträumten und Ihrem wirklichen Glück.

Nostalgie und Reue: »Der aus seinem Glück vertriebene Mensch«[30]

Lise erzählt: »Aus meiner Kindheit sind mir lauter glückliche Momente in Erinnerung. In meiner Jugendzeit hört das dann auf. Da kann ich mich nur an den einen oder anderen schönen Augenblick erinnern und an kleine Vergnügungen. Mein Leben ist nicht unangenehm, aber glücklich kann ich es auch nicht nennen. Wenn ich Kindern beim Spielen zuschaue, verspüre ich oft Nostalgie. Es kommt mir vor, als hätten sie noch Zugang zu einer Welt, die mir für immer verschlossen bleibt ...«

Und Henri berichtet: »Seit vor sechs Jahren meine Frau gestorben ist, habe ich nicht mehr richtig ins Leben zurückgefunden. Ich bin nicht deprimiert, sondern einfach bloß unglücklich. Die Bilder aus der Zeit, als meine Frau noch lebte, stürmen auf mich ein und lassen mich leiden. Mein vergangenes Glück macht mich zutiefst traurig, denn ich weiß, dass es niemals wiederkommen wird ...«

Wir können nachträglich bedauern, ein Glück verpasst oder nicht richtig ausgekostet zu haben. Wir können aber auch dem Glück nachtrauern, das wir früher einmal verspürten. Sollte die Vergangenheit für manche von uns also nur eine Quelle des Leids sein? Eine Patientin sagte mir eines Tages: »Ich bin einmal glücklich gewesen, und jetzt bin ich es nicht mehr. Und mir scheint, ich hätte lieber niemals glücklich sein sollen, denn der Kummer, das Glück nie gekannt zu haben, ist weniger stark als das Leid, es verloren zu haben.«

Jede Lebenserfahrung kann zum Gegenstand von Nostalgie und nachträglichem Bedauern werden; vor allem aber betrifft das solche, die uns glücklich machen (oder wenigstens machen sollen): Liebe, Freundschaft, Elternglück. So hat man das »Syndrom des leeren Nestes« oder die »krankhafte mütterliche Nostalgie« beschrieben, eine spezielle psychische Konstellation, die durch elterliche Nostalgie (und nicht etwa richtige Depression) nach dem Auszug der erwachsenen Kinder gekennzeichnet ist. Die Patienten, oftmals Mütter, richten ihren Blick vor allem auf die verlorenen Glücksmomente des Familienlebens. Was vorher banal erschien (gemeinsame Mahlzeiten, Sonntagstrubel in der Familie) oder sogar nervtötend (Spielsachen oder Kleidungsstücke, die überall herumliegen), gewinnt im Nachhinein an Wert und wird zu etwas Wunderbarem. Und vor allem ist es unwiederbringlich verloren und kann durch nichts anderes ersetzt werden ... Sollten Sie zu den Eltern gehören, die sich ihr Familienglück nur dann bewusst machen, wenn die Kinder nicht zu Hause sind und man seine Blicke durchs leere Kinderzimmer schweifen lassen kann, sind Sie vielleicht auch heiße Kandidaten für diese krankhafte elterliche Nostalgie.

Sehnsucht und Nostalgie scheinen zu den Grunderfahrungen der Menschheit zu gehören. Der englische Psychoanalytiker Michael Balint[31] hat dazu seine interessante Theorie von der »Grundstörung« entwickelt. Er glaubt, dass wir alle unbewusst die Erinnerung an unsere ersten Lebensmomente in uns tragen, und zwar in Form »des ursprünglichen Bildes von einer Welt, in der es eine vollkommene Harmonie zwischen dem Individuum und seiner Umgebung gibt, in der sich das Individuum keine Sorgen macht und noch gar nicht einzuschätzen vermag, wo es selbst endet und wo die Außenwelt beginnt.« Und so wären wir dazu verdammt, mit einer ständigen Versuchung zur Nostalgie zu leben. Daraus erklärt sich auch ein Satz des Dichters Jules Laforgue: »Glück hat keine Gegenwart, sondern nur Vergangenheit und Zukunft.« Ein zwischen Wunschtraum und Nostalgie eingezwängtes Glück …

Oft ist Nostalgie aber auch nur eine Rechtfertigung dafür, im Hier und Jetzt nicht glücklich sein zu können. Auch in der guten alten Zeit sind die Nostalgiker selten so glücklich gewesen, wie sie es uns weismachen wollen (und selber glauben). So sagte die Frau eines nostalgischen Rentners: »Du bist damals glücklich gewesen? Soll das ein Witz sein? Du hast doch die ganze Zeit rumgemeckert und dich über alles beklagt, über die Kinder, die Arbeit und deine ganzen Sorgen!« Das eigentliche Problem mit der Nostalgie liegt darin, dass sie eher eine Erwartung kommenden Glücks als ein Nachtrauern nach vergangenem Glück ist. Aber wenn man darüber nicht richtig nachdenkt, bleibt die Erwartungshaltung passiv. Saint-Exupéry hat dazu angemerkt: »Sehnsucht ist das Verlangen nach dem Ichweißnichtwas.« Daher läuft man weniger Gefahr, unter krankhafter Nostalgie zu leiden, wenn man Lebensziele hat, die man mit ganzer Kraft verfolgt. Lebensziele und vielleicht auch Glücksziele …

Wenn die Erinnerung an vergangenes Glück noch immer Glücksgefühle hervorrufen soll, gibt es vielleicht keine andere Lösung, als dass man sich auf die Konstruktion des gegenwärtigen Glücks konzentriert. Einigen meiner Patienten fiel dazu Folgendes ein: »Ich versuche mir zu sagen, dass mir das vergangene Glück gut getan hat. Und dass es immer noch Glück bedeutet, wenn ich mich daran erinnere«, »Ich war damals nicht bereit für so ein Glück, was nützt es, ihm jetzt nachzutrauern?«, »Um heute glücklicher zu sein als damals, bemühe ich mich, aus der Vergangenheit meine Lehren zu ziehen: Welche Fehler kann ich in Zukunft vermeiden?«, »Ich sage mir, dass späte Reue und Nostalgie nur noch zusätzliche Hindernisse vor dem Glück aufbauen, das ich ohnehin schon so schwer erreiche.«

Neid: der Abstand zwischen mir und den anderen

»Wollte man einfach nur glücklich sein, wäre das schnell erreicht. Aber man will glücklicher sein als die anderen, und das ist fast immer schwierig, weil wir die anderen für glücklicher halten, als sie es sind.« Diese Bemerkung von Montesquieu erinnert uns daran, wie sehr es unserem eigenen Glück schadet, wenn wir die anderen um ihr angenommenes Glück beneiden.

Anne-Marie: »Ich bin ein Neidhammel. Ich muss immer kontrollieren, ob die anderen nicht mehr haben als ich. Selbst wenn ich mit dem, was ich habe, zufrieden bin, wird mir mein Glück vermiest, wenn jemand in meiner Umgebung mehr hat, wenn meine Schwester offenbar glücklicher ist als ich etc. Ich muss immerzu Vergleiche anstellen; das ist richtig krankhaft und verdirbt mir jedes Glück. Statt ertragen zu müssen, dass jemand doppelt so viel hat wie ich, würde ich es vorziehen, dass wir beide überhaupt nichts haben. Wenn ich mich früher zum Beispiel mit meiner Schwester um ein Spielzeug zankte, heulte ich lieber so lange, bis die Eltern es uns ganz wegnahmen. Schließlich habe ich begriffen, dass das Glück der anderen mein eigenes Glück nicht schmälert. Es ist nicht wie bei einer Torte, wo jedes Stück, das ein anderer bekommt, für mich verloren ist. Aber für diese Einsicht brauchte ich Jahre. Und ich muss wachsam bleiben, denn ich spüre den Stachel des Neides immer wieder ...«

Vergleiche schaden dem Glück im Allgemeinen. Eines der großen Hindernisse auf dem Weg zum Glück kann also der

Neid sein. Dieses Gefühl ist durch den Wunsch gekennzeichnet, das zu besitzen, was andere haben. Als Emotion ist Neid weder gut noch schlecht. Sein Auftreten lässt sich ohnehin nur schwer kontrollieren. Alles hängt von der Haltung ab, die wir hinterher einnehmen: Verfallen wir in feindseligen Neid (»Weshalb sind diese Idioten glücklicher als ich?«), depressiven Neid (»Warum bloß bin ich so glücksuntauglich?«) oder aber in bewundernden Neid (»Wie machen das die glücklichen Leute bloß, und was kann ich von ihnen lernen?«).

Abgesehen davon, dass neidgeplagte Personen darüber nachdenken sollten, weshalb sie so geworden sind, wäre es sinnvoll, wenn sie all ihre Anstrengungen auf ein Ziel richteten: ihren Neid anzunehmen (es nützt nichts, wenn man sich für ihn schämt), ihn zu begreifen und nach konstruktiven Lösungen zu suchen (statt dass sie ihre Neidgedanken dauernd wiederkäuen oder den anderen zu schaden suchen). Wer seinen krankhaften Neid bändigen will, muss sich immer zwei Fragen stellen. Die eine bezieht sich auf den gegenwärtigen Moment: Wie gehe ich mit dieser Situation um? Die andere stellt sich auf lange Sicht: Wie muss ich mich von heute an verhalten, um in Zukunft weniger neidisch zu sein?

Überspannten Idealen nachhängen: der Abstand zwischen Traum und Realität

Inès meint: »Ich fühle mich immer glücklicher, wenn ich mir etwas vorstelle, als wenn ich es dann wirklich erlebe. In meinen Träumen ist alles viel schöner. Ist das nur mein Problem, oder geht es allen Menschen so?«

Sich sein Glück nur auszumalen ist immer einfacher, als es mühsam aufzubauen – einfacher sogar, als es zu erleben. Das ist das Problem der Träumer (zumindest solcher, die hinterher nicht handeln), der Unzufriedenen (»Ist das etwa schon

Glück und Vergleiche

»Glück: Angenehmes Gefühl; erblüht aus der Betrachtung fremden Elends.« In *Des Teufels Wörterbuch* liefert uns Ambrose Bierce diese pessimistische Definition.[32] Und über das Unglück sagt er: »Es gibt zwei Formen von Katastrophen: uns zustoßendes Unheil sowie anderen zustoßendes Glück.« Das zeigt uns, dass seine Weltsicht in sich stimmig ist, wenngleich nicht besonders heiter.

Es kann dem Glück schaden, wenn man Vergleiche nach oben hin anstellt, aber auch, wenn man sich nach unten vergleicht. Bei Vergleichen nach oben hält man sein Glück gern gegen das seiner Nächsten: Man vergleicht sich nicht mit Unbekannten und auch nicht mit unerreichbaren Personen. Wenn allerdings die Reichen und Berühmten Einblick in ihre Privatsphäre gewähren (dafür gibt es ja bestimmte Magazine), steigt für sie das Risiko: Ein Star, der sich seinen Bewunderern aus der Nähe zeigt und enthüllt, dass er »ein Mensch ist wie du und ich«, läuft Gefahr, stärkere Eifersuchtsgefühle und vor allem Unzufriedenheit auszulösen. Daher auch das heimliche Vergnügen der Leser von Klatschmagazinen, wenn sie feststellen müssen, dass selbst die Idole ihr Unglück haben: Krankheiten, Scheidungen, Selbstmorde, Alkoholismus ... Da wirken ihre Privilegien gleich weniger unverschämt.

Bei Vergleichen nach unten stellt man sein eigenes Glück dem Glück der Angehörigen entgegen, aber auch dem von Unbekannten. Das wirkt zwar beruhigend (»Wir sind nicht die Allerunglücklichsten«), aber glücklich macht es einen noch lange nicht.

das höchste Glück, auf das ich hoffen darf?«) und der Ängstlichen (»Wird das auch eine Weile vorhalten?«).

Die Philosophen rufen uns aber ins Gedächtnis, dass Glück sich nicht bloß auf die Befriedigung unserer Wünsche beschränkt. (Es kann sogar umgekehrt sein.) Viele haben daher zum Verzicht auf solche Wünsche geraten, deren Erfüllung nicht von uns abhängt. Vor allem aber solle man der Hoffnung entsagen, seine Träume verwirklichen zu können: »Die Hoffnung ist nur ein Scharlatan, der uns unablässig trügt; für mich hat das Glück erst begonnen, als ich sie verloren hatte« (Chamfort). Soll man also aufs Hoffen verzichten, um glücklich zu sein? Genau das schlägt André Comte-Sponville mit seiner Formulierung »Glück ohne Hoffnung« vor. Manche glauben sogar, das Warten aufs Glück mache glücklicher als das Erlangen des Glücks.

Was kann man in dieser Lage tun? Als Lacan von den Vorteilen der psychoanalytischen Therapie sprach, sagte er: »Die Heilung kommt als Zugabe.« Damit wollte er ausdrücken, dass Heilen nicht die Hauptsorge der Psychoanalytiker ist (zumindest mancher von ihnen). Was die Heilung betrifft, ist Lacans Satz anfechtbar, aber er lässt sich gut aufs Glück übertragen. Ein Ratschlag also für alle »Idealopathen« (Menschen, die krankhaft an ihren Idealvorstellungen hängen): Leben Sie erst einmal drauflos, das Glück kommt dann als Zugabe … Was sagten Patienten zu dieser Problematik? »Am Ende habe ich begriffen – und akzeptiert –, dass Glück sich nicht kontrollieren lässt. Nur die Bedingungen für Glück kann man beeinflussen, und selbst das klappt nicht immer …«, »Man muss sich immer vor Augen führen, dass sich das Verlangen nach Glück nicht in eine Abhängigkeit oder gar in eine Glücksobsession verwandeln darf«, »Auch unvollkommenes Glück muss man akzeptieren; man sollte sich sagen, dass es schon gar nicht so übel ist und beim nächsten Mal vielleicht noch etwas perfekter wird …«, »Es gibt ja im Leben auch noch andere Dinge als Glück!«

Lächeln, Ideale und olympische Medaillen

Während der Olympischen Sommerspiele 1992 in Barcelona hatten Forscher die Medaillengewinner auf den Siegerpodesten gefilmt.[33] Dann kopierte man die Bildausschnitte heraus, auf denen nur die Gesichter der Athleten zu erkennen waren. Freiwillige, die über die sportlichen Resultate nicht Bescheid wussten, sollten sich die Mienen der Gewinner genau anschauen. Die Forscher nahmen an, dass die Goldmedaillengewinner glücklicher aussehen müssten als die Zweitplatzierten und diese wiederum glücklicher als die Bronzemedaillengewinner. Doch die meisten Dritten wirkten deutlich glücklicher über ihre Bronzemedaille als die Zweiten über ihre Silbermedaille. Die Zweitplatzierten dachten nämlich nicht so sehr an ihre eigene Leistung, sondern an den ersten Platz, der ihnen entwischt war, und die Siegesträume, die nun ausgeträumt waren (Vergleich nach oben). Die Drittplatzierten sagten sich hingegen, dass sie beinahe gar keine Medaille abbekommen hätten (Vergleich nach unten).

Vom richtigen Gebrauch der Klage

Der Schmerz ist nie so heftig wie die Klage.

JEAN DE LA FONTAINE

Lola erzählt: »Der Kollege, mit dem ich mein Büro teile, ist ein Nörgler und ein richtiges Klageweib. Von morgens bis abends schimpft und jammert er. Es gibt immerzu etwas, wovon er ›die Schnauze gestrichen voll‹ hat … Er geht einem ein bisschen auf die Nerven, aber eigentlich ist er kein übler Typ. Kürzlich mussten wir zu einer Weiterbildung über Personalführung. Und plötzlich sagte der Vortragende etwas in der Art von ›Leute, die meckern, sind einfach Looser …‹ Ich schaute verstohlen zu meinem Kollegen hinüber und sah, dass er seine Ohren spitzte. Er machte ein komisches Gesicht. Ich glaube, die Worte hatten ihm einen Schock versetzt, vor allem, weil damals in unserer Firma am laufenden Band Personal abgebaut wurde. Und da war es schon besser, nicht als Looser betrachtet zu werden. Mein Kollege hat mit mir hinterher mehrfach über diese Weiterbildung gesprochen. Und ich glaube, dass er damals darüber nachzudenken begann, was er unbewusst von sich zeigte, wenn er den ganzen Tag lang nur meckerte. Im Augenblick ist es beinahe ein Wunder; er schimpft viel seltener und beklagt sich nicht alle fünf Minuten …«

Allerlei Klagen und Beschwerden …

Was ist eine Klage? Ein Protest gegen subjektiv wahrgenommenes Unglück, soweit es als Ungerechtigkeit verstanden wird, als eine Anomalie des Schicksals. In der Bibel wimmelt es von Klagenden, die nicht begreifen und nicht akzeptieren können, dass Gott dem Menschen einen Handlungsspielraum gelassen und ihn dadurch auch mit dem Unglück konfrontiert hat. Natürlich muss man gleich an Hiob denken, diesen frommen und gerechten Mann, den Gott von Satan bedrängen und ruinieren lässt, um seinen Glauben zu testen. Es gibt aber auch den Propheten Jeremias (der seinen Namen für das etwas altmodische Wort »Jeremiade« hergeben musste, mit dem man ein großes Gejammer bezeichnet). Früher schrieb man ihm das Buch der Klagelieder zu, in dem die Einnahme von Jerusalem und die Zerstörung des Tempels beweint werden.

Eine mit Humor gehandhabte Klage hat manchmal ihren Reiz. Ich erinnere mich an einen Jesuiten, der bei den Glaubensbrüdern für seine ständigen Klagen, aber auch für seine witzige Art bekannt war. Wenn er gute Laune hatte, antwortete er auf die Frage nach seinem Befinden: »Na ja, ich habe keinen Grund, mich *nicht* zu beklagen ...«

Eigentlich soll eine Klage die Aufmerksamkeit der anderen auf unsere Probleme lenken und emotionale oder materielle Unterstützung hervorrufen. Aus der punktuellen kann jedoch eine gewohnheitsmäßige Klage werden, die von einer bestimmten Beziehung zur Umwelt zeugt: Der Klagende sieht sich als Opfer von Ungerechtigkeiten oder wiederholtem Pech.

Klagen können extern sein (an jemanden gerichtet, der zuhört oder nicht), aber auch intern. »Wenn ich nichts sage, bedeutet das noch lange nicht, dass ich mich nicht innerlich beklage«, meinte eine Patientin einmal. Ein mit Klagen angefüllter innerer Monolog lässt wenig Raum für Glücksgefühle.[34]

Ich beklage mich, weil ich unglücklich bin. Oder bin ich unglücklich, weil ich mich beklage?

Eine Klage hat zwei große Nachteile im Gepäck.
Zunächst einmal führt sie dazu, dass man sich als Opfer fühlt. Sie zeugt von einer Sicht aufs Dasein, bei der man sich von den Mitmenschen, der Gesellschaft oder dem Schicksal pausenlos schlecht behandelt glaubt. Wer angesichts von Schwierigkeiten ständig klagt, erwartet in übertriebenem Maße, dass die anderen Rücksicht auf ihn nehmen und ihm zuhören. In kinderreichen Familien fangen die Jüngsten oft an zu weinen, damit die Eltern eingreifen und die Ordnung wiederherstellen. Später, als Erwachsene, erwarten wir von der Klage vielleicht nicht, dass die Bösen bestraft werden

und wir eine Wiedergutmachung für unser Leid bekommen, aber zumindest, dass die anderen einsehen, uns sei eine Ungerechtigkeit widerfahren.

Ein anderer Nachteil systematischen Klagens ist, dass es angesichts von Problemen zu Passivität führt. Häufig zeugt es davon, dass man ein Eingreifen von außen erhofft – oder betrübt ist, weil ein solches Eingreifen nicht möglich war.

Klage und Psychotherapie

Es gibt Psychiater, die sich die Klagen ihrer Patienten immer nur anhören und dazu, manchmal über Jahre hinweg, stumm nicken. Die Grenzen einer solchen »weichen Psychotherapie« zeichnen sich heute immer deutlicher ab. In seinem Buch *Das Ende der Klage* prangert der »ketzerische« Psychoanalytiker François Roustang den Missbrauch des Klagens an und charakterisiert treffend die Natur der krankhaften Klage: »Sie respektiert nicht den wahren Schmerz und den wirklichen Kummer, sie muss immer noch etwas drauflegen. [...] Aber weil sie andauert, wird sie bald zu einer repetitiven Fixierung, die den Kummer nur noch anfacht, statt ihn zu ersticken.«

Ich bin nun keineswegs der Meinung, dass man sich bei einem Therapeuten nicht beklagen dürfe. Gerade bei vereinsamten Personen oder solchen, denen es schwer fällt, über sich selbst zu sprechen (aus Scham, Schuldgefühlen oder fehlender Gewohnheit), führt die *talking cure* zu einer wahrhaften Erleichterung. Aber wenn diese erste Etappe vorbei ist und man sich in seinem Klagen gefällt, kann das eine irrige Weltsicht verfestigen. Man meint dann, wirklich Recht zu haben, statt sich zu bemühen, das eigene Verhalten zu ändern.

Was kann man gegen die Lust am Jammern tun?

- *Schwierigkeiten sollte man nicht als Unrecht betrachten, sondern als Probleme, die gelöst werden müssen.* Man sollte sich zum Akteur des eigenen Daseins machen, statt zum blinden Opfer der Ereignisse zu werden!
- *Eine Klage muss die Problemlösung einleiten, statt sie zu ersetzen.* Die Lust am offenen oder innerlichen Klagen sollte systematisch unter die Lupe genommen werden: »Bringt mir das etwas ein?«, »Fühle ich mich wohl dabei?«, »Bewegt es die anderen dazu, mich zu trösten oder mir zu helfen?«, »Soll ich jetzt zu klagen beginnen oder es lieber sein lassen?« und »Wann ist der richtige Moment zum Aufhören?«.

Welches Ziel haben diese Bemühungen? Man soll schlicht und einfach »nicht mehr dulden, dass die Klage den Kummer übersteigt«.[35]

Die Kunst des Klagens	
Angemessene Klage	**Toxische Klage**
Punktuell	Chronisch, gewohnheitsmäßig
Bereitet auf die Lösungssuche vor	Ist sich selbst genug
Tritt nur bei Schwierigkeiten auf	Wird nach Ende der Schwierigkeiten noch lange fortgesetzt
Erleichtert	Erleichtert nicht, sondern verschlimmert das Befinden sogar
Achtet darauf, ob es dem Zuhörer gerade passt und ob er ein offenes Ohr für das Problem hat	Kümmert sich nicht darum, ob es dem Zuhörer gerade passt und ob er ein offenes Ohr für das Problem hat
Eingegrenzt (über eine Tatsache klagen)	Generalisiert (über das Schicksal klagen)

Die Rückkehr des Glücks vorbereiten …

Katastrophe: Überdeutliche und unmissverständliche Erinnerung daran, dass die Gegebenheiten dieses Lebens sich unserem Eingreifen entziehen.

AMBROSE BIERCE

»Unglück? Damit muss man einfach leben …«, sagen mir resignierte Patienten hin und wieder.

Damit leben … Manchmal haben wir tatsächlich keine Wahl. Aber wir sollten die unglückliche *Situation* (mit der man wirklich leben muss) nicht mit dem Unglück als *Weltsicht* oder *eigene Konstruktion* verwechseln. Zum Unglück, das uns das Leben aufzwingt, müssen wir nicht selbst noch etwas hinzufügen.

Ein solches Vorhaben hat nicht zum Ziel, dass wir uns unter allen Umständen glücklich fühlen. In einer widrigen Lage sollen wir nur nicht in Missmut versinken, sondern gegen das Unglücksgefühl und seine Metastasen ankämpfen und der Traurigkeit nach und nach den Boden entziehen …

Insgesamt geht es darum, die Rückkehr des Glücks vorzubereiten. Bei Aristoteles lesen wir: »Der Weise strebt nicht nach Vergnügen, sondern nach Abwesenheit von Schmerz.« Das ist aber nur die erste Etappe. Denn wer das Unglück begrenzt, erschafft sich damit noch kein Glück!

Kapitel 8
Das Glück erschaffen und schützen

Wenn man das Haus des Glücks bauen wollte,
wäre das größte Zimmer darin ein Wartesaal.

JULES RENARD

Sie möchten dem Glück näher kommen?

Dann stellt sich zuallererst die Frage, ob es »Glücksrezepte« gibt. Ich verwende absichtlich das Wort *Rezept*, das in der Psychologie so oft mit Herablassung betrachtet wird. Rezepte sind Ratschläge, die uns erlauben sollen, ein Ziel zu erreichen. Die Wörterbücher präzisieren: »Ein besonderes Verfahren, mit dessen Hilfe eine Verrichtung im Haushalt gelingt.«[1] Im Alltag verwenden wir ständig Rezepte oder auch »Tricks«. Betrachten wir sie doch einfach als ein Mittel, unsere Anstrengungen zu bündeln, um dem erstrebten Ziel so nahe wie möglich zu kommen.

In punkto Glück sind Rezepte nur dann gefährlich, wenn man sie als unfehlbare Garantien auffasst (»Das wird jedes Mal klappen«) oder als Verpflichtungen (»Nur so kann es funktionieren«). Das liegt aber weniger am eigentlichen Inhalt des Rezepts als vielmehr an der Art und Weise, wie es präsentiert wird. So unterscheiden sich die Lehren eines Gurus (»Sie wollen gesund werden? Hier ist DER Weg!«) von den Empfehlungen eines Therapeuten (»Versuchen Sie das mal, und dann sehen wir, ob es Ihnen hilft«). Die ersteren sind Offenbarungen, die anderen Vorschläge, deren Wirksamkeit überprüft werden kann.

Auch die »Glücksrezepte« sind natürlich nur Empfehlungen, aber sie können nützlich sein: Sie berichten davon, wie es andere Menschen geschafft haben, glücklicher zu werden. Sie müssen jedoch mit der gebotenen Vorsicht genossen werden, denn es ist keineswegs sicher, ob sie auch für Sie geeignet sind. Und wie wir schon gesehen haben, sind sie auch nur Trittbretter, mit denen der Zugang zum Glück erleichtert werden kann.

Dann stellt sich die Frage, ob uns eine umfassende Willensanstrengung, ein »Glücksplan«, weiterbringt. Von einem solchen sprach Mirabeau im Jahre 1738 in einem Brief an seinen Freund Vauvenargues: »Es steht einem Philosophen nicht an, mein Freund, einfach so in den Tag hineinzuleben. Was denn, mein Lieber, Ihr sinnt unablässig nach, Ihr studiert, Eure Ideen können sich zu allem aufschwingen, und doch denkt Ihr nicht einen Augenblick daran, Euch einen festen Plan für das zu machen, was unser einziger Gegenstand sein sollte – das Glück?«[2]

Sollen wir aus der Suche nach dem Glück die wichtigste Aufgabe unseres Daseins machen? Und wenn ja, wie viel Energie sollen wir darauf verwenden? Hier sind zwei Haltungen möglich, der Verzicht und das Bemühen. (Mit ihren jeweiligen Varianten: Man kann verzichten und jene kritisieren, die sich bemühen; man kann sich aber auch bemühen und jene tadeln, die verzichtet haben.)

Hat man beschlossen, den Versuch zu wagen, kann man unter den unterschiedlichsten Strategien auswählen. Allein die Bezeichnungen verraten schon eine ganze Menge: Spricht man von der »Suche nach dem Glück« (was die Möglichkeit offen lässt, dass man es vielleicht nicht findet, und manchmal den mystischen Beigeschmack einer Gralssuche hat)? Oder ist wie bei Stendhal von einer »Jagd nach dem Glück« die Rede? Oder vielleicht – wie in einem Buchtitel des Nobelpreisträgers Bertrand Russell[3] – von einer kriegerischen und willensabhängigen »Eroberung des Glücks«? Schließlich kann man mit dem Dalai Lama auch von einer »Kunst des Glücklichseins« sprechen.[4] Diese Formulierung ist wohl die gelungenste, denn sie erfasst am besten, auf welche Weise man sich dem Glück nähert: Wie ein Kunstwerk entsteht auch das Glück aus einer Mischung von Anstrengungen und unerwarteten Einsichten, aus Nachdenken und Intuition, aus Kontrolle und Gelöstheit. Und bei alledem ist keineswegs sicher, dass der glückliche Moment bis zum nächsten Tag anhält …

Ich habe das ganze Buch über erläutert, wie man sein Glück steigern kann (die »Rezepte«). Zum Schluss möchte ich ein paar zusätzliche Elemente liefern, mit denen man sein Vorgehen strukturieren kann (einen »Plan«).

Entscheiden Sie sich für das Glück!

Man muss glücklich sein wollen und das Seine dafür tun. Verharrt man in der Position des unparteiischen Zuschauers, der darauf wartet, dass das Glück von selbst durch die offene Tür kommt, wird stattdessen die Traurigkeit eintreten.

ALAIN

Paul erzählt: »Früher habe ich aufs Glück gewartet, jetzt schmiede ich es mir selbst. Meine Mutter ist gestorben, als ich sechs war. Mein Vater hatte mit seiner Arbeit alle Hände voll zu tun, er war für meine Schwestern und mich niemals da. Sicher war er selbst sehr unglücklich, zumindest nicht eben begabt fürs Glücklichsein. Ich war ein sehr verängstigtes Kind und fühlte mich im Leben verloren; ich hatte keinen roten Faden und keine Lebensregeln. Wie viele Jugendliche war auch ich überzeugt, früh sterben zu müssen.

Dann war ich plötzlich dreißig, verheiratet und Vater mehrerer Kinder. Und immer noch nicht fähig, das Leben zu genießen. Ich ertrank in meinen Sorgen und meinen Wünschen, ich war instabil und unglücklich. Mit meiner Frau

Der ideale Glücksplan des Fürsten von Ligne

Von den unglaublich vielen Glückstraktaten, die das 18. Jahrhundert hervorgebracht hat, sind uns ein paar köstliche Werke geblieben. Zu diesen zählt der etwas angestaubte, aber doch berührende Bauplan für einen glücklichen Tag, den der Fürst von Ligne entworfen hat. Dieser Marschall des österreichischen Kaisers, ein perfekter Vertreter des kosmopolitischen europäischen Adels seines Jahrhunderts, hat ein französisch geschriebenes Werk hinterlassen. (Französisch war damals die Sprache der Eliten.) Sein Glücksprogramm enthielt sechs Rubriken[5]:

»Beim Aufwachen sollte man sich fragen: 1. Kann ich heute jemandem Vergnügen bereiten? 2. Wie kann ich mich amüsieren? 3. Was werde ich zu Abend essen? 4. Kann ich einen liebenswerten oder interessanten Menschen treffen? 5. Wird Madame Soundso, die mir sehr gefällt, mich für einen solchen Menschen halten? 6. Werde ich vor dem Ausgehen irgendeine neue, pikante, nützliche oder angenehme Wahrheit lesen oder niederschreiben? – und dann fülle man diese sechs Punkte nach Kräften aus.«

Aber die Methode war auch auf lange Sicht hin angelegt: »Man nehme sich zwei Tage pro Woche Zeit, sein Glück zu bilanzieren. Richten wir den Blick auf unser Dasein. Ich fühle mich sehr gut … Ich bin reich, ich spiele eine wichtige Rolle, ich werde geachtet, man liebt oder schätzt mich … Ohne diese Rekapitulation stumpft man ab gegen seine glücklichen Lebensumstände.«

habe ich mehrere schwere Beziehungskrisen durchgemacht. Dann fing ich an zu überlegen. Bis dahin hatte ich einfach auf das Glück gewartet, es kam und ging dann wieder. Schließlich begriff ich eine ganz banale Sache: Ich bemühte mich einfach nicht, glücklich zu sein. Ich rackerte mich bei der Arbeit ab, beim Sport und für den materiellen Komfort meiner Familie. Aber für mein Glück tat ich gar nichts: kein Nachdenken, keine Methode, nichts Schlüssiges, einfach nichts. Nun ja, allein diese Erkenntnis hat mir genügt, um Veränderungen einzuleiten. Man muss sich vor Augen führen, dass Glück wichtig ist, man muss beschließen, sich darum zu bemühen, und man muss sich die nötige Zeit nehmen, dorthin zu gelangen: In meinem Fall hat das alles funktioniert.«

Muss man sich fürs Glücklichsein anstrengen?

Sich wiederholende Glücksmomente entstehen häufig aus einer Askese. Nicht im christlichen Wortsinne der »Entbehrung«, sondern nach der ursprünglichen Etymologie des Wortes, denn im Griechischen bedeutet *askésis* ›Übung‹. Das Glück kommt nicht per Dekret, es lässt sich nicht herbeibefehlen, sondern man pflegt es über längere Zeit und baut es allmählich auf. Manche Menschen bringen dafür eine größere Begabung mit als andere, bei allen jedoch sind Anstrengungen und Übung vonnöten. Manch einem merkt man diese Anstrengungen bloß nicht mehr an, denn sie sind für ihn zum Lebensstil geworden.

Sollen wir uns also weiterhin über Leitfäden vom Typ »Einmal pro Tag an etwas Schönes denken«[6] lustig machen? Bei meinen Umfragen zum Thema Glück bin ich vielen Menschen begegnet, denen solche Bücher geholfen haben. Dabei muss man natürlich die Grenzen dieser Ratgeber im Auge behalten – wie übrigens jedes Buch über das Glück seine Grenzen hat. Gewiss sind Tipps zum Glücklichwerden immer nervtötend, wenn man sie nicht hören mag, weil man nicht in der gleichen Stimmung ist wie der Autor, der sie vorschlägt.

Andererseits sind uns manche »Meister des Glücks«, die ihr Wohlbefinden allzu aufdringlich zur Schau stellen, allein schon durch ihre pausenlose innere Heiterkeit suspekt. Verschweigen sie uns nicht ihren Kummer und die Hindernisse, die sie auf ihrem Weg zum Glück überwinden mussten? Manchmal kann der Leser den Eindruck gewinnen, dass ihn die vorgeschlagenen Glücksformeln ersticken oder mit ihrem Gewicht geradezu erschlagen. Und dass sie ihm auch ein Stück seiner Persönlichkeit rauben, denn es scheint uns, dass wir eher in unseren Leiden wiedererkennbar und einzigartig sind als in unserem Glück.

Doch selbst wenn solche Glücksregeln missbraucht werden können, sollten wir nicht vergessen, wie stichhaltig und nützlich sie im Grunde sind. Zumal uns der Alltag ständig vom Wesentlichen ablenkt...

Hören wir noch einmal, wie Proust in *Auf der Suche nach der verlorenen Zeit* sein hartnäckiges Ringen um die glückliche Erinnerung an die Madeleine beschreibt: »Zehn Mal muss ich es wieder versuchen, mich zu ihm [dem vergessenen Augenblick von einst] hinunterzubeugen. Und jedes Mal rät mir die Feigheit, die uns von jeder schwierigen Aufgabe, von jeder bedeutenden Leistung fernhalten will, das Ganze auf sich beruhen zu lassen, meinen Tee zu trinken, im ausschließlichen Gedanken an meine Kümmernisse von heute und meine Wünsche für morgen, die ich unaufhörlich und mühelos in mir bewegen kann.«

Die Feigheit, die uns von jeder schwierigen Aufgabe fernhält... Ich würde eher von den Versuchungen der Bequemlichkeit und des Sich-Gehen-Lassens sprechen; da sind die Zwänge des Alltagslebens, Resignation, Pessimismus... Ja, unser Glück hat ganz entschieden ein paar Anstrengungen nötig!

Alle Formen des Glücks auskosten

Wenn ich mit meinen Patienten am Glück arbeite, denken wir über das Thema mit Hilfe von vier Verben nach: sein, haben, tun, dazugehören. Unser Alltagsglück fällt beinahe immer in eine dieser vier Kategorien.

- Sein: Dies sind all die Glücksmomente, für die man einfach nur die Augen zu öffnen braucht. Man erfreut sich daran, auf der Welt zu sein – ein beinahe animalisches Glück.
- Haben: Es ist das Glück, etwas zu besitzen, ein Buch, einen Gegenstand, den man liebt – aber auch das Glück, an einem Ort zu leben, den man mag, das Glück, es im Winter warm zu haben und in der Nacht das Licht anschalten zu können.
- Tun: Dies ist das Glück beim Spazierengehen, beim Arbeiten, beim Gespräch mit Freunden, das Glück, wenn man sich etwas ausdenkt, etwas erschafft, herstellt oder repariert.
- Dazugehören: Hier handelt es sich um das Glück, inmitten einer Familie zu leben, in einem Team zu arbeiten, das uns schätzt, oder von seinen Freunden geliebt zu werden.

Vier Kategorien von Glücksmomenten, die so schlicht und elementar sind, dass man sie schnell vergisst. Man muss lernen, regelmäßig den Blick für sie zu schärfen, sie auszukosten, zu bewahren, sie leben und wiederaufleben zu lassen sowie ihre Zahl zu vergrößern. Im Englischen gibt es für diese Übung den sehr schönen Ausdruck *Count your blessings*[7].

Hier eine Kindheitserinnerung meines Freundes Olivier:

»Mein Vater war ein sehr frommer Mann. Als ich ein kleiner Junge war, kam er jeden Abend in mein Zimmer, um mir einen Gutenachtkuss zu geben. Wir knieten dann auch vor meinem Bett nieder und beteten gemeinsam. Es waren ganz schlichte Gebete, die aus drei Teilen bestanden: Bitte um Vergebung, Bitte um Hilfe und Dank. Im ersten Teil baten wir Gott, er möge uns die tagsüber begangenen Sünden verzeihen; ich mochte das nicht besonders, es gab Tage, an denen ich mir nichts vorzuwerfen hatte, und das Ganze schien mir eher für Erwachsene geeignet ... Im zweiten Teil bat ich Gott, er möge mir helfen, etwas Schwieriges zustande zu bringen; das war schon interessanter, aber auch hier musste ich mich oft zwingen, etwas Passendes zu finden. Auf diesen beiden Punkten bestand mein Vater übrigens auch nie. Beim Dankgebet ließ er aber selten die Zügel schleifen. Wenn ich meinte, dass ich den ganzen Tag über nichts ausgesprochen Positives erlebt hätte, sagte er, das sei nicht möglich. Wir überlegten dann gemeinsam, bis wir einen ganzen Haufen kleiner und einfacher Dinge zusammenbekommen hatten, für die wir Gott danken konnten. Manchmal musste ich lange nachdenken, und dann waren es solche Sachen wie das schöne Wetter oder die wiedergefundenen Fußballschuhe, die ich schon verloren geglaubt hatte ... An anderen Tagen, wenn ich zum Beispiel traurig oder verärgert war, hatte ich den Eindruck, mich zum Dankgebet zwingen zu müssen und mich zu verbiegen. Oft aber war es angenehm, an die schönen Augenblicke eines Tages zurückzudenken. Manchmal war es sogar richtig lustig, und wir mussten tüchtig lachen. Bei uns herrschte ein fröhlicher Glaube. Als ich ins Teenageralter kam, haben wir das kleine Ritual aufgegeben, ich weiß nicht mehr wie. Aber im Grunde waren all diese Augenblicke großartig gewesen. Sie halfen mir zu begreifen, dass ich mich auch über etwas anderes freuen konnte als über Erfolge oder Geschenke. Und auch, dass es ein großes Glück ist, lebendig zu sein.«

Den Stimmungstiefs widerstehen

Claire erzählt: »Es war gestern Abend gegen neunzehn Uhr. Ich hatte einen anstrengenden Arbeitstag hinter mir und war mit meiner jüngsten Tochter, die drei Jahre alt ist, in der Küche. Sie löffelte eifrig ihren Joghurt, während ich am Aufräumen war, denn in unserer Küche lag alles kreuz und quer herum. Ich dachte an alles, was ich noch erledigen musste, es würde ein voll gepackter Abend werden und dann ein stressiger nächster Tag ... Meine Tochter fragte mich etwas, und ich antwortete ihr ganz einsilbig, so sehr nahmen mich all diese kleinen nervtötenden Dinge in Anspruch.

Plötzlich hielt ich inne. Irgendetwas stimmte nicht. Ich hatte gemerkt, dass die Situation absurd war: Ich war verärgert, weil meine Tochter Aufmerksamkeit verlangte. Aber vor allem, weil mir der Abwasch gerade wichtiger gewesen war als mein Kind! Ich legte den Schwamm hin und setzte mich neben sie. Wir sprachen eine Weile ruhig miteinander. Ich konzentrierte mich vollkommen auf diesen Moment, ich beobachtete meine Tochter, hörte ihr *wirklich* zu. Und nach und nach spürte ich, wie ein kleiner Glücksschauer in mir aufkam. Dann machten wir ein Puzzle, und ich las ihr eine Gutenachtgeschichte vor. Aber ich sagte mir dabei nicht: ›Schnell, schnell, du musst noch das Essen vorbereiten und mehrere Leute anrufen.‹ Ich sagte mir, dass ich Zeit hatte und gerade etwas wirklich Wichtiges tat. Als mein Mann nach Hause kam, war das Essen nicht fertig, und in der Küche ging alles drunter und drüber, aber ich fühlte mich gut. Und was noch zu tun blieb, schien mir plötzlich gar nicht mehr unüberwindlich.«

An jedem normalen Tag geraten wir mehrere Male an »Kreuzungen«. Wir können uns dann entscheiden, unsere Routinetätigkeiten weiterzuverfolgen und unsere Launen zu pflegen – die Launen gestresster und sorgenvoller Erwachsener. Wir können der Griesgrämigkeit aber auch widerstehen;

wir können uns entscheiden, auf »Pause« zu drücken und Atem zu holen. Natürlich kann man nicht ständig so handeln, denn es gibt im Alltag einfach viele Dinge, die erledigt werden müssen. Es genügt aber schon, von Zeit zu Zeit eine Abzweigung einzuschlagen, an die man ein paar Sekunden zuvor noch nicht einmal gedacht hatte.

Die folgenden ähnlichen Situationen stammen ebenfalls von Claire:

»Auf dem Nachhauseweg von der Arbeit schaue ich beim Bäcker vorbei und kaufe mir ein Stück Kuchen; ich gehe abends nicht direkt nach Hause, sondern treffe mich mit einer Freundin im Kino; am Sonntagmorgen bleibe ich ohne Schuldgefühle im Bett, obwohl es in der Wohnung so viel zu tun gäbe ...«

Man sollte sich die kleinen Glücksschübe so oft wie möglich spendieren und dabei die Leichtigkeit des Lebens entdecken.

Ein Ziel, aber keine Obsession

Comte-Sponville bemerkte völlig zu Recht über die Suche nach dem Glück: »Kümmere dich lieber um das, was wirklich zählt: um die Arbeit, die Aktivität, das Vergnügen, die Liebe – um die Welt. Das Glück wird als Zugabe kommen, wenn es denn kommt, und es wird dir weniger fehlen, wenn es ausbleibt.«

Sicher muss man dem Glück eine Vorrangstellung einräumen, aber ebenso muss man darauf achten, dass es von nichts abhängig wird und uns genügend Bewegungsfreiheit lässt. Darin liegt der Unterschied zwischen dem Verfolgen eines Ziels und dem Leiden an einer Zwangsvorstellung. Ist das ein Widerspruch zu einem der früheren Ratschläge (dass wir uns nämlich anstrengen sollen)? Nein, es handelt sich einfach um eine Schwierigkeit, die jedem Lernprozess eigen ist: Zuerst muss man sich in etwas hineinvertiefen, dann löst man sich souverän davon …

Glücklicherweise kann es uns auch Glück spenden beziehungsweise sein Erscheinen leichter machen, wenn wir auf das Glück warten, es vorbereiten und nach ihm streben. Diderot schrieb: »Reißen Sie mich nicht vom schönsten Teil meines Glückes los. Das Glück, das ich mir verspreche, ist beinahe immer größer als das, dessen ich mich erfreue.« Und Jules Renard hat es noch schöner ausgedrückt: »Glück ist, nach dem Glück zu suchen.«

Der Garten des Glücks

Wie bei der Gartenarbeit werden auch beim Glück unsere Anstrengungen nicht sofort belohnt. Im vorangegangenen Kapitel haben wir uns mit Arbeiten beschäftigt, die im Garten dem Unkrautjäten entsprechen würden. Man muss aber auch etwas aussäen, gießen und noch eine Menge anderer Dinge tun. Die Arbeit erfordert Geduld, manchmal enttäuschen die Resultate, und in manchen Jahren ist das Wetter einfach nicht so günstig. Deshalb erfahren vergnügungssüchtige Leute auch kaum etwas vom Glück: Sie brauchen ihre Belohnung einfach schneller.

Die Entmutigung angesichts von ausbleibenden oder nur flüchtig aufkeimenden Glücksgefühlen wird durch die Gewohnheiten unserer Zeit sicher noch verschärft. Wird uns heutzutage nicht vorgespiegelt, wir könnten alles ganz leicht bekommen? Glück aber kostet Zeit und Mühe. Erfreulicherweise lehrt uns die Erfahrung jedoch, dass wir meist überschätzen, was wir an einem Tag schaffen können (so dass wir am Abend enttäuscht sind), dass wir aber unterschätzen, was sich in einem Jahr alles bewältigen lässt (so dass wir angenehm überrascht sein werden, falls wir nicht zu früh aufgegeben haben).

Eine sanfte Neigung nach oben

Wenn wir gute Vorsätze (eine Diät, das Leben ohne Zigaretten, regelmäßige sportliche Betätigung) wieder aufgeben, liegt das oft daran, was in unseren Köpfen geschieht, während wir einmal von unseren Zielen abweichen. Greifen wir zum Beispiel an einem Abend mit Freunden doch wieder zur Zigarette, denken wir hinterher meist, dies sei der schlagende Beweis dafür, dass wir vom Nikotin nicht loskommen. So verwandeln wir das, was vielleicht nur ein simpler Zwischenfall auf dem Wege war, in einen echten Rückschlag.

Mit dem Glück verhält es sich ebenso: Haben wir beschlossen, mehr an unserem Glück zu arbeiten, bedeutet das noch lange nicht, dass wir künftig immerzu gut gelaunt sein müssten (auch wenn wir dafür aus unserer Umgebung boshafte Bemerkungen hören werden: »Na so was, ist der Glückssucher heute schlecht drauf?!«). Am Glück zu arbeiten heißt einfach nur, dass man hofft, es allmählich häufiger und länger zu verspüren, es nicht mehr zu vernachlässigen

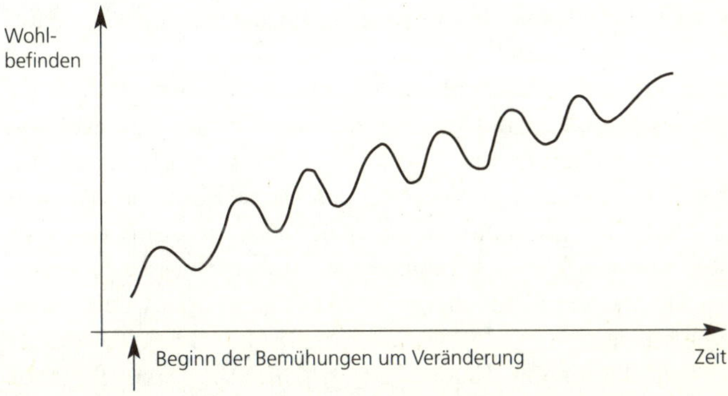

Die Kurve der persönlichen Veränderung. Man muss seine Fortschritte anhand des allgemeinen Verlaufs der Kurve beurteilen, nicht nach den unvermeidlichen kleinen Auf-und-Ab-Bewegungen.

oder zu verpfuschen. Das wirkliche Leben wird unsere guten Vorsätze natürlich wieder durcheinanderbringen.

Die Therapeuten wissen gut, dass die Kurve der Persönlichkeitsentwicklung niemals glatt nach oben verläuft, sondern eine Sägezahn-Form hat. Die »Täler« entsprechen unseren Fehlgriffen, den Stimmungstiefs und der Rückkehr der Schwermut. Danach startet man neu durch. Solange die Kurve insgesamt sacht ansteigt, braucht man sich keine Sorgen zu machen. André Gide hat einmal geschrieben: »Es ist gut, sich seiner Neigung hinzugeben, vorausgesetzt, sie weist nach oben.«

Mit offenen Augen

»Bemühen wir uns, mit offenen Augen in den Tod einzugehen«, ließ Marguerite Yourcenar den römischen Kaiser Hadrian sagen. Kann man diesen Satz auch aufs Glück anwenden? Wer sein Glücksbewusstsein entwickeln will, darf nicht vergessen oder gering schätzen, wie gut er es in manchen Dingen erwischt hat. Die Leserinnen und Leser dieses Buches haben das Glück, in reichen und demokratischen Ländern im Frieden zu leben; sie haben meist gute Arbeitsbedingungen, ein leistungsfähiges Gesundheitssystem etc. Gerade deshalb ist Glück untrennbar mit einer Öffnung zur Welt mit all ihrem Unglück verbunden. Man kann sich übrigens fragen, ob rührselige Filme oder tragische Romane vielleicht auch die Funktion haben, unser Bewusstsein dafür zu schärfen, wie viel Unglück möglich ist, und uns besser erkennen zu lassen, wie viele Chancen für ein glückliches Leben sich uns bieten.

Der Philosoph E. M. Cioran empfahl dazu folgende Übung: »Gehen Sie zwanzig Minuten auf einem Friedhof spazieren, und Sie werden sehen, dass Ihr Kummer zwar gewiss nicht erloschen, aber doch beinahe überwunden ist ...

Haben Sie sich das Nichts bewusst gemacht, wahrt alles, was Ihnen widerfährt, seine normalen Proportionen und nimmt nicht die verrückten Ausmaße an, wie sie für den Überschwang der Verzweiflung typisch sind.«[8] Wir haben es bereits an anderer Stelle gesagt: Das Bewusstsein um die Zerbrechlichkeit des Glücks ist von derselben Natur wie das Wissen um die Vergänglichkeit des Lebens. Überängstliche Menschen zeigen uns, wie man es gerade nicht machen soll: »Wie können wir glücklich sein, wo uns das Unglück doch jeden Augenblick treffen kann?« Glückliche Menschen denken genau umgekehrt: »Gerade weil das Unglück stets möglich ist, muss man sich bemühen, so glücklich wie möglich zu sein.«

Ich erinnere mich, dass ich eine junge Mutter behandelte, die ständig in der Angst lebte, ihr Baby könnte sterben (eine ihrer Schwestern hatte ein Kind durch plötzlichen Kindstod verloren). Die Therapie war langwierig und schwierig gewesen, denn man heilt solche Ängste nicht, indem man auf das geringe statistische Risiko hinweist (das hatten Angehörige und Ärzte bereits versucht). Ganz im Gegenteil – man muss dem Patienten helfen, über den Tod nachzusinnen, und nicht nur an ihn zu denken, sondern schließlich sogar über ihn zu sprechen. Die Angst hinderte diese Frau buchstäblich daran, mit ihrem Kind glücklich zu sein: Sie sah in ihm immer nur ein höchst zerbrechliches, vom Tode bedrohtes Geschöpf.

Nach langen Gesprächen über den möglichen Tod ihres Sohnes und zahlreichen therapeutischen Konfrontationen[9] mit der Vorstellung des Todes begann die Patientin allmählich das Wesentliche zu begreifen: Egal was morgen geschehen mag, am wichtigsten bleibt immer, dass man sich mit aller Kraft darauf konzentriert, heute mit seinem Kind glücklich zu sein. Am Ende der Therapie gelang es ihr, mit mir über die entscheidende Frage zu sprechen: »Wenn mein Kind morgen vielleicht sterben muss, soll ich mich dann heute der Angst oder dem Glück hingeben?«

Raphaëlle meint: »Manchmal empfinde ich Verlegenheit und beinahe Scham, wenn ich glücklich bin. Nicht nur, weil es auf dieser Welt so viel Elend gibt; ich habe eingesehen, dass mein persönliches Glück oder Unglück nicht viel daran ändert. Aber wer glücklich ist, kann die anderen stören und verärgern oder schlimmer noch, er kann sie unglücklich machen, indem er ihnen ihre eigenen Schwierigkeiten mit dem Glücklichsein vor Augen führt. Ich erinnere mich noch an die Verlegenheit, die ich als Schwangere einer Freundin gegenüber verspürte, die keine Kinder bekommen konnte. Genauso geht es mir mit meinem Glück, wenn ich manchen anderen Personen gegenüberstehe. Also verstecke ich es manchmal oder verschweige es …«

Damit Ihr Glück niemandem auf die Nerven geht

Pierre Daninos, ein Autor, der eine schwere Depression durchgemacht hat[10], vermerkte: »Die Leute wissen nichts von ihrem Glück, aber das der anderen entgeht ihnen nie.«

Glück ist der wohl größte Reichtum und auf jeden Fall der einzige, der weder Ärger noch Neid hervorrufen sollte, ist er doch immateriell und jedem zugänglich. Dennoch kann Glück zu einem Gegenstand werden, an dem sich die Gemüter erhitzen. Paradoxerweise kann es in den Augen der Mitmenschen sogar beleidigend wirken, ganz wie die Schönheit (von welcher der Schriftsteller Michel Tournier sagte, dass sie »uns gnadenlos verletzt«). In Wahrheit steht das Glück aber einem anderen Schatz viel näher – der Gesundheit. Beide sind eine Mischung aus genetischer Veranlagung und persönlichen Anstrengungen. Die Probleme rühren sicher daher, dass die Reichtümer des Glücks zu schlecht verteilt sind und dass es so viele Menschen gibt, die alle Mühe haben, glücklich zu leben.

»Nur im Verborgnen lebt sich's glücklich«, lässt der Fabeldichter Florian die Grille sagen. Wie soll man diese Maxime deuten? Stellt sich das Glück leichter ein, wenn man abgeschieden lebt? Oder ist Glücklichsein mit einer gewissen Diskretion verbunden, um die anderen nicht zu belästigen? Sicher spielt Diskretion eine Rolle, aber nicht nur sie allein.

Die Pflichten der Glücklichen

Diderot hat als Erster von der Pflicht zum Glück gesprochen: »Es gibt nur eine Pflicht: glücklich zu sein.«

Aber es gibt auch eine Pflicht der Glücklichen. Glück ist mit Recht den gleichen moralischen Verpflichtungen unterworfen wie alle anderen Formen von Reichtum: Bescheidenheit und Großzügigkeit. Wir haben schon gesehen, dass es glücklichen Menschen leichter fällt, uneigennützig zu sein; Glück ist von Natur aus generös. Man muss nur einfach so oft wie möglich daran denken, es mit anderen zu teilen.

Gibt es das Glück für alle?

Der Mensch ist ein Gesellschaftstier: Wie sollte man sich das Glück des Einzelnen vorstellen, ohne dabei auch an dessen Mitmenschen zu denken? In einer menschlichen Gemeinschaft sind nur solche Glücksformen möglich, die das Glück der anderen nicht schmälern. »Akzeptiere kein Glück, das auf Kosten der meisten anderen Menschen erreicht wird«, sagte Gide.

Dies ist wohl die Vorbedingung für eine Utopie des Glücks, von der viele träumen: Glückliche Menschen schlagen nicht zu, vergewaltigen niemanden und töten nicht, sie haben es nicht nötig, über andere herzuziehen oder jene zu hassen, die anders sind oder anders denken. Wir wissen, dass diese Utopie nicht »von oben herab« beschlossen werden kann, sondern nur dauerhaft existiert, wenn sie in jedem einzelnen Mitglied der Gesellschaft Wurzeln geschlagen hat. Boris Vian erinnert uns daran, wenn er sagt: »Das Glück aller ist aus dem Glück eines jeden gemacht ...«

Der Optimismus: Max, Candide und die schwimmenden Mäuse

Der Optimist: Sie ist nicht pünktlich; das bedeutet, sie wird kommen.

SACHA GUITRY

Hadrien erzählt: »Ich habe Max an der Universität kennen gelernt; er hatte per Annonce einen Mitmieter für seine Studentenwohnung im Zentrum gesucht. Er war ein fröhlicher und angenehmer Bursche. Aber mehr noch: Er war praktizierender Optimist. Ich gebrauche diesen Ausdruck absichtlich, denn Max hatte nicht nur den Glauben daran und ein leidenschaftliches Vertrauen in die Zukunft (er sagte, er sei von der Intelligenz der menschlichen Gattung überzeugt), sondern er praktizierte seine Überzeugungen auch: Seine Freunde konnten bei ihm tagtäglich den Optimismus in Aktion beobachten. Eines Tages mussten wir zum Flughafen. Wir waren schrecklich spät dran, und eine Viertelstunde vor dem Start waren wir immer noch nicht angekommen. Ich wollte schon wieder umkehren, aber Max war ganz erstaunt, wie mir auch nur eine solche Idee kommen konnte, und weigerte sich hartnäckig, kehrt zu machen. Er sagte: ›Man weiß doch nie, stell dir vor, der Pilot steckt auch im Stau ...‹ Ich weiß nicht, woran es gelegen hat, aber als wir am Flugplatz eintrafen, lasen wir, dass unsere Maschine eine Stunde verspätet abfliegen würde. So haben wir sie doch noch bekommen. Für Max war der Flug übrigens angenehmer als für mich, denn ich war noch immer sehr gestresst, während er die ganze Zeit eine fatalistische Haltung eingenommen hatte: ›Wir tun eben, was wir können. Wenn wir uns aufregen, sind wir auch nicht schneller am Flughafen.‹ Wenn wir Mädchen anbaggerten, schreckte Max vor keiner Hürde zurück, und selbst die allerschönsten nahmen ihm nicht den Mut; er suchte immer seine Chance. Aber er hatte auch ein scharfes Auge, er verbiss sich nie in etwas, und wenn er merkte, dass es ein hoffnungsloser Fall war, verlor er keine Zeit damit. ›Versuchen muss man es immer‹, erklärte er uns einfach, ›nur so merkt man, ob man eine Chance hat, und nicht etwa, wenn man den ganzen Abend bloß von weitem hinüberstarrt.‹ Weil er entspannt war und viel lächelte, klappte es oft. Aber wenn es nicht funktionierte, versuchte er es gleich bei der nächsten Frau; von seinem Misserfolg war er überhaupt nicht angeschlagen, er nahm das auch gar nicht als großen Fehlschlag wahr. Als wir eines Tages über seinen Optimismus redeten (eigentlich interessierten uns mehr seine Flirt-Methoden), erklärte er uns: ›Ich gehe immer von einer positiven Grundannahme aus, außer wenn ich richtige Beweise fürs Gegenteil habe. Und im Zweifelsfall lasse ich die Sache niemals auf sich beruhen. Die Reue, es nicht probiert zu haben, ist für mich schlimmer als ein Misserfolg. Es ist normal, dass etwas danebengeht, aber es ist unnormal, es nicht zu versuchen.‹ Prüfungen mochte Max nicht besonders, aber er bestand sie, auch wenn er sich nur so ungefähr vorbereitet hatte. Er machte das Bestmögliche aus seinen Kenntnissen, denn er geriet nie in Panik. Er war stets überzeugt, es werde ihm schon gelingen. Aber trotzdem machte er auch nicht irgendwelchen Quark. Nach sehr effizienten Erkundigungen bei Studenten der höheren Semester wusste er, in welchen Fächern er sich mehr ins Zeug legen musste und wo man es ruhiger angehen lassen konnte. Wenn er Kummer oder Sorgen hatte, war Max zwar betrübt, aber niemals völlig niedergeschlagen. Er war zutiefst davon überzeugt, das Glück werde wiederkehren, wie nach einem Regen die Sonne wieder hervorkommt. Und so geschah es auch. Im Leben eines Optimisten funktioniert das immer so. Nur Pessimisten bleiben in ihrem Unglück gefangen. Ich habe nie verstanden, woher Max seinen Optimismus nahm. Er hatte ein normales Leben geführt, normale Eltern gehabt. Sein Vater war italienischer Abstammung und arbeitete als Maurer, seine Mutter war eine brave Matrone, die sich bedächtig um ihre fünf Kinder kümmerte, ohne jemals laut zu werden. Nach dem Studium haben wir uns aus den Augen verloren. Meine letzte Erinnerung an ihn und seinen Optimismus spielt wieder auf einem Flughafen. Ich glaube, die Flughafengeschichten haben mich stärker beeindruckt als die übrigen, weil ich Angst vor dem Fliegen habe. Als wir an Bord gehen wollten, merkte Max, dass er sein Ticket und seine Papiere verloren hatte. Die Stewardessen waren ein bisschen genervt, und hinter uns warteten jede Menge Leute. Mal ehrlich, an seiner Stelle wäre ich ganz aufgeregt und unruhig gewesen. Nicht so Max. Er trat ganz ruhig zur Seite, ließ die Leute vorbei und sagte mir lächelnd: ›Vor fünf Minuten hatte ich sie noch, da können sie nicht weit gekommen sein. Ich finde sie bestimmt wieder ...‹ Was er auch tat, und ohne sich dabei im geringsten zu stressen. Ich weiß, dass Max Französischlehrer an einem Gymnasium geworden ist. Die Eltern seiner Schüler können sich glücklich schätzen: Er wird ihren Kindern viel mehr beibringen, als man in den Lehrbüchern finden kann.«

Was ist Optimismus?

In den Definitionen des Wortes Optimismus ist von einer Geisteshaltung die Rede, die uns dazu bewege, »die Dinge von ihrer positiven Seite zu sehen und dabei ihre ärgerlichen

Aspekte zu vernachlässigen«, aber ebenso von einem »Gefühl glücklichen Vertrauens in den günstigen Ausgang einer Situation«.[11]

Der Optimismus ist eine Dimension der Persönlichkeit, die in der Psychologie bereits ausgiebig untersucht wurde, hängt er doch eng mit den Gefühlen des Wohlbefindens und des Glücks zusammen.[12] Optimisten wird allgemein zugestanden, dass sie über ein größeres emotionales Behagen und eine bessere Lebensqualität verfügen.[13] Die Untersuchungen der experimentellen Psychologie zeigen auch ziemlich einhellig die günstigen Auswirkungen des Optimismus auf die Gesundheit.[14] Das trifft auf die verschiedensten Bereiche zu, so auf die Genesung nach Operationen[15] oder das persönliche Engagement des Patienten bei der Therapie schwerer Erkrankungen[16].

Optimismus beschränkt sich nämlich nicht auf eine Geisteshaltung (auf das Vertrauen in die Zukunft); angesichts der Schwierigkeiten unseres Daseins drückt er sich auch in einer aktiveren Einstellung und in konkretem Verhalten aus[17]: Man sucht nach Unterstützung und Informationen oder nutzt angemessene Strategien zur Problemlösung oder Stimmungsaufbesserung.

Diese aktuellen Erkenntnisse der Psychologie erlauben uns eine präzisere Definition des Optimismus: *In einer ungewissen Lage geht der Optimist davon aus, dass es eine positive Lösung gibt, und handelt so, dass er diesen positiven Ausgang begünstigt.* Optimismus ist also eine Sache des Denkens und des Handelns.

Zerrbild und Kritik des Optimismus: *Candide*

In Sachen Optimismus halten sich hartnäckig zahlreiche Vorurteile. Optimismus ist verdächtig. Im harmlosesten Fall wird er zur Zielscheibe von Scherzen: »Ein Optimist ist jemand, der seine Kreuzworträtsel gleich mit Kugelschreiber ausfüllt.« Ernster wiegt schon, dass man den Optimisten einen Mangel an Klarsicht und Intelligenz vorwirft. Schuld daran ist teilweise Voltaire und sein berühmter *Candide* ...

Diese philosophische Erzählung, Voltaires berühmtestes Werk[18], war nämlich ein regelrechter Angriff auf die Thesen des deutschen Philosophen Leibniz, der von der Vortrefflichkeit der göttlichen Schöpfung überzeugt war und – vereinfachend gesagt – das Motto »Alles ist gut« vertreten hatte.

Candide, ein junger Deutscher von schlichtem und rechtschaffenem Gemüt, ist der illegitime Sohn eines Adligen und wächst beim Baron Thunder-ten-thronck auf. Auf dem Schloss wird er vom Doktor Pangloss erzogen, wie Leibniz ein Anhänger der Doktrin, in dieser besten aller Welten laufe alles nur zum Besten. Diese Erziehung und eine angenehme Jugend machen aus Candide einen Optimisten, der vielleicht eine Spur zu naiv ist. Aber dann wird er abrupt aus seinem Paradies vertrieben, nachdem ihn der Baron dabei überraschte, wie er dessen eheliche Tochter Cunégonde küsste. Nun beginnen für Candide die Widrigkeiten des Lebens. Zahlreiche Abenteuer, die so grausam wie exotisch sind, führen ihn von Buenos Aires bis Konstantinopel und bringen ihn allmählich zur Vernunft (jedenfalls zu Voltaires Auffassung von Vernunft). Am Ende widerruft er seine optimistischen Überzeugungen und zieht sich bescheiden zurück, um »seinen Garten zu bestellen«, ohne sich weiter mit metaphysischen Gedanken zu beschweren.

Hatte Voltaire mit dem Optimismus ein Hühnchen zu rupfen? Als er *Candide* schrieb, war er gerade über die große Katastrophe seiner Epoche, das Erdbeben von Lissabon (welches die Stadt im Jahre 1755 total zerstörte und Europa in Angst versetzte), sowie über die Schrecken des Siebenjährigen Krieges zutiefst erschüttert. Vom König verbannt, lebte Voltaire damals im Exil von Ferney, nahe der Schweizer Grenze, und der Pessimismus machte sich in ihm immer mehr breit: »Eines Tages wird alles gut sein – das ist unsere Hoffnung. Heute ist alles gut – das ist die Illusion.«

Woran liegt es aber, dass man eher die Optimisten kritisiert als die Pessimisten? Dabei sucht man in Wirklichkeit doch lieber die Gesellschaft optimistischer Leute. Sollte man heimlich eifersüchtig sein auf diese Klassenbesten in der Schule des Glücks? Vor allem kommt es daher, dass man vom Optimismus nur eine sehr beschränkte Facette wahrnimmt: den Willen, die Welt auf positive Weise zu sehen, obwohl es dafür nicht immer gute Gründe gibt. Man glaubt im Optimismus eine gewisse Verblendung zu erkennen und den bornierten Wunsch, sich nicht mit der finsteren Seite der Wirklichkeit zu beschäftigen. Boshafterweise lässt Voltaire seinem Candide dann auch alles Unglück dieser Welt begegnen – angeblich lauter Beweise dafür, wie unangebracht seine philosophische Grundhaltung sei.

Wie wir jedoch gesehen haben, zeigen die modernen Erkenntnisse über den Optimismus, dass er nicht allein ein Geisteszustand ist (man erwartet das Beste und nicht das Schlimmste), sondern ebenso eine umfassende Einstellung, die engagiertes Verhalten einschließt (man wird aktiv, damit das Beste eintrifft). Anders als Voltaire annahm, ist der Optimismus also vollkommen an das Leben in einer »grausamen Welt« angepasst …

Von der Intelligenz des Optimismus

Montherlant hatte eine Ahnung von der Intelligenz des Optimismus, als er in seine Notizhefte eintrug: »Es gibt keinen größeren Beweis für Intelligenz als jenen, die Welt so zu sehen, wie sie ist, und sie gut zu finden, oder einfacher ausgedrückt, sich wohl in seiner Haut zu fühlen.« Ein Optimist ist überzeugt, dass Scharfblick und Wohlbefinden vollkommen miteinander vereinbar sind. Einen *blinden* oder *einfältigen*

Optimismus scheint es nämlich nur in der Einbildung neidischer Pessimisten zu geben! In Wahrheit ist Optimismus meist intelligent, also hellsichtiger, flexibler und urteilsfähiger, als man früher angenommen hat.[19]

Untersuchungen haben gezeigt, dass Optimisten bei auftretenden Schwierigkeiten mehr Ausdauer haben als Pessimisten (»Es muss für dieses Problem doch eine Lösung geben«), außer wenn sie einsehen, dass ihre Anstrengungen nutzlos sind und anderswo besser eingebracht werden könnten. In einem psychologischen Experiment hat man die Versuchsteilnehmer zum Beispiel gebeten, geometrische Aufgaben (Puzzles) zu lösen, die in Wahrheit unlösbar waren. Solange es keine Alternative zu dieser Übung gab, unterschieden sich die Optimisten nicht von den Pessimisten. Alle versuchten, in den zwanzig vorgegebenen Minuten die Lösung zu finden, obwohl niemand auch nur zum geringsten Ergebnis gelangte. Als man in einer anderen Versuchsbedingung jedoch drei verschiedene Serien von Puzzles einsetzte (wobei man mit den unlösbaren begann), hörten die Optimisten im Durchschnitt vier Minuten früher mit der ersten Serie auf, um sich lieber der nächsten zuzuwenden.[20]

Auch die Legende, dass Optimisten vor unerfreulichen Dingen die Augen verschließen, ist im Experiment widerlegt worden. So hat man Informationsbroschüren über bestimmte Gesundheitsrisiken (Ernährung, Sonnenbaden, Nikotinkonsum etc.) an Studenten verteilt und dann gemessen, wie lange sie darin lasen. Anders als erwartet, verbrachten die optimistischen Studenten mit der Lektüre der Warnhinweise mehr Zeit als mit der Lektüre der neutralen Informationen. Und je stärker sie von den unerfreulichen Informationen selbst betroffen waren, desto genauer lasen sie: Die Raucher informierten sich über die schädlichen Wirkungen des Tabaks, die eifrigen Konsumenten von Vitaminpräparaten über die Gefahren einer Überdosierung.[21] Und im Nachhinein sind es gerade die Optimisten, die aufgrund negativer

Informationen, die ihnen stichhaltig erscheinen, ihr Verhalten ändern.[22] Diese Anpassungs-Intelligenz der Optimisten lässt sich auf verschiedene Weise erklären, aber ein Wirkmechanismus ist von mehreren Studien klar herausgestellt worden: Eine große Rolle spielen die positiven Emotionen. Je besser die Stimmung einer Person ist, desto aufnahmebereiter zeigt sie sich für Botschaften, die ihr Wohlbefinden und ihre Gesundheit betreffen.[23]

Optimisten sind also weit entfernt von der banalen Autosuggestion angenehmer Denkschablonen, und sie stecken auch ihren Kopf nicht in den Sand, wenn etwas Unerfreuliches auftaucht …

Positive Illusionen?

Es sieht demnach so aus, als gebe es gar keinen »blinden« Optimismus und als ginge Scharfblick häufiger mit Optimismus einher als mit Pessimismus. Trotzdem müssen wir ein heikles theoretisches Problem anschneiden: die Rolle der Realitätsverweigerung für den Optimismus und das Glück.

Madame de Puisieux, die Mätresse von Diderot, schrieb zum Beispiel: »Ein Irrtum, der mich glücklich macht, ist mir lieber als eine wahre Erkenntnis, die mich verzweifeln lässt.«

Der Optimismus beruht ganz klar auf einem Ensemble »positiver Illusionen«. Diese sind nicht gefährlicher als andere Überzeugungen, aber von erwiesener Wirksamkeit: Eine über 23 Jahre fortgesetzte Langzeitstudie an älteren Menschen (die zu Beginn durchschnittlich 63 Jahre alt waren) hat gezeigt, dass die Personen mit einer positiven Sicht aufs Älterwerden (»Ich fühle mich weiterhin in Form«, »Ich lerne immer noch dazu« etc.) im Durchschnitt siebeneinhalb Jahre länger lebten als die mit einer negativeren Sichtweise.[24]

Andere Untersuchungen belegen ebenso überzeugend die Wirksamkeit positiver Illusionen bei Personen, die an

Das Leben ist schön

Eines der herzzerreißendsten und strahlendsten Beispiele für die Funktion des Optimismus liefert uns der Film *Das Leben ist schön* (1999). In dieser vergnüglichen und gleichzeitig grausamen Geschichte spielt der italienische Regisseur Roberto Benigni einen Vater, der mit seinem kleinen Sohn ins Konzentrationslager deportiert wird. Weil er sein Kind vor dem Leid und den Schrecken des Lagerlebens schützen will, erfindet er eine gigantische »positive Illusion«, die er seinem Sohn suggeriert. Er stellt ihm das Lagerleben als eine Art ruppiges Geländespiel in Originalgröße dar, aus dem sie beide als Sieger hervorgehen wollen, um den ersten Preis zu gewinnen: einen richtigen Panzer! Dank der Energie, die sein Vater zur Glaubhaftmachung dieser Illusion aufwendet, wird der Sohn das Lager lebendig verlassen und am Ende zu den amerikanischen Befreiern in den Panzer steigen …

schweren Krankheiten leiden (»Ich komme durch, und alles wird so sein wie früher …«).[25] Dennoch möchten wir betonen, dass sich solche »positiven Illusionen« nicht auf die Bewertung oder Anerkennung des Problems selbst richten (wenn es wirklich ein Problem ist, gibt es darin keinen Unterschied zwischen Optimisten und Pessimisten), sondern auf das, was wir »Effizienzerwartungen« nennen – die Überzeugung, dass man etwas unternehmen kann, um diesem Problem zu Leibe zu rücken. Hier tut sich die wirkliche Kluft zwischen Optimisten und Pessimisten auf.

Die Spezialisten auf dem Gebiet der Humanwissenschaften interessieren sich sehr für diese positiven Illusionen und erforschen sie gegenwärtig in zahlreichen Studien. Man möchte zum Beispiel überprüfen, ob ihre Vorteile, die auf kurze Sicht ziemlich klar auf der Hand liegen, auch langfristig Bestand haben.[26] Man möchte auch wissen, ob positive Illusionen in bestimmten Bereichen nützlicher sind als in anderen: Helfen sie uns im Kampf gegen eine schlimme Krankheit mehr als beim erfolgreichen Absolvieren des Studiums? Anders gesagt, sollte es bei allen bereits erwiesenen Vorzügen des Optimismus auch Grenzen geben? Die Antworten darauf werden noch ein paar Jahre auf sich warten lassen. Bleiben wir währenddessen optimistisch, oder lernen wir, es zu sein!

Wie macht man Mäuse optimistisch?

Nehmen Sie einen Bottich mit glatten Wänden, füllen Sie ihn mit einer milchig-trüben Flüssigkeit und beschaffen Sie sich eine genügende Zahl von Mäusen. Teilen Sie dann die Mäuse nach dem Zufallsprinzip in zwei Gruppen auf und lassen Sie diese jeweils in einen Bottich rutschen, in dem die Flüssigkeit tief genug sein muss, damit die Tiere mit den Pfoten nicht den Grund erreichen.

Wenn Sie nun eine interessante Entdeckung machen wollen, sollten Sie folgendermaßen vorgehen: Die Mäuse der ersten Gruppe müssen den Vorteil haben, in einem Bottich mit einer versunkenen Insel zu schwimmen – einer unsichtbaren kleinen Plattform unter der Wasseroberfläche. Wenn eine Maus sie auf ihrer frenetischen Suche nach einem Ausstieg zufällig findet, kann sie auf ihr ausruhen und einen Moment Kraft schöpfen. Die Mäuse der zweiten Gruppe haben hingegen keine versunkene Insel im Bottich und müssen die ganze Zeit schwimmen.

Achten Sie darauf, dass die Mäuse in beiden Gruppen ungefähr die gleiche Zeit geschwommen sind, damit die unterschiedliche Ermüdung nicht die Resultate verfälscht. Fischen Sie die Tiere dann aus dem Bottich und lassen Sie Ihren braven Schwimmmäusen Zeit, sich zu trocknen und neue Kräfte zu sammeln. Geben Sie sie dann allesamt wieder in die milchige Flüssigkeit. Diesmal hat jedoch keine Gruppe einen Vorteil, die versunkene Insel ist fort, und die Pfoten stoßen nirgendwo mehr auf Grund. Messen Sie nun, wie lange die Mäuse verzweifelt herumschwimmen, ehe sie sich erschöpft und entmutigt untergehen lassen (denken Sie aber daran, sie noch rechtzeitig aus dem Bottich zu ziehen, die Tiere werden Ihnen dankbar sein).

Was werden Sie feststellen? Die Mäuse, die während der ersten Schwimmrunde zufällig die versunkene Insel entdeckt hatten, werden doppelt so lange schwimmen wie jene, die nach ihrer ersten Schwimmerfahrung überzeugt sind, dass es keine Hoffnung gibt, irgendwo Atem zu schöpfen.[27] Im Falle eines Schiffbruchs und leicht verspätet eintreffender Rettungskräfte hätten die Mäuse der ersten Gruppe die Mehrzahl der Überlebenden gestellt.

Woher kommt der Optimismus?

Jetzt haben Sie verstanden, wie man Mäuse zu Optimisten macht. Aber Sie haben auch begriffen, dass man Optimismus erlernen kann! Die Mechanismen des Optimismus-Erwerbs beim Menschen unterscheiden sich gar nicht so sehr von dem, was mit unseren Mäusen passiert ist: Wenn wir bereits erlebt haben, wie unsere Anstrengungen belohnt wurden, wird uns das zu einer optimistischen Haltung bewegen (zumindest in den Bereichen, in denen wir regelmäßig Erfolg hatten). Wiederholte Fehlschläge werden hingegen zu Pessimismus führen und zu einer Neigung, sich bei Schwierigkeiten zurückzuziehen und passiv zu bleiben (man nennt so etwas »erworbene Unfähigkeit«). Das gilt vor allem für Misserfolgs-Erfahrungen unter Umständen, in denen wir kaum etwas hätten ausrichten können, in einer Atmosphäre, die erfolgreiches Handeln unmöglich macht.

Man weiß auch, dass das Vorbild optimistischer oder pessimistischer Eltern und die Art und Weise, wie man Kinder in ihren Bemühungen ermuntert oder kritisiert, sehr starken Einfluss auf die spätere Befähigung zum Optimismus hat.[28]

Kommt es frühzeitig zu negativen Lebenserfahrungen (Mangel an gefühlsmäßiger Zuwendung, seelische oder körperliche Gewalt, die Erfahrung, im Stich gelassen zu werden, etc.), stellen sich häufig so genannte »Persönlichkeitsstörungen« ein. Diese Störungen sind vor allem durch einen krankhaften Beziehungsstil gekennzeichnet (etwa durch übersteigerte Abhängigkeit oder unkontrollierte Aggressivität) sowie durch sehr pessimistische Ansichten über die sozialen Bindungen (»Ich weiß ja schon vorher, wie das enden wird!«). Aber wie stets in der Psychologie ist auch hier nichts unverrückbar. Eine aktuelle Untersuchung an solchen Patienten[29] konnte nachweisen, dass es enge Wechselbeziehungen zwischen dem Aufkeimen und der Entwicklung von Optimismus einerseits und dem Rückgang negativer Überzeugungen übers Dasein andererseits gibt, selbst wenn diese Überzeugungen schon seit langen Jahren in der Persönlichkeit verwurzelt waren.

Optimismus in der Praxis

Der Philosoph Alain hat geschrieben: »Pessimismus ist eine Sache der Stimmung, aber Optimismus ist Willenssache.« Ach ja, immer und überall sind Anstrengungen vonnöten! Hier sind ein paar mögliche Wegweiser:

Weder positiv noch negativ: Wie wir gesehen haben, ist optimistisches Denken von Realitätssinn, Zuversicht und Pragmatismus geprägt. Vom systematisch positiven Denken ist es aber ebenso weit entfernt wie vom negativen Denken.

Nachdenken UND handeln: Wer seinen Optimismus entwickeln will, muss nicht nur nachdenken, sondern auch

Optimistisches Denken als realistisches Denken		
Positives Denken	**Optimistisches Denken**	**Pessimistisches Denken**
»Es gibt gar keine Probleme, alles läuft perfekt.«	»Es gibt Probleme, aber ich stelle mich darauf ein.«	»Die Probleme sind unüberwindlich.«
»Ich bin ohne Fehl und Tadel, und alle bewundern mich.«	»Ich habe Vorzüge und Schwächen, und es gibt Leute, die mich so mögen, wie ich bin.«	»Ich bin eine Nulpe; so einen wie mich kann niemand lieben.«

handeln. Rundum optimistisch zu sein setzt voraus, dass man seine Gedanken auch in Taten umsetzt. Mehrere Studien haben nachgewiesen, wie wohlbegründet und effizient ein solches Vorgehen beim Optimismustraining ist.[30]

Die eigenen Voraussagen überprüfen: Insgesamt sind vier Schritte nötig, die in der folgenden Tabelle dargestellt werden. Angesichts einer bestimmten Situation bittet man den Patienten, er solle sich vorstellen,

- wie es schlimmstenfalls ausgehen könnte (pessimistisches Denken),
- welches Ende das denkbar beste wäre (positives Denken)
- welcher Ausgang in Anbetracht der Lage am wahrscheinlichsten ist.
  Ein solches Vorgehen verfolgt vor allem das Ziel, zu einem realistischen Denken zu gelangen, das auf halbem Wege zwischen positivem und pessimistischem Denken angesiedelt ist, zwischen zwei Extremen, die der Wirklichkeit selten angemessen sind.
- Schließlich der sehr wichtige vierte Schritt: Der Patient soll das Resultat systematisch überprüfen. Fakten sind oftmals der beste Therapeut.

Ein Beispiel für psychotherapeutische Arbeit am Pessimismus
(Jean-Philippe, 36, macht zur Verhütung eines depressiven Rückfalls eine kognitive Therapie)

Situation	**Automatische Gedanken**	**Genauer nachdenken: Was kann schlimmstenfalls passieren?**	**Genauer nachdenken: Was kann bestenfalls passieren?**	**Genauer nachdenken: Was ist wahrscheinlich?**	**Was kann ich Sinnvolles tun?**	**Was dann wirklich passierte**
Stau auf dem Autobahnring	Ich schaffe es nicht pünktlich zu meinem Termin!	Ein Riesenstau! Ich bleibe fünf Stunden lang drin stecken.	In fünf Minuten löst er sich auf.	Ich werde verspätet ankommen, aber man wird auf mich warten.	Ich entspanne mich, um in guter psychischer Verfassung einzutreffen. Was nützt es, verspätet und dazu noch gestresst zu sein?	Zehn Minuten Verspätung, aber mein Gesprächspartner steckte auch fest, und so sind wir zur gleichen Zeit angekommen.
Fünfzig Personen kommen zu einem Fest in unser Haus.	Das Haus wird aus allen Nähten platzen; wir werden von dem Abend nichts haben.	Es gibt nicht genug zu essen und zu trinken, die Leute langweilen sich und richten Schäden an, weil zu wenig Platz ist.	Es wird für alle Gäste der schönste Abend des Jahres.	Im Großen und Ganzen wird es nett werden (wie üblich); es sind ja gute Freunde.	Ich rücke so viele Möbel wie möglich zur Seite und besorge reichlich Speisen und Getränke.	Ein paar zerbrochene Gläser, aber sonst ein sehr schöner Abend.
Ich muss zu einem Einstellungsgespräch.	Da ich zu aufgeregt bin, werde ich keinen guten Eindruck machen.	Man nimmt mich nicht.	Man stellt Leute für noch bessere Jobs ein, als angekündigt war.	Sie wissen doch, dass die Kandidaten oft aufgeregt sind; sie sind das gewohnt.	Ich bereite mich mit einer Freundin vor, die in einer Personalabteilung arbeitet.	Man hat mich eingestellt!

Grundvertrauen aufbauen? Dazu meint Louis: »Optimismus ist eine Sache des Vertrauens. Im Prinzip kann man auf zweierlei Weise ans Leben und die Beziehungen zu anderen Leuten herangehen. Entweder man vertraut ihnen *a priori* nicht; man ist am Anfang misstrauisch und stimmt seine Sicht dann auf die jeweilige Situation oder Person ab. Das ist effizient, aber auch ein wenig anstrengend. Oder man geht umgekehrt vor: Man gewährt ihnen erst einmal ein Grundvertrauen und beobachtet nüchtern, was folgt. Das scheint mir genauso effizient zu sein, aber es lebt sich angenehmer damit. Ich hatte das Glück, von Eltern erzogen zu werden, die mich sowohl Vertrauen als auch Scharfblick gelehrt haben. Ich gebe den Leuten immer eine Chance. Zu Beginn jeder neuen Beziehung stelle ich den Zeiger auf 10 von 20. Dann schlägt er nach links oder nach rechts aus. Ich weiß, dass andere Leute ihren Zeiger zuerst auf Null stellen: Ihr Vertrauen will erst mal erobert sein. Andere wiederum geben Ihnen auf Anhieb 20 von 20. Meine Frau macht das so. Damit sie über jemanden ein negatives Urteil fällt, muss er ihr wirklich erst übel mitgespielt haben. Sie findet immer Gründe, das Verhalten anderer Leute zu entschuldigen. Sie ist einfach zu optimistisch! Ihre Methode hat den Nachteil, dass sie immer enttäuscht ist, wenn sie jemanden falsch eingeschätzt hatte. Aber das passiert nicht allzu oft, und es ist nicht jedes Mal eine Tragödie ...«

Optimismus ist letztendlich nichts anderes als ein Grundvertrauen ins Dasein, gepaart mit der Überzeugung, dass man auf Bedrohungen oder Enttäuschungen reagieren können wird. Er beruht also nicht nur auf einer bestimmten *Weltsicht* (die realistisch und maßvoll positiv ist), sondern auch auf der Fähigkeit, den Lauf der Dinge zu ändern: Man kann sich selbst behaupten, entwickelt Selbstkontrolle etc.

Auch hier sind wir weit entfernt vom Bild eines einfältigen und mittelmäßigen Glücks. Glück ist aktiv und intelligent!

Das Gespür fürs Glück ausbauen

> *Das Gehirn ist fürs Glück ein unverzichtbares Organ.*
>
> EIN PATIENT

Rémi erzählt: »Als ich meine spätere Frau kennen lernte, gab es gleich einen Kulturschock. Sie kam aus einem bürgerlichen Elternhaus, ich aus einem Arbeitermilieu. Sie interessierte sich nicht besonders fürs Studium, während ich ein Musterschüler war. Sie war fröhlich, ich ein unruhiger Geist. Und wir hatten einen total unterschiedlichen Lebensstil. Ich erinnere mich an den Morgen nach unserer ersten Nacht; unser Frühstück war wirklich aufschlussreich. Ich erledigte das normalerweise in fünf Minuten, stürzte meinen Kaffee im Stehen hinunter und dachte schon an das, was ich danach machen wollte: arbeiten, einkaufen gehen, die Seminare besuchen ... An jenem Morgen waren wir bei ihr, sie holte ein weißes Tischtuch, machte Musik an, deckte den Tisch schön und erklärte mir: ›Das ist unser erstes gemeinsames Frühstück, da machen wir was Schönes draus, einverstanden?‹ Mich brachte das ein bisschen aus der Fassung. Ich fragte mich, wozu dieses ganze Tralala gut sein sollte; für mich war es bloß Zeitverschwendung. Ich war in punkto Glück ein Neandertaler, und sie war schon zivilisiert. Im Laufe unserer Beziehung habe ich verstanden, dass sie so oft wie möglich glückliche Augenblicke erleben wollte. Und dass sie mir etwas ganz Wichtiges voraus hatte – ein ruhiges Gespür fürs Glück.«

Es ist nützlich, wenn man dem Glück einen guten Teil seiner Anstrengungen und seiner Intelligenz widmet. Manche Personen zeigen uns aber auch, dass es wahrscheinlich ein besonderes Gespür fürs Glück gibt. Worin liegt es, und wie können wir es pflegen und entwickeln?

Glückliche Menschen beobachten

Die Befähigung zum Glücklichsein erwächst aus vielfältigen und subtilen psychischen Mechanismen, über die wir in den ersten Kapiteln gesprochen haben. Es gibt hierbei nicht nur eine einzige Vorgehensweise – die hätte sich ja inzwischen herumgesprochen. Wie bei jedem komplexen Phänomen lernt man am besten durch die Beobachtung überzeugender Vorbilder. Die Psychologen sprechen dabei von »sozialem Lernen«[31]. Wie funktionieren die fürs Glück begabten Leute? Wir sollten alle daran interessiert sein, uns Glückslehrer zu suchen und ihr Verhalten genau zu beobachten (ohne dass sie unbedingt davon wissen). Glück lernt man durch gute Vorbilder besser als durch Ratschläge.

Alice erzählt: »Ich kenne wenige Menschen, die fürs Glücklichsein so begabt sind wie mein Onkel Pierre. Dabei hatte er keine besonders glückliche Kindheit: Sein Vater starb, als Pierre noch ganz klein war, und so gab man ihn in ein Internat. Schon früh litt er an einer schweren rheumatischen Erkrankung, die ihn das ganze Leben über behinderte. Aber trotz allem führte er ein glückliches Leben und bezeichnet sich immer noch als glücklich (und das spürt man auch). Er ist so überzeugend, weil er Glück nicht predigt, sondern vorführt. Auf einer seiner Auslandsreisen hat er einmal bei uns übernachtet. Wir hatten nur eine kleine Wohnung und legten ihm eine Matratze auf den Fußboden des Kinderzimmers. Wegen seiner Gesundheitsprobleme machte uns das ein bisschen verlegen, aber in unserem Ehebett hatte er nicht schlafen wollen. Am nächsten Morgen erkundigte ich mich ziemlich beunruhigt, wie er die Nacht verbracht hatte. ›Aber Alice‹, sagte er, ›ich habe nicht einfach auf dem Fußboden geschlafen! Ich war in einer ganz besonderen Welt, in diesem Zimmer mit seinen vielen Spielsachen, den Gegenständen der Kindheit und Beweisen für ein glückliches Leben, und dann waren da die leisen Geräusche, die dein

Sohn im Traum gemacht hat. Das ist unvergesslich, und anderswo hätte ich diese Lebensintensität gar nicht gehabt. Ich bin ein alter Mann, und du hast mir einen richtigen Jungbrunnen beschert. Da ist es mir egal, wenn ich schlecht geschlafen habe, schlafen kann ich mein ganzes Leben noch!‹ Ein andermal besuchten wir gemeinsam Paris, das Wetter war scheußlich, wir hatten uns total verlaufen und waren ganz durchweicht vom strömenden Regen, und dann hätten wir uns eigentlich auch längst mit unseren Cousins treffen sollen. Ich rief ein Taxi. Als wir endlich im Trockenen saßen und auf dem richtigen Weg waren, war ich noch ganz mit meinen Ärgernissen beschäftigt: ich war total nass, fror und hatte Hunger … Mein Onkel hingegen hatte all diese negativen Eindrücke schon abgestreift und mit dem Fahrer eine ausgiebige Unterhaltung begonnen. Nach dem Aussteigen sagte er: ›Was für ein schöner Augenblick das war! Wir sind hilflos umhergeirrt, und dieses Taxi hat uns gerettet. Außerdem war der Fahrer ein sehr amüsanter und angenehmer Mensch! Und siehe da, schon sind wir bei unserer Verabredung!‹ Sein Verlangen nach Glück und seine Glückskompetenz sind einfach unglaublich. Ich habe den Eindruck, dass sein Gehirn anders konstruiert sein muss als meins; er sieht nicht die gleichen Dinge und erlebt sie auch nicht auf die gleiche Weise. An einem Herbsttag gingen wir im Wald spazieren. Ich war in Gedanken versunken und merkte plötzlich, dass mein Onkel schon hundert Meter zurückgeblieben war. Er stand dort ganz fassungslos herum. Als ich zu ihm zurückgegangen war, merkte ich, dass es ihm fast die Sprache verschlagen hatte: ›Welch ein Glück, hier zu sein! Das ist doch außergewöhnlich, all diese Schönheit … Ist dir klar, was für ein Glück wir haben?‹ Für den restlichen Spaziergang hatte sich meine Einstellung gewandelt, und das verdankte ich ihm. Aber ich konnte es trotzdem kaum fassen: Er war damals siebzig Jahre alt, da hatte er den Herbst doch schon oft genug erlebt! Aber nein, er war immer noch in

Staunen zu versetzen, und die Bäume mit ihren rot gefärbten Blättern nahmen ihm noch immer den Atem! In meinem ganzen Leben hat mich niemand so beeindruckt wie er. Dabei bin ich immer misstrauisch gegenüber Glücksgurus und ihren banalen Ratschlägen. Aber er hat mir, glaube ich, niemals Belehrungen in Sachen Glück erteilt – er predigte nicht, sondern war ein Vorbild durch sein Handeln. Er brachte mir auf die sanfte Art viel übers Glück bei, weil er es selbst gelebt hat.«

Lauter kleine Glücksmomente

Wie könnte Glück jemals »klein« sein?

Und doch sprechen die Tatsachen für sich. All die Hochbegabten in punkto Glück verweisen nachdrücklich auf die kleinen Glücksmomente: »Ganz wie das Gold, das man in kleinen Körnern findet, tritt auch das Glück in Form von Krümeln auf: Soll man es deswegen verachten?«[32] In glücklichen Augenblicken ist das Glück schon vollkommen präsent. Wir müssen nur ein Gespür dafür entwickeln und die Augen zu öffnen wissen, um unscheinbare Ereignisse in Momente glücklichen Bewusstseins zu verwandeln.

Alle wissenschaftlichen Untersuchungen bestätigen übrigens, dass die Häufigkeit glücklicher Augenblicke wichtiger ist als ihre Intensität: besser viele kleine Glücke als ein einziges großes Glück.[33]

Die Überzeugung »Die große Liebe oder gar nichts« hat in romantischen Seelen bekanntlich große Verheerungen angerichtet. Mit dem Glück verhält es sich genauso: Es bringt nichts, eine Hierarchie des Glücks aufzustellen und das große Glück nach links zu sortieren, das kleine nach rechts und das mittelprächtige in die Mitte … Man muss sich bemühen, jedes aufkeimende Glück in sich aufzunehmen. Dabei kann man durchaus »ein bisschen glücklich« sein oder

»ein leichtes Glücksgefühl« verspüren – Glück bleibt es allemal. Auf die Frage, ob er glücklich sei, antwortete André Comte-Sponville: »Sagen wir, ich bin so ziemlich glücklich, das heißt also, ich bin glücklich.«[34]

Im Verlauf eines gewöhnlichen Lebens heißt das Gegenteil von Glück nicht immer Unglück, sondern auch Gleichgültigkeit gegenüber der Welt – eine Haltung, die in Verdruss und Verblendung mündet. Damit die »kleinen Glücke« eintreten, ist eine komplexe Mischung von Wachsamkeit und Empfänglichkeit, Anstrengung und Gelöstheit vonnöten.

Weise, aber nicht resigniert

In einem Chanson von Serge Gainsbourg heißt es: »Alter Junge, wenn wir nicht kriegen, was wir lieben, müssen wir lieben, was wir kriegen …« Manches Glück beruht tatsächlich auf kleinen Arrangements mit dem Leben. Manchmal erfordert Glück aber auch großen Verzicht. »Ruhm ist das strahlende Trauerkleid des Glückes«, schrieb bekanntlich Madame de Staël. Aber vielleicht ist umgekehrt auch Glück bisweilen der diskrete Verzicht auf jede Form von Ruhm?

Die extreme Abhängigkeit von materialistischen Zielen (Erfolg, Berühmtheit, Reichtum) ist auf die Dauer mit Glück unvereinbar (nicht aber mit Vergnügen). Gleiches gilt für ein Dasein, das vollkommen einer inneren Berufung oder einer Leidenschaft geweiht ist: Ein interessantes Leben ist nicht immer ein glückliches Leben (wenngleich es nicht weit davon entfernt sein sollte).

Doch auch wenn Glück bisweilen mit einem Verzicht beginnt, reicht es nicht aus zu verzichten, wenn man glücklich werden möchte. Danach muss man sich sein Glück auch aufbauen (oder züchten …).

Und Weisheit darf nicht in Resignation münden. Man muss Nein sagen können, sich von »giftigen« Personen fernhalten, unerfreulichen Aktivitäten ausweichen – all das ist notwendig fürs Glücklichsein. Und so schrieb schon Rousseau: »Die für mich passende Art von Glück wäre nicht, dass ich tun könnte, was mir beliebt, sondern eher, dass ich nicht zu tun brauchte, was mir nicht beliebt.«

Glück und Dankbarkeit

Virginie erzählt: »Früher war ich auf meine Eltern mächtig sauer: Ihre ständigen Reibereien, ihre Krankheiten (meine Mutter war alkoholabhängig und mein Vater depressiv) und schließlich ihre Scheidung – all das gab mir das Gefühl, sie wären für meine sämtlichen psychischen Schwierigkeiten verantwortlich. Im Lauf der Zeit und durch meine eigenen Bemühungen hat sich das geändert. Heute scheint es mir, als hätte ich ein recht glückliches Leben. Und als hätte ich Frieden geschlossen mit meiner Vergangenheit, also auch mit meinen Eltern. Ich weiß noch immer, was sie falsch gemacht haben, aber mir ist auch bewusst, dass sie es nicht absichtlich taten. Und vor allem habe ich begriffen, was ich ihnen verdanke: Sie haben mich die Liebe zum Lernen, zu den Büchern und der Natur gelehrt, sie haben mir beigebracht, andere Menschen zu achten, und noch etliche andere Dinge, die zum Fundament meiner heutigen Glücksfähigkeit wurden. Weil ich heute glücklicher bin, gelingt es mir auch, ihnen dafür dankbar zu sein. Diese Dankbarkeit steigert mein Glück noch. Und wahrscheinlich auch ihr Glück …«

Außer in einigen begnadeten Augenblicken tritt das »gewöhnliche« Glück nicht aus dem Nichts hervor. Es hat eine Vorgeschichte und ist die Vollendung eines Prozesses. Dieser Prozess ist häufig individueller Natur, er betrifft unsere Lebensbahn und unsere eigenen Bemühungen. Er ist jedoch auch kollektiver Natur: Wir verdanken unsere Fähigkeit zum Glücklichsein oder manche Spielarten unseres Glücks

Personen, die uns vorausgegangen sind und es uns ermöglicht haben, unsere heutigen Lebensbedingungen zu erlangen: In erster Linie sind es unsere Eltern, aber auch unsere ferneren Vorfahren oder das menschliche Geschlecht insgesamt.

Allen Skeptikern sei gesagt, dass verschiedene Untersuchungen bestätigt haben, dass praktizierte Dankbarkeit eng mit den Emotionen des Wohlbefindens zusammenhängt.[35] Eine diesbezügliche Studie hat Studenten über zehn Wochen hinweg begleitet. Die einen erhielten den Auftrag, allwöchentlich wenigstens fünf Ereignisse aufzuschreiben, für die sie jemandem dankbar waren; die anderen sollten mindestens fünf Stress erzeugende Erlebnisse notieren. Am Ende des Untersuchungszeitraums hatten die Studenten aus der »Dankbarkeits-Gruppe« wesentlich höhere Werte in Glück und Wohlbefinden.[36]

Dankbarkeit beinhaltet nicht, dass man von anderen alles erwarten darf oder wir ihnen unser gesamtes Glück verdanken. Sie zeugt lediglich davon, dass wir uns dessen bewusst sind, *was* wir ihnen verdanken. Die Philosophen haben das schon vor den Psychologen begriffen und Dankbarkeit seit jeher in den Rang einer Tugend erhoben. André Comte-Sponville hat unterstrichen, dass Dankbarkeit ein Gefühl ist, bei dem man sich freut, jemandem etwas zu schulden, während die Eigenliebe es doch lieber vergessen würde.[37] In den Augen der Philosophen ist Dankbarkeit unbestritten ein Bestandteil des Glücks.

Glücklich sein, wenn alles glatt läuft

Machen Sie es sich so einfach wie möglich.

Je komplexer und heikler unser Vorhaben ist, je schwieriger und beeindruckender, desto einfacher muss man vorgehen.

Wenn Sie dieses Buch beiseite legen, sollten Sie zuallererst Folgendes beherzigen: Versuchen Sie, »glücklich zu sein, wenn alles glatt läuft«.[38] Dieser Vorschlag hört sich sehr bescheiden an, aber in der Praxis wird er so nützlich sein wie kaum ein anderer.

Haben Sie beschlossen, glücklich zu sein, wenn alles normal läuft, ist das schon eine ganze Menge. Sie haben damit die Entscheidung getroffen, sich die Augenblicke, in denen man glücklich sein *könnte*, nicht mehr zu verderben. Sie haben auch akzeptiert, dass das Glück manchmal eine Nummer kleiner kommt als erwartet und dass man es trotzdem genießen muss. Wenn Sie nicht mehr verpassen, was sich Ihnen darbietet, bedeutet das einen ersten und grundlegenden Schritt beim Erschaffen des eigenen Glücks. Von allen Glücksprogrammen ist dieses das intelligenteste und pragmatischste.

Schlussbemerkung

Na schön, nun ist alles klar, oder?

Wenn die Märchen noch immer mit »Und so lebten sie glücklich und zufrieden …« enden, dann nicht, weil das Glück nicht interessant wäre. Im Gegenteil, es fasziniert alle Welt.

Auch nicht, weil es besser wäre, sich etwas vorzustellen, statt es selbst zu leben. Fragen Sie doch mal jemanden, welches von beiden er vorziehen würde!

Und auch nicht, weil Glück gar nicht existiert. Wir alle haben schon etwas von ihm verspürt.

Nein, es gibt einen einfacheren Grund dafür, dass Märchen auch heute noch mit dieser Formel enden. Märchen dienen dazu, das Unglück zur Sprache zu bringen, aber sie sagen uns auch: Glück ist möglich, und es ist besser, sich gleich auf den Weg zu ihm zu machen, statt nur aus zweiter Hand etwas von ihm zu erfahren …

Das wussten Sie alles schon, nicht wahr? Selbstverständlich ist Glück möglich. Aber weil das Leben kein Märchen ist, müssen Sie die Geschichte selber zu Ende schreiben.

Ich wünsche Ihnen also den nötigen Mut und – viel Glück!

VIERTER TEIL

Wie steht es mit Ihrem Glück?

Die folgenden Fragebögen sind nicht dafür gedacht, Sie in eine bestimmte Schublade einzuordnen, egal wie schmeichelhaft es für Ihr Ego auch sein mag (»Ich bin dabei gut weggekommen«) oder wie sehr es Ihre pessimistischen Überzeugungen stützt (»Ach, das wundert mich leider überhaupt nicht«).

Die Fragebögen sind vielmehr ein Hilfsmittel, mit dem Sie ein wenig genauer über Ihre ganz persönliche Beziehung zum Glück nachdenken können. Und vielleicht bedeuten sie schon einen ersten Schritt in Ihrem Streben nach Veränderung.

I
Ihre emotionalen Voraussetzungen fürs Glücklichsein

Dieser Fragebogen soll enthüllen, welche Veranlagung Sie dafür mitbringen, angenehme Emotionen zu verspüren. Er lehnt sich an zwei bereits existierende Fragebögen an.[1]

Diese Begabungen sind keine unverzichtbaren Vorbedingungen für das Glück, sondern stellen einfach nur »Zugangserleichterungen« dar. Ins Glück spielen auch noch andere Dimensionen hinein. Und Begabung ist nicht immer gleich Erfolg – denken Sie nur einmal an die Fabel vom Hasen und der Schildkröte! Kreuzen Sie einfach immer das Feld an, das Ihrer gegenwärtigen Situation am besten entspricht.

	Eher wahr	*Eher falsch*
1. Ich habe oft gute Laune		
2. Über lustige Filme und Geschichten oder über Witze kann ich mich nicht besonders amüsieren		
3. Ich gewinne leicht Abstand zu meinen Problemen		
4. Ich mag die Einsamkeit		
5. Wenn der Anlass vorüber ist, vergesse ich meine Sorgen schnell		

	Eher wahr	Eher falsch
6. Ich bin oft grundlos traurig		
7. Ich setze Vertrauen in die Zukunft		
8. Ich bin schnell beunruhigt		

Wie können Sie Ihr Ergebnis berechnen?

Zur Berechnung Ihrer Punktzahl schauen Sie bitte in die unten stehende Tabelle. Haben Sie zum Beispiel bei Frage 1 »eher wahr« angekreuzt, erhalten Sie 4 Punkte, während »eher falsch« 0 Punkte ergibt. Ihr Gesamtresultat kann zwischen 0 und 24 Punkten liegen.

	Eher wahr	*Eher falsch*
1. Ich habe oft gute Laune	4	0
2. Über lustige Filme und Geschichten oder über Witze kann ich mich nicht besonders amüsieren	0	2
3. Ich gewinne leicht Abstand zu meinen Problemen	2	0
4. Ich mag die Einsamkeit	0	2
5. Wenn der Anlass vorüber ist, vergesse ich meine Sorgen schnell	2	0
6. Ich bin oft grundlos traurig	0	4
7. Ich setze Vertrauen in die Zukunft	4	0
8. Ich bin schnell beunruhigt	0	4

Was besagt dieses Ergebnis?

- *Wenn Sie 6 Punkte oder weniger erreicht haben:* Ihre emotionalen Voraussetzungen zum Glücklichsein sind offenbar nicht sehr ausgeprägt. Entspricht das Ihrem persönlichen Eindruck? In diesem Fall werden Sie an Ihrer Befähigung zum Wohlbefinden arbeiten müssen. Hier ist einiges erreichbar. Zahlreiche Personen gewinnen im Laufe ihres Lebens allmählich einen immer besseren Zugang zum Glück. Wenn Ihre Schwierigkeiten allzu groß sein sollten, können Sie sich von einem Therapeuten helfen lassen.
- *Wenn Sie zwischen 7 und 15 Punkten erreicht haben:* Ihre emotionalen Voraussetzungen sind, sagen wir einmal, mittelprächtig. Sie können sie verbessern, indem Sie sich genügend Zeit zum Nachdenken und Tätigwerden nehmen und Ihr Glück als eine der Prioritäten (wenn nicht gar *die* Priorität) Ihres Daseins begreifen. Jetzt hängt es von Ihnen ab, ob Sie Ihre Glücksbefähigung steigern.
- *Wenn Sie 16 oder mehr Punkte erreicht haben:* Sie haben eine gute emotionale Veranlagung zum Glücklichsein ererbt und alle Karten in der Hand, um ein glückliches Leben zu führen. Passen Sie aber auf, dass Sie Ihre Begabung nicht verschwenden. Und vergessen Sie nicht, dass Glück ein Reichtum ist: Lassen Sie auch die anderen davon profitieren!

II
Der Zusammenhang zwischen Ihrem Wohlbefinden und Ihrer Arbeit

Arbeit erhält gesund ... Aber macht sie auch immer glücklich? Der folgende Fragebogen möchte Sie darüber zum Nachdenken anregen. Kreuzen Sie einfach das Feld an, das Ihrer gegenwärtigen Situation am besten entspricht.

	Eher wahr	*Eher falsch*
1. Ich verspüre niemals das »Sonntagabend-Syndrom« (Verdruss und Leeregefühl zum Ausklang des Wochenendes)		
2. Könnte ich mich noch einmal entscheiden, würde ich dieselbe Arbeit wählen		
3. Ich verbringe mit meinen Kollegen angenehme und gesellige Augenblicke		
4. Manchmal habe ich über meiner Arbeit schon die Zeit vergessen		
5. Meine Arbeit bietet mir ausreichende Selbstständigkeit		
6. Ich bin zufrieden mit der Kommunikation mit meinen Vorgesetzten		
7. Meine Arbeit trägt zu meiner persönlichen Entwicklung bei		

	Eher wahr	*Eher falsch*
8. Aus dem vergangenen Monat sind mir noch drei angenehme Augenblicke in Erinnerung, die mit der Arbeit zu tun hatten		
9. Ich habe die Möglichkeit, beruflich voranzukommen		
10. Meine Vorgesetzten erkennen meine Erfolge an		

Wie können Sie Ihr Ergebnis berechnen?

Jedes Mal, wenn Sie mit »eher wahr« geantwortet haben, bekommen Sie einen Punkt.

Was besagt dieses Ergebnis?

- *Wenn Sie drei Mal oder weniger »eher wahr« angekreuzt haben:* Die Beziehung zwischen Ihnen und Ihrer Arbeit ist wahrscheinlich eine problematische. Ist es ein Problem der beruflichen Ausrichtung (Sie arbeiten in einem Bereich, den Sie nicht freiwillig gewählt haben)? Oder ist es ein Anpassungsproblem (Ihre gegenwärtigen Arbeitsbedingungen erlauben es Ihnen nicht, sich zu entfalten)? Oder liegt es hauptsächlich an einem schlechten Betriebsklima?
- *Wenn Sie vier bis sechs Mal »eher wahr« angekreuzt haben:* Sie stehen in einem Zwischenbereich. Ihre Arbeit ist weder eine Quelle für persönliche Entfaltung noch für besonders unangenehme Erfahrungen. Können Sie diesen Zustand verbessern?
- *Wenn Sie sieben Mal oder häufiger »eher wahr« angekreuzt haben:* Ihre Arbeit trägt eindeutig zu Ihrer persönlichen Entwicklung bei.

III
Ihre Zufriedenheit mit dem Dasein

Dieser kleine Fragebogen ist von einem Hilfsmittel der psychologischen Forschung abgeleitet, das ursprünglich in Versuchsgruppen mit vielen Teilnehmern verwendet werden sollte.[2] Daher rührt auch seine scheinbare Schlichtheit. Er soll eine der Komponenten des subjektiven Glücksgefühls erforschen: die generelle Zufriedenheit mit dem eigenen Leben (eine andere Komponente ist ja das emotionale Wohlbefinden). Tragen Sie neben jede Aussage eine Zahl ein, mit welcher Sie angeben, wie sehr diese Aussage auf Sie zutrifft:

7 = vollkommen einverstanden
6 = einverstanden
5 = einigermaßen einverstanden
4 = weder Zustimmung noch Ablehnung
3 = eher nicht einverstanden
2 = nicht einverstanden
1 = ganz und gar nicht einverstanden

1. Im Wesentlichen sieht mein Leben so aus, wie ich es mir wünsche	
2. Meine Lebensbedingungen sind ausgezeichnet	
3. Ich bin mit meinem Leben zufrieden	
4. Im Rahmen des Möglichen habe ich das Beste aus meinem Leben gemacht	
5. Wenn ich noch einmal von vorn beginnen könnte, würde ich fast nichts an meinem Lebenslauf ändern	
Punkte insgesamt:	

Wie können Sie Ihr Ergebnis berechnen?

Zählen Sie die Punkte einfach zusammen. Der Gesamtwert kann zwischen 5 (Sie sind mit Ihrem gegenwärtigen Leben überhaupt nicht zufrieden) und 35 (höchstmögliche Zufriedenheit) liegen.

Was besagt dieses Ergebnis?

Die meisten Personen, die den Fragebogen (in den Vereinigten Staaten) ausgefüllt hatten, erreichten Gesamtwerte zwischen 21 und 25.

- Liegt Ihr Ergebnis *zwischen 5 und 20*, sind Sie also unterdurchschnittlich zufrieden mit Ihrem Leben.
- Liegt es *zwischen 21 und 25*, entspricht es den Durchschnittswerten.
- Ein Gesamtwert von *mehr als 26 Punkten* bedeutet, dass Sie überdurchschnittlich zufrieden sind.

IV
Eine Skala der kleinen Glücksmomente des Alltags

Anhand dieses Fragebogens können Sie beurteilen, wie es bei Ihnen mit den Quell'en des alltäglichen Wohlbefinden steht. Und Sie können sich von dieser Skala inspirieren lassen, wenn Sie sich Ihr individuelles Glück schmieden. Der Fragebogen ist von einem Therapieprogramm für Patienten mit leichten und mittelschweren Depressionen abgeleitet.[3] Er ist in doppelter Hinsicht interessant. Einerseits bietet er einen Überblick über die unterschiedlichsten angenehmen Alltagsbeschäftigungen, so dass man sich bei jedem Punkt selbst einschätzen kann. Andererseits lässt sich mit seiner Hilfe auch ein Persönlichkeitsprofil des jeweiligen Individuums zeichnen.

Bei jeder Aktivität werden Sie danach gefragt, wie viel Vergnügen sie Ihnen bereitet, aber auch, mit welcher Häufigkeit Sie ihr in den vergangenen 30 Tagen nachgegangen sind. Multipliziert man die beiden Werte miteinander, erhält man den Zufriedenheitswert. Eine häufig praktizierte Tätigkeit, die Ihnen aber wenig Spaß macht, bringt also wenig Punkte ein. Nicht besser sieht es bei einer vergnüglichen Tätigkeit aus, für die Sie sich zu selten Zeit nehmen. Die Skala versucht also, die Dimensionen *top-down* und *bottom-up*, von denen wir im fünften Kapitel sprachen, miteinander zu kombinieren.

Wie füllt man den Fragebogen richtig aus?

Tragen Sie bei jeder Aktivität eine Zahl zwischen 0 und 2 ein, die angibt, mit welchem Vergnügen Sie der jeweiligen Tätigkeit nachgehen:
0 = gar kein Vergnügen
1 = ein wenig Vergnügen
2 = großes Vergnügen

Geben Sie nach dem gleichen Muster an, wie oft Sie dieser Tätigkeit in den letzten 30 Tagen nachgegangen sind:
0 = niemals
1 = zwischen ein und sechs Mal
2 = sieben Mal oder mehr

Das »Maß« der Zufriedenheit, das Sie aus dieser Tätigkeit geschöpft haben, wird durch die Multiplikation beider Zahlen ermittelt. Wenn Sie also bei »saubere Luft atmen« zuerst die Note 2 eingetragen haben (großes Vergnügen), aber daneben nur die Note 1 (im verflossenen Monat nur zweimal praktiziert), erhalten Sie einen Zufriedenheitswert von 2 x 1 = 2. Der Zufriedenheitswert kann sich also zwischen 0 und 4 bewegen.

	Vergnügen (zwischen 0 und 2)	Häufigkeit (zwischen 0 und 2)	Erreichte Zufriedenheit (Vergnügen x Häufigkeit)
1. Saubere Luft atmen			
2. Gut essen			
3. Ins Restaurant gehen			
4. Nachts gut schlafen			
5. Sich entspannt fühlen			

	Vergnügen (zwischen 0 und 2)	Häufigkeit (zwischen 0 und 2)	Erreichte Zufrieden-heit (Vergnügen x Häufigkeit)
6. Mit sich und der Welt im Einklang sein			
7. Freie Zeit haben			
8. Lachen			
9. Eine gelungene Aufführung sehen oder eine schöne Landschaft betrachten			
10. In der Sonne sitzen			
11. Saubere Kleidung tragen			
12. Radio hören			
13. Musik hören			
14. Lesen			
15. Mit Tieren zusammen sein			
16. Anderen Menschen zuschauen			
17. Andere Menschen anlächeln			
18. Jemanden kennen lernen			
19. Ein angenehmes Gespräch führen			
20. Eine nützliche Auseinander-setzung haben			

	Vergnügen (zwischen 0 und 2)	Häufigkeit (zwischen 0 und 2)	Erreichte Zufriedenheit (Vergnügen x Häufigkeit)
21. Jemandem Komplimente machen oder Glückwünsche aussprechen			
22. In einer Gruppe akzeptiert werden			
23. Mit fröhlichen oder glücklichen Leuten zusammen sein			
24. Mit Freunden zusammen sein			
25. Alte Freunde wiedersehen			
26. Mit Freunden einen trinken gehen			
27. Sehen, dass es den Angehörigen oder Freunden gut geht			
28. An einen geliebten Menschen denken			
29. Mit einem geliebten Menschen zusammen sein			
30. Hören, wie jemand uns sagt: »Ich liebe dich!«			
31. Jemandem gefallen			
32. Jemandem eine Liebeserklärung machen			

	Vergnügen (zwischen 0 und 2)	Häufigkeit (zwischen 0 und 2)	Erreichte Zufriedenheit (Vergnügen x Häufigkeit)
33. Kuscheln und zärtlich sein			
34. Jemanden küssen			
35. Liebe machen			
36. Die Gegenwart Gottes im eigenen Leben spüren			
37. Um Hilfe oder Ratschläge gebeten werden			
38. Etwas klar aussprechen			
39. Merken, dass sich jemand für unsere Meinung interessiert			
40. Die Leute zum Lachen bringen			
41. Etwas planen oder organisieren			
42. Einen Ausflug oder eine Ferienreise vorbereiten			
43. Ruhig ein Auto lenken			
44. Eine Arbeit zu einem guten Ende führen			
45. Erleben, wie ein Projekt umgesetzt wird			
46. Etwas Neues erlernen			

	Vergnügen (zwischen 0 und 2)	Häufigkeit (zwischen 0 und 2)	Erreichte Zufriedenheit (Vergnügen x Häufigkeit)
47. Ein Kompliment bekommen			
48. An etwas kommendes Schönes denken			
Gesamtpunktzahl			

Einige Punkte des Fragebogens haben Sie vielleicht überrascht. Man hat ihn absichtlich so entworfen, dass man ihn auch bei Personen anwenden kann, die in dürftigen materiellen Verhältnissen leben (daher Frage 11 zur sauberen Kleidung). Außerdem kommt der Test aus den USA, was die Frage 43 erklärt (in den Vereinigten Staaten ist das Auto noch stärker als bei uns ein Symbol der Autonomie und somit auch des Glücks).

Wie können Sie Ihr Ergebnis berechnen?

Rechnen Sie in jeder einzelnen Spalte Ihre Punkte zusammen. In den ersten beiden Spalten können Sie jeweils ein Ergebnis zwischen 0 und 96 Punkten erreichen. In der dritten Spalte kann der Gesamtwert zwischen 0 und 192 Punkten liegen.

Was besagt dieses Ergebnis?

Sie können Ihre Punktzahlen mit den Ergebnissen einer Versuchsgruppe vergleichen, deren Mitglieder psychische Schwierigkeiten unterschiedlichen Ausmaßes hatten. Die Resultate in dieser Gruppe sahen folgendermaßen aus[4]:

- Vergnügen: Mittelwert von 51 Punkten (die einzelnen Ergebnisse lagen zwischen 35 und 67 Punkten)
- Häufigkeit: Mittelwert von 49 Punkten (die einzelnen Ergebnisse lagen zwischen 27 und 71 Punkten).
- Zufriedenheit: Mittelwert von 72 Punkten (die einzelnen Ergebnisse lagen zwischen 34 und 110 Punkten).

Wenn Sie den Durchschnittswert erreicht haben oder sogar darüber liegen, hat Ihr Leben offenbar eine ganze Menge kleiner Glücksmomente zu bieten, die Ihnen auch Befriedigung verschaffen. Sie können den Wert noch steigern (man ist niemals *zu* glücklich), indem Sie einmal nachschauen, wo Sie wenig Punkte bekommen haben. Sie können aber auch auf Perfektion verzichten und einfach so weitermachen wie bisher …

Wenn Sie unter dem Durchschnittswert liegen, sollte Sie dieser Fragebogen zum Nachdenken über Ihren offensichtlichen Mangel an kleinen Glücksmomenten des Alltags anregen. Müssen Sie bestimmten Aktivitäten häufiger nachgehen? (Besonders natürlich solchen Tätigkeiten, die Ihnen Vergnügen bereiten, denen Sie sich aber nicht oft genug widmen!) Oder müssen Sie neue Kriterien entwickeln, die in der Liste noch fehlen? (Natürlich bietet sie keine erschöpfende Aufzählung *aller* Glücksmomente des Alltags.)

V
Ihr persönliches Glücksprofil

Wir können in vier unterschiedlichen Bereichen Glück verspüren:

- Aktivität (das Glück kommt eher von außen und ist mit Bewegung verbunden),
- Zufriedenheit (das Glück kommt eher von außen und ist mit Ruhe und Abstand verknüpft),
- Meisterschaft (das Glück kommt eher von innen und ist mit Bewegung verbunden),
- innere Heiterkeit (das Glück kommt eher von innen und ist mit Ruhe und Abstand verknüpft).

Wählen Sie bei jedem Punkt die Antwort aus, die Ihrer gegenwärtigen Sicht am nächsten kommt, und zeichnen Sie einen kleinen Kreis um den entsprechenden Buchstaben.

1. Sie	
• gehen Ihrem Glück nach	(A)
• kosten Ihr Glück aus	(H)
• verspüren Ihr Glück	(M)
• empfangen Ihr Glück	(Z)
2. Sie haben zwei Wochen Urlaub und beschließen,	
• sich auf eine einsame Insel zurückzuziehen	(H)
• mit Ihren Kindern und Enkeln ein großes Landhaus zu mieten	(Z)
• einen Kurs in Tauchen oder chinesischer Kalligraphie zu machen	(M)
• mit alten Freunden auf Reisen zu gehen	(A)
3. Das Glück welchen Tieres können Sie sich am besten vorstellen?	
• Pferd	(A)
• Elefant	(Z)
• Katze	(H)
• Vogel	(M)
4. Was verschafft Ihnen den größten Glücksschauer?	
• mit einem Segelflugzeug bei Sonnenuntergang über eine Berglandschaft hinweggleiten	(M)
• jemandem das Leben retten	(A)
• ein Kind in Ihren Armen in den Schlaf wiegen	(H)
• den Nobelpreis oder einen Oscar bekommen	(Z)
5. Was tun Sie, wenn Sie glücklich sind?	
• Sie schmieden sogleich neue Pläne	(M)
• Sie lassen vor Ihrem inneren Auge den zurückgelegten Weg Revue passieren	(Z)
• Sie jauchzen und springen vor Freude	(A)
• Sie schließen die Augen und genießen den Augenblick	(H)
6. Was Musik betrifft, so lieben Sie es,	
• gemeinsam mit Freunden in ein Konzert zu gehen	(A)
• die CD zu besitzen und abspielen zu können, wann immer Sie wollen	(Z)
• selbst ein Instrument zu spielen	(M)
• sich an eine Melodie zu erinnern und sie zu summen	(H)

7. Ein Verb, um das Glück zu beschreiben: • vorankommen • aufbauen • entsagen • teilen	 (M) (Z) (H) (A)
8. Was wäre für Sie der schönste Tod? • im Schlaf sterben • beim Sex sterben • nach einer Familienfeier sterben • mitten bei einer Arbeit, die Sie lieben, sterben	 (H) (A) (Z) (M)
9. Was würde Sie am glücklichsten machen? • ein Haus zu erbauen • das Haus zu unterhalten und zu verschönern • in diesem Haus zu wohnen • das Haus zu verlassen und später einmal zurückzukehren	 (A) (M) (Z) (H)
10. Glückliche Momente mit einem Kind: • Sie bringen ihm etwas bei • Sie denken an das Kind • Sie beteiligen sich an seinen Spielen • Sie schauen ihm zu	 (M) (H) (A) (Z)

Wie können Sie Ihr Ergebnis berechnen?

Rechnen Sie zusammen, wie oft Sie sich für jeden der vier Buchstaben entschieden haben, und tragen Sie die jeweilige Summe in die unten stehende Tabelle ein. Wenn Sie alle vier Werte addieren, müssen Sie auf 10 kommen.

Glückstyp	**Anzahl der entsprechenden Buchstaben**
Aktivität	»A« insgesamt … Mal
Zufriedenheit	»Z« insgesamt … Mal
Meisterschaft	»M« insgesamt … Mal
Innere Heiterkeit	»H« insgesamt … Mal

Was besagt dieses Ergebnis?

Sie können bei jedem Glücksprofil eine Zahl zwischen 0 und 10 erreichen. Je höher sie in einem Bereich ist, desto größer ist Ihre Vorliebe für ein Glück dieser Art.

Denken Sie aber auch über die Bereiche nach, in denen Sie die niedrigsten Punktzahlen erreicht haben. Um Ihre Befähigung zum Glücklichsein zu steigern, sollten Sie diese Profile stärker entwickeln.

Wenn Sie am häufigsten das »Glück der Aktivität« gewählt haben

Ihre Glücksdevise lautet: »Tätig sein und teilen«.

Dieser Glückstyp hängt mit der Erfüllung zusammen, die man verspürt, wenn man sich an äußeren Geschehnissen beteiligt. Solch ein Glück empfindet man bei Gruppenaktivitäten: gemeinsame Arbeit, Freizeit mit der Familie oder mit Freunden ... Es ist ein Glück der Aktion, aber auch der Bindung, des Teilens und der Zugehörigkeit.

Eine Monokultur dieses Glückstyps kann zu einer gewissen Oberflächlichkeit führen, zu einer systematischen Suche nach den Vergnügungen und Stimuli der Extraversion. Man wird schnell von den anderen abhängig, weil man nur mit ihnen das Gefühl hat, wirklich zu existieren. Aber die Vorzüge des Glücks der Aktivität sind auch nicht zu verachten: Es kann leicht ausgedrückt und wahrgenommen werden und überträgt sich daher schnell auf die Umgebung. Glück ist ein Reichtum; es zu teilen, ist eine Pflicht.

Wenn Sie am häufigsten das »Glück der Zufriedenheit« gewählt haben

Ihre Glücksdevise lautet: »Sich zurücklehnen und still genießen«.

Dieser Glückstyp ist mit einem gewissen Abstand verbunden und mit der innerlichen Befriedigung, die man verspürt, wenn man seine persönlichen Ziele erreicht hat. Es ist aber nicht bloß ein materialistisches Glück, sondern es kann zum Beispiel auch aus dem Gefühl herrühren, anderen Menschen geholfen zu haben. Es ist ein Glück der Bindung an die Welt, aber ein geistig verarbeitetes, das man eher aus einer gewissen Distanz heraus verspürt als mitten in der Aktion.

Wenn man diesen Glückstyp übermäßig und auf Kosten der anderen pflegt, kann dies zu einer materialistischen Einstellung führen (wenn die Ziele einmal erreicht sind) oder zu Unzufriedenheit (wenn man sie verfehlt). Dennoch bildet dieses Glück eine wichtige Energiequelle für Menschen, die etwas unternehmen und aufbauen wollen. Obgleich man häufig das Gegenteil hört, ist Glück mit Kreativität und Motivation vereinbar.

Wenn Sie am häufigsten das »Glück der Meisterschaft« gewählt haben

Ihre Glücksdevise lautet: »Sich engagieren und den Weg bis ans Ende gehen«.

Dieser Glückstyp ist dadurch gekennzeichnet, dass man sich total in eine Tätigkeit versenkt, die man liebt und gut beherrscht. Man hat den Eindruck, sich darin vollkommen zu entfalten. Dieses Gefühl des harmonischen Gedankenflusses und vor allem die daraus entspringenden angenehmen Empfindungen bezeichnet man als »*flow*«.

Pflegt man ausschließlich dieses Glück der Meisterschaft, das um den persönlichen Nutzen aus einer intensiv betriebenen Tätigkeit kreist, dann läuft man im besten Falle Gefahr, einem blinden Aktionismus zu verfallen und von seiner Arbeit oder sonstigen Tätigkeit abhängig zu werden. Im schlimmsten Falle wird man zum Egoisten. Aber das Glück der Meisterschaft geht häufig auch mit Brillanz und Kennerschaft einher; es ist die Seelennahrung jener Menschen, die sich selbst übertreffen wollen.

Wenn Sie am häufigsten das »Glück der inneren Heiterkeit« gewählt haben

Ihre Glücksdevise lautet: »Mitten in der Welt stehen und zugleich Abstand wahren«.

Diese Art von Glück beruht auf einer Mischung aus Aufnahmefähigkeit, Ruhe und Abstand zum Trubel der Welt. Man fühlt sich glücklich, auf Erden zu sein und die Ereignisse des Lebens zu beobachten, lässt sich aber nicht in den Strudel der Geschehnisse hineinziehen. Diese Distanz ist etwas anderes als Gleichgültigkeit, denn solch ein Glück tritt fast immer angesichts eines äußeren Ereignisses ein: Man betrachtet einen Sonnenuntergang oder die aufgehende Sonne, während alle Welt noch schläft; man hört ein Musikstück; man wird sich plötzlich bewusst, dass man von Ruhe und Frieden erfüllt ist, und ist darüber glücklich.

Wenn man ausschließlich das Glück der inneren Heiterkeit entwickelt, kann das zu einer gewissen Form von Passivität, Schicksalsergebenheit und fehlendem Engagement in den notwendigen Kämpfen des Lebens führen. Dennoch macht es dieses Glück viel leichter, zu Toleranz und innerem Frieden zu gelangen, und im Vergleich zu vielen negativen Emotionen sind das gewiss die besseren Daseinsgrundlagen.

VI
Pessimismus und Optimismus

Dieser Fragebogen wurde von zwei wissenschaftlichen Hilfsmitteln[5] abgeleitet, mit denen unser Optimismus sowie unsere »Kontrolle« eingeschätzt werden sollen (Hängt, was uns widerfährt, von uns selbst ab oder eher vom Zufall oder den Mitmenschen?). Beides sind wichtige Faktoren für unsere Fähigkeit, das eigene Glück zu schmieden und zu bewahren. Kreuzen Sie jeweils das Feld neben der Aussage an, die Ihrem gegenwärtigen Standpunkt am nächsten kommt:

1	Man kann sich mit jedem verstehen.			Es gibt Leute, mit denen man sich einfach nicht verstehen kann.
2	Ich sitze gern einmal da, ohne etwas zu tun.			Ich muss mich immer irgendwie beschäftigen.
3	Wer das Schlimmste voraussieht, kann sich besser darauf einstellen.			Setzt man Vertrauen in die Zukunft, macht man sein Leben angenehmer.
4	Wenn ich Sorgen habe, schlafe ich gern einmal darüber.			Ich mag es nicht, wenn am Ende eines Tages Probleme ungelöst bleiben.
5	Seinem Schicksal kann man nicht entrinnen.			Man kann seinem Schicksal immer eine andere Richtung geben.

6	Manchmal gerate ich in Zorn.			So leicht regt mich nichts auf.
7	Ich glaube an den Fortschritt.			Ich denke oft, dass die Menschheit auf einen Abgrund zusteuert.
8	Wenn etwas Schlimmes eintreffen kann, wird es auch eintreffen.			Das Schlimmste muss nicht unbedingt eintreffen.
9	Ich mag vor allem Sonnenuntergänge.			Ich sehe die Sonne lieber aufgehen.
10	Ich habe oft Glück im Leben.			Im Großen und Ganzen habe ich kein Glück.
11	Man kann den Lauf der Dinge beeinflussen.			Meistens muss man den Lauf der Dinge einfach hinnehmen.
12	Liebeskummer dauert ein Leben lang.			An der nächsten Ecke steht schon ein anderer (oder eine andere).
13	Betrachtet man eine berufliche Laufbahn im Ganzen, sieht man, dass sich Kompetenz immer auszahlt.			Neben der Kompetenz führen noch viele andere Dinge zu beruflichem Erfolg: Beziehungen, bloßes Glück, faule Kompromisse
14	Ich mag Quadrate.			Mir sind Kreise lieber.
15	Wenn ich etwas verlegt habe, suche ich es oft vergeblich, finde es hinterher aber immer durch Zufall wieder.			Wenn man Sachen verlegt hat und nicht sofort wiederfindet, tauchen sie erst wieder auf, wenn man sie nicht mehr braucht.
16	Alles ist relativ, also nützt es meist gar nichts, wenn man die Leute dazu bringen will, ihre Meinung zu ändern.			Es ist immer einen Versuch wert, Leute, die im Irrtum sind, vom Gegenteil zu überzeugen.

Wie können Sie Ihr Ergebnis berechnen?

Wenn Sie bei den Fragen 1, 4, 7, 10, 11, 13 und 15 Ihr Kreuz *in der linken Spalte* gemacht haben, bekommen Sie jeweils einen Punkt. Ein Kreuz in der rechten Spalte bringt hier null Punkte.

Wenn Sie bei den Fragen 3, 5, 8, 12 und 16 Ihr Kreuz *in der rechten Spalte* gemacht haben, bekommen Sie ebenfalls je einen Punkt. Hier gibt es für Kreuze in der linken Spalte null Punkte.

Die Fragen 2, 6, 9 und 14 sollten den strengen Fragebogen einfach nur ein bisschen auflockern …

Sie können also eine Gesamtpunktzahl zwischen 0 und 12 erreichen.

Was besagt dieses Ergebnis?

- *3 Punkte und weniger:* Es wird Sie nicht überraschen, dass Sie eher pessimistisch eingestellt sind. Immer wenn Sie mit etwas Ungewissem konfrontiert sind, neigen Sie dazu, einen negativen Ausgang vorwegzunehmen. Sie meinen auch, dass wir wenig Einfluss auf den Verlauf unseres Lebens haben. Sie müssen also daran arbeiten, eine andere Sicht aufs Dasein zu entwickeln, die mit den Augenblicken des Glücks besser vereinbar ist. Seien Sie unbesorgt – eine Veränderung ist möglich, auch wenn Sie derzeit anders darüber denken (kein Wunder, denn im Moment sitzt bei Ihnen ja der Pessimismus in der Schaltzentrale).
- *4 bis 8 Punkte:* Sie haben eine unbestreitbare Befähigung zum Optimismus, aber manchmal schnappen die Dämonen des Pessimismus doch nach Ihnen! Das kann im Leben eine ziemlich gute Ausgangsposition sein: Ihr Optimismus erwacht nur, wenn die Umstände es erlauben oder fordern. Ist das bei Ihnen der Fall? Sie können aber noch

Fortschritte machen, indem Sie zum Beispiel überlegen, was Sie am Pessimismus eigentlich so vorteilhaft finden. Liegen diese Vorzüge wirklich so klar auf der Hand? Und denken Sie auch darüber nach, wie Sie unter widrigen Umständen optimistischer sein könnten. Man muss sich sein Glück erkämpfen lernen und dabei immer zuversichtlich bleiben. Eine spannende Arbeit an der eigenen Persönlichkeit liegt vor Ihnen!

- *9 Punkte und mehr:* Sie gehören zur glücklichen Familie der Optimisten. Sie haben ein Grundvertrauen in die Zukunft und in Ihre persönlichen Fähigkeiten, diese Zukunft zu gestalten und zu beeinflussen. Sie grübeln nicht gern herum. Nachdenken, aktiv werden und dann wieder etwas anderes tun – das ist Ihre Daseinsstrategie. Der Optimismus erleichtert Ihnen den Zugang zu den Emotionen, die mit Wohlbefinden und Glück verbunden sind. Bewahren Sie sich Ihren Optimismus gut, bilden Sie ihn weiter aus und vergessen Sie nicht, Ihren Angehörigen und Freunden, die auf diesem Gebiet nicht so begabt sind, etwas davon abzugeben!

Wenn Sie mehr zum Thema Glück wissen wollen:

Literaturhinweise

Werke über die Psychologie des Glücks und des Wohlbefindens

American Psychologist, Special Issues on Happiness, Excellence, and Optimal Human Functioning, Bd. 55, Nr. 1, Januar 2000

Argyle, M.: *The Psychology of Happiness,* London (Taylor & Francis) 2001

Cavalli-Sforza, F. und L.: *Vom Glück auf Erden,* Reinbek (Rowohlt) 2000

Chang, E. C. (Hrsg.): *Optimism and Pessimism. Implications for Theory, Research and Practice,* Washington DC (American Psychological Association) 2001

Csikszentmihalyi, M.: *Lebe gut!* Stuttgart (Klett und Cotta) 1999

Kahneman, D./ Diener, E./ Schwarz, N. (Hrsg.): *Well-being. The Foundations of Hedonic Psychology,* New York (Russell Sage Foundation) 1999

Legrenzi, P.: *Le Bonheur,* Brüssel (De Boeck) 2001

Lykken, D.: *Happiness. The Nature and Nurture of Joy and Contentment,* New York (St. Martin's Griffin) 1999

Myers, D. G.: *The Pursuit of Happiness,* New York (Avon Books) 1992

Snyder, C. R./ Lopez, S. J.: *Handbook of Positive Psychology*, Oxford (Oxford University Press) 2002
Thayer, R. E.: *The Origin of Everyday Moods*, Oxford (Oxford University Press) 1996
Van Rillaer, J.: *La Gestion de soi*, Brüssel (Mardaga) 1992
Watson, D.: *Mood and Temperament*, New York (Guilford Press) 2000

Werke über die Philosophie und Geschichte des Glücks

Alain: *Propos sur le bonheur*, Paris (Gallimard) 1928
Augustinus: *De beata vita/Über das Glück*, Stuttgart (Reclam) 1982
Botton, A. de: *Les Consolations de la philosophie*, Paris (Mercure de France) 2001
Bruckner, P.: *Verdammt zum Glück*, Berlin (Aufbau) 2001
Châtelet, Madame du: *Rede vom Glück*, Berlin (Friedenauer Presse) 1999
Comte-Sponville, A.: *Ermutigung zum unzeitgemäßen Leben*, Reinbek (Rowohlt) 1998
Comte-Sponville, A.: *Le bonheur, désespérément*, Nantes (Pleins Feux) 2000
Comte-Sponville, A.: *Dictionnaire philosophique*, Paris (PUF) 2001
Conche, M.: *Montaigne ou la conscience heureuse*, Paris (PUF) 2002
Epikur: *Wege zum Glück*, Düsseldorf (Artemis und Winkler) 2003
Ferry, L.: *Qu'est-ce qu'une vie réussie?*, Paris (Grasset) 2002
Mauzi, R.: *L'Idée du bonheur dans la littérature et la pensée françaises au XVIIIe siècle*, Genf (Slatkine Reprints) 1979
Plutarch: *Von der Heiterkeit der Seele*, Zürich (Diogenes) 2000
Prioreff, L.: *Le Bonheur. Anthologie de textes philosophiques et littéraires*, Paris (Maisonneuve et Larose) 2000

Russell, B.: *Eroberung des Glücks,* Frankfurt am Main (Suhrkamp) 1977
Schopenhauer, A.: *Die Kunst, glücklich zu sein*, München (Beck) 1999
Teilhard de Chardin, P.: *Sur le bonheur*, Paris (Seuil) 1966
Van den Bosch, P.: *La Philosophie et le Bonheur*, Paris (Flammarion) 1997
Vergely, B.: *Petite philosophie du bonheur*, Toulouse (Milan) 2001

Werke über die Einübung des Glücks im Alltag

Dalai Lama: *Der Weg zum Glück,* Freiburg im Breisgau (Herder) 2002
Delerm, P.: *Le Bonheur. Tableaux et bavardages*, Paris (Éditions du Rocher) 1986
Delerm, P.: *Der erste Schluck Bier,* Bern (Fretz und Wasmuth) 1998
Delerm, P.: *La Sieste assassinée*, Paris (Gallimard) 2001
Ellis, A. E.: *How to make yourself happy and remarkably less disturbable*, Atascadero (Impact Publishers) 1999
Memmi, A.: *Das kleine Glück,* Frankfurt am Main, Leipzig (Insel) 1999
Memmi, A.: *Anleitungen zum Glücklichsein*, Hamburg (Europäische Verlagsanstalt) 1996
Memmi, A.: *Bonheurs*, Paris (Arléa) 1992
Niven, D.: *Die 100 Geheimnisse glücklicher Menschen*, München (Integral) 2000
Noguez, D.: *Les plaisirs de la vie*, Paris (Payot et Rivages) 2000
Sansot, P.: *Du bon usage de la lenteur*, Paris (Payot et Rivages) 1998
Seligman, M.: *Pessimisten küsst man nicht*, München (Droemer Knaur) 1991

Servan-Schreiber, J.-L.: *Vivre content*, Paris (Albin Michel) 2002

Vaughan, S. C.: *Halb leer? Halb voll! Die Wurzeln des Optimismus*, München (dtv) 2001

Einige Ergänzungen für die deutsche Ausgabe

Acquaviva, S.: *Das Glück: ein politisches Projekt*, Bonn (Bouvier) 1998

Cyrulnik, B.: *Mein Lebensglück bestimme ich*, München (Goldmann) 2003

Dick, A.: *Psychotherapie und Glück*, Bern (Huber) 2003

Ernst, H.: *Das gute Leben – der ehrliche Weg zum Glück*, München (Ullstein) 2003

Höhler, G.: *Das Glück: Analyse einer Sehnsucht*, Düsseldorf (Econ) 1991

Hossenfelder, M. (Hrsg.): *Antike Glückslehren*, Stuttgart (Kröner) 1996

Klein, S.: *Die Glücksformel oder wie die guten Gefühle entstehen*, Reinbek (Rowohlt) 2002

Lelord, F.: *Hectors Reise oder Die Suche nach dem Glück*, München (Piper) 2004

Mayring, P.: *Psychologie des Glücks*, Stuttgart, Berlin, Köln (Kohlhammer) 1991

Seligman, M.: *Der Glücksfaktor: warum Optimisten länger leben*, Bergisch Gladbach (Ehrenwirth) 2003

Quellenverzeichnis

Erster Teil
Ist es möglich, glücklich zu sein?

Kapitel 1 : Was ist Glück?

1 Van den Bosch, P.: *La Philosophie et le Bonheur,* Paris (Flammarion) 1997
2 Guillebaud, J.-C.: *Die Tyrannei der Lust,* München (Luchterhand) 1999
3 Daniel, J.: Einleitung zu *Le Bonheur. Anthologie de textes philosophiques et littéraires,* Paris (Maisonneuve et Larose) 2000
4 Comte-Sponville, A.: *Dictionnaire philosophique,* Paris (PUF) 2000
5 *Dictionnaire des mots de la foi chrétienne,* Paris (Éditions du Cerf) 1968
6 Rey, A.: *Dictionnaire historique de la langue française,* Paris (Dictionnaires Le Robert) 1992
7 Kahneman, D./Diener, E./Schwarz, N. (Hrsg.): *Well-Being. The Foundations of Hedonic Psychology,* New York (Russell Sage) 1999
8 Servan-Schreiber, J.-L.: *Vivre content,* Paris (Albin Michel) 2002

9 Conche, M.: *Montaigne, ou la conscience heureuse,* Paris (PUF) 2002

10 Damasio, A.: *Le Sentiment même de soi,* Paris (Odile Jacob) 1999

11 Zitiert in P. Foulquié: *Dictionnaire de la langue philosophique,* Paris (PUF) 1962, S. 74

12 Leclerc, F.: *Pieds nus dans l'aube,* Montréal (Bibliothèque québécoise) 1982

13 Delerm, P.: *Le Bonheur, tableaux et bavardages,* Paris (Éditions du Rocher) 1998

Kapitel 2 : Das verhinderte Glück

1 Yourcenar, M.: *Feuer*, München (Hanser) 1996, S. 56

2 Fort, P.: *Ballades françaises,* Paris (Flammarion) 1983, S. 91

3 Mozzani, E.: *Le Livre des superstitions,* Paris (Robert Laffont) 1995

4 Cavalli-Sforza, F. und L.: *Vom Glück auf Erden,* Reinbek (Rowohlt) 2000

5 Heimpel, S., u. a.: »Do people with low self-esteem really want to feel better? Self-esteem differences in motivation to repair negative mood«, in: *Journal of Personality and Social Psychology,* 2002, 82, S. 128–147

6 Braconnier, A.: *Petit ou grand anxieux,* Paris (Odile Jacob) 2002

7 Legrenzi, P.: *Le Bonheur,* Brüssel (De Boeck Université) 2001, S. 34 f.

8 Young, J. E./ Klosko, J.: *Je réinvente ma vie,* Montréal (Éditions de I'Homme) 1995

9 Abramson, L., u. a.: »Learned helplessness in humans: Critique and reformulation«, in: *Journal of Abnormal Psychology,* 1978, 87, S. 49–74

10 Frei, C. (Hrsg.): *Portugiesische Briefe/Lettres portugaises,* Essen (Die Blaue Eule) 2002, S. 39

11 Beck, A. T., u. a.: »The measurement of pessimism: The

›Hopelessness scale‹«, in: *Journal of Consulting and Clinical Psychology,* 1974, 42, S. 861–865
12 Audiberti, J.: *Race des hommes,* Paris (Gallimard) 1968
13 Comte-Sponville, A.: *op. cit.*
14 Prieur, C.: »Les écueils de la liberté«, in: *Le Monde* vom 20. Dezember 2002, S. 14
15 Cyrulnik, B.: *Die Kraft, die im Unglück liegt,* München (Goldmann) 2001
16 Styron, W.: *Sturz in die Nacht. Die Geschichte einer Depression,* Köln (Kiepenheuer & Witsch) 1991, S. 79
17 Solomon, A.: *Saturns Schatten. Die dunklen Welten der Depression,* Frankfurt am Main (Fischer) 2001, S. 448

Kapitel 3 : Glück – eine ganz persönliche Geschichte

1 Thayer, R. E.: *The Origin of Everyday Moods,* Oxford (Oxford University Press) 1996
2 Watson, D.: »Measuring mood: A structural model«, in: *Mood and Temperament,* New York (Guilford Press) 2000, S. 31–61
3 Schwarz, N./ Clore, G. L.: »Mood, misattribution and judgments of well-being: Informative and directive functions of affective states«, in: *Journal of Personality and Social Psychology,* 1983, 45, S. 513–523
4 Schwarz, N., u. a.: »Soccer, rooms and the quality of your life: Mood effects on judgments of satisfaction with life in general and with specific domains«, in: *European Journal of Social Psychology,* 1987, 17, S. 69–79
5 Diener, E./ Larsen, R. J.: »Temporal stability and cross-situational consistency of affective, behavioral and cognitive responses«, in: *Journal of Personality and Social Psychology,* 1984, 47, S. 871–883
6 Watson, D.: »The dispositional basis of affect«, in: *Mood and Temperament,* New York (Guilford Press) 2000, S. 144–173
7 Clark, L. A./Watson, D.: »Mood and the mundane: Re-

lations between daily life and self-reported mood«, in: *Journal of Personality and Social Psychology*, 1988, 54, S. 296–308
8 Costa, P. T., u. a.: »Environmental and dispositional influences on well-being: Longitudinal follow-up of an American national sample«, in: *British Journal of Psychology*, 1987, 78, S. 299–306
9 Watson, D.: *Mood and Temperament*, New York (Guilford Press) 2000
10 Eysenck, H. J.: *The Biological Basis of Personality*, Springfield (Charles C. Thomas) 1967
11 Van der Does, W.: »Different types of experimentally induced sad mood«, in: *Behavior Therapy*, 2002, 33, S. 551–561
12 Rusting, C. L./Larsen, R. J.: »Diurnal patterns of unpleasant mood: Associations with neuroticism, depression and anxiety«, in: *Journal of Personality*, 1998, 66, S. 87–103
13 Beaurepaire, R. de: »Anatomies discrètes du bonheur et du malheur«, in: *Dépression*, 2000, 18, S. 51–53
14 Tomarken, A. J./Keener, A. D.: »Frontal brain asymmetry and depression: A self-regulatory perspective«, in: *Cognition and Emotion*, 1998, 12, S. 387–420
15 Leuchter, A. F., u. a.: »Changes in brain function of depressed patients during treatment with placebo«, in: *American Journal of Psychiatry*, 2002, 159, S. 122–129
16 Brody, A. L., u. a.: »Regional brain metabolic changes in patients with major depression treated with either paroxetine or interpersonal therapy«, in: *Archives of General Psychiatry*, 2001, 56, S. 631–640
17 Ernaux, A.: *Das bessere Leben*, Frankfurt am Main (Fischer) 1988
18 Prioreff, L.: *Le Bonheur*, Paris (Maisonneuve et Larose) 2000, S. 222
19 Rémond, A.: *Chaque jour est un adieu*, Paris (Seuil) 2000

20 Anouilh, J.: *Meisterdramen,* München (Langen-Müller) 1967

21 Danner, D. D., u. a.: »Positive emotions in early life and longevity: Findings from the nun study«, in: *Journal of Personality and Social Psychology,* 2001, 80, S. 804–813

22 Comte-Sponville, A.: *op. cit.,* S. 621

23 *Impact Médecine,* Nr. 14, 31. Oktober 2002, S. 6–8

24 Comte-Sponville, A.: *op. cit.,* S. 322

25 Helson, R./Lohnen, E. C.: »Affective coloring of personality from young adulthood to midlife«, in: *Personality and Social Psychology Bulletin,* 1998, 24, S. 241–252

Zweiter Teil
Das Glück begreifen und verteidigen

Kapitel 4 : Wo soll man sein Glück suchen?

1 Schopenhauer, A.: *Die Kunst, glücklich zu sein,* München (Beck) 1999, S. 25 ff.

2 Lecomte, J.: »Le bien-être au quotidien«, in: *Sciences humaines,* 1997, Nr. 75, S. 26–29

3 Diener, E., u. a.: »The relationship between income and subjective well-being: Relative or absolute?«, in: *Social Indicators Research,* 1993, 28, S. 195–223

4 Diener, E., u. a.: *art. cit.*

5 Campbell, A.: *The Sense of Well-Being in America,* New York (McGraw-Hill) 1981

6 Ter Schiphorts, T.: *Joseph Delteil,* Paris (Éditions CLT) 1977

7 Brickman, P.: »Lottery winners and accidents victims: Is happiness relative?«, in: *Journal of Personality and Social Psychology,* 1978, 36, S. 917–927

8 Thoits, P./Hannan, M.: »Income and psychological distress«, in: *Journal of Health and Social Behaviour,* 1979, 20, S. 120–138

9 Beigbeder, F.: *Neununddreißig neunzig,* Reinbek (Rowohlt) 2001, S. 15
10 Botton, A. de: *Les Consolations de la philosophie,* Paris (Mercure de France) 2001
11 Olievenstein, C.: *Il n'y a pas de drogués heureux*, Paris (LGF) 1978
12 Rull, J. G., u. a.: »The self-awareness reducing effect of alcohol consumption«, in: *Journal of Personality and Social Psychology,* 1983, 44, S. 461–473
13 Morenon, J./Péréa, F.: »L'alcoolique au comptoir, étude sur le comportement verbal spontané des buveurs«, in: *Synapse,* 2002, Nr. 190, S. 23–28
14 Rull, J. G./Young, R. D.: »Self-consciousness, self-esteem, and success-failure as determinants of alcohol consumption in male social drinkers«, in: *Journal of Personality and Social Psychology,* 1983, 44, S. 1097–1109
15 Kramer, P.: *Glück auf Rezept: der unheimliche Erfolg der Glückspille Fluctin,* München (Kösel) 1995
16 Brody, A. L., u. a.: »Personality changes in adults subjects with major depressive disorder or obsessive-compulsive disorder treated with paroxetine«, in: *Journal of Clinical Psychiatry,* 2000, 61, S. 349–355
17 Knutson, B., u. a.: »Serotonergic interventions selectively alters aspects of personality and social behavior in normal humans«, in: *American Journal of Psychiatry,* 1998, 155, S. 373–379
18 Campbell, W. K./Converse, P. E./ Rogers, W. L.: *The Quality of American Life,* New York (Russell Sage) 1976
19 Goleman, D.: *Emotionale Intelligenz,* München (Hanser) 1996
20 Siaud-Facchin, J.: *L'Enfant surdoué,* Paris (Odile Jacob) 2002
21 Mroczak, D. K./Kolanz, C. M.: »The effect of age on positive and negative affect: A developmental perspective

on happiness«, in: *Journal of Personality and Social Psychology,* 1998, 75, S. 1333–1349
22 Amadieu, J.-F.: *Le Poids des apparences,* Paris (Odile Jacob) 2002
23 Argyle, M./Lu, L.: »The happiness of extraverts«, in: *Personality and Individual Differences,* 1990, 11, S. 1011–1017
24 Myers, D. G.: »Close relationships and quality of life«, in: D. Kahneman u. a. (Hrsg.), *Well-Being: The Foundations of Hedonic Psychology,* New York (Russell Sage) 1999, S. 378
25 Mastekaasa, A.: »Marital status, distress, and well-being: An international comparison«, in: *Journal of Comparative Families Studies,* 1994, 25, S. 183–206
26 Beck, A. T.: *Love is never enough,* London (Penguin Books) 1989
27 Wood, W., u. a.: »Sex-differences in positive well-being«, in: *Psychological Bulletin,* 1989, 106, S. 249–264
28 Cyrulnik, B.: *Sous le signe du lien.* Paris (Hachette) 1989
29 Walker, C.: »Some variations in marital satisfactions«, in: R. Chester/J. Peels (Hrsg.), *Equalities and Inequalities in Family Life,* London (Academic Press) 1977, S. 127–139
30 Baumeister, R. F.: *Meanings of Life,* New York (Guilford Press) 1991
31 Forward, S.: *Vergiftete Kindheit,* München (Goldmann) 1993
32 Enright, R. D., u. a. : »Le pardon comme mode de régulation émotionnelle«, in: *Journal de thérapie comportementale et cognitive,* 2001, 11, S. 123–135
33 Comte-Sponville, A.: *Dictionnaire philosophique, op. cit.,* S. 425
34 Wheeler, L., u. a.: »Loneliness, social interaction and social roles«, in: *Journal of Personality and Social Psychology,* 1983, 45, S. 943–953

35 Larson, R. W.: »The solitary side of life: an examination of the time people spend alone from childhood to old age«, in: *Developmental Review,* 1990, 10, S. 155–183
36 Judge, T. A./Watanabe, S.: »Another look at the job satisfaction / life satisfaction relationship«, in: *Journal of Applied Psychology,* 1993, 78, S. 939–948
37 Sheldon, K. M./Houser-Marko, L.: »Self-concordance, goal attainment, and the pursuit of happiness: Can there be an upward spiral?«, in: *Journal of Personality and Social Psychology,* 2001, 80, S. 152–156
38 Argyle, M.: *The Psychology of Happiness,* Hove (Routledge) 2001, S. 93
39 Lu, L./Argyle, M.: »TV watching, soap opera and happiness«, in: *Kaoshiung Journal of Medical Sciences,* 1993, 9, S. 501–507
40 Robinson, J. P.: »Television's effects on families' use of time«, in: J. Bryant (Hrsg.), *Television and The American Family,* Hillsdale (Erlbaum) 1990, S. 195–209
41 Watson, D.: *Mood and Temperament,* New York (Guilford Press) 2000
42 Csikszentmihalyi, M.: *Living Well,* London (Phoenix) 1997
43 Nakamura, J./Csikszentmihalyi, M.: »The concept of flow«, in: C. R. Snyder/S. J. Lopez (Hrsg.), *Handbook of Positive Psychology,* Oxford (Oxford University Press) 2002, S. 89–105
44 Abbé Trublet, zitiert in R. Mauzi: *L'Idée du bonheur dans la littérature et la pensée françaises au XVIIIème siècle,* Paris (Colin) 1979, S. 330
45 Cioran, E. M.: *Vom Nachteil, geboren zu sein,* Frankfurt am Main (Suhrkamp) 1979, S. 15
46 Rousseau, J.-J.: *Die Träumereien eines einsamen Spaziergängers,* Zürich, München (Artemis) 1985, S. 86
47 Orsenna, E.: *Porträt eines glücklichen Menschen: der*

Gärtner von Versailles André Le Nôtre, München (Beck) 2002
48 Thoreau, H. D.: *Walden oder das Leben in den Wäldern,* Zürich (Diogenes) 1979, S. 16

Kapitel 5 : Was weiß man über das Glück?

1 Zitiert in F. und L. Cavalli-Sforza: *Vom Glück auf Erden,* Reinbek (Rowohlt) 2000, S. 25
2 Lykken, D.: *Happiness. The Nature and Nurture of Joy and Contentment,* New York (St Martin's Griffin) 2000
3 Andrews, F. M./Whitey, S. B.: *Social Indicators of Well-Being: American's Perceptions of Life Quality,* New York (Plenum) 1976
4 Steel, P./Ones, D. S.: »Personality and happiness: A national level analysis«, in: *Journal of Personality and Social Psychology,* 2002, 83, S. 767–781
5 Inglehart, R.: *Culture Shift in Advanced Industrial Society,* Princeton (Princeton University Press) 1990
6 Waal, F. de: *Der gute Affe,* München (Hanser) 1997
7 Weiss, A., u. a.: »Subjective well-being is heritable and genetically correlated with dominance in chimpanzees«, in: *Journal of Personality and Social Psychology,* 2002, 83, S. 1141–1149
8 Rolland, J.-P.: »Le bien-être subjectif. Revue de questions«, in: *Pratique psychologique,* 2000, 1
9 Headey, B., u. a.: »Top-down versus bottom-up theories of subjective well-being«, in: *Social Indicators Research,* 1991, 24, S. 81–100
10 Diener, E./Suh, E.: »Measuring quality of life: economic, social and subjective indicators«, in: *Social Indicators Research,* 1997, 40, S. 189–216
11 Rannaud, G.: »Stendhal: la chasse du bonheur«, in: *Magazine littéraire,* 2000, Nr. 389, S. 49–52
12 Ryff, C. D.: »Happiness is everything, or is it? Explorations of the meaning of psychological well-being«, in:

Journal of Personality and Social Psychology, 1989, 57, S. 1069–1081

13 Diener, E./Diener, M.: »Cross-cultural correlates of life satisfaction and self-esteem«, in: *Journal of Personality and Social Psychology,* 1995, 56, S. 653–663

14 André, C./Lelord, F.: *Die Kunst der Selbstachtung,* Leipzig (Gustav Kiepenheuer) 2000

15 Millet, L., u. a.: »La nostalgie maternelle pathologique«, in: *Annales médico-psychologiques,* 1980, 138, S. 587–594

16 Dubois, N.: *La Psychologie du contrôle,* Grenoble (Presses universitaires de Grenoble) 1987

17 Larsen, R.: »Is feeling ›in control‹ related to happiness in daily life?«, in: *Psychological Reports,* 1989, 64, S. 775–784

18 Rodin, J.: »Aging and health: Effects of the sense of control«, in: *Science,* 1986, 233, S. 1271–1276

19 Oettingen, G./Seligman, M. E. P.: »Pessimism and behavioural signs of depression in East *versus* West Berlin«, in: *European Journal of Social Psychology,* 1990, 20, S. 207–220

20 Schwartz, B., u. a.: »Maximizing versus satisficing: happiness is a matter of choice«, in: *Journal of Personality and Social Psychology,* 2002, 83, S. 1178–1197

21 Kierkegaard, S.: *Der Begriff Angst,* Frankfurt am Main (Syndikat) 1984

22 Sheldon, K. M./ Houser-Marko, L.: »Self-concordance, goal attainment and the pursuit of happiness: Can there be an upward spiral?«, in: *Journal of Personality and Social Psychology,* 2001, 80, S. 152–165

23 Shafran, R., u. a.: »Clinical perfectionism: A cognitive-behavioral analysis«, in: *Behaviour Research and Therapy,* 2002, 40, S. 773–791

24 Oettingen, G./Mayer, D.: »The motivating function of thinking about the future: Expectations versus fanta-

sies«, in: *Journal of Personality and Social Psychology,* 2002, 83, S. 1198–1212
25 Lacroix, M.: *Le Développement personnel,* Paris (Flammarion) 2000
26 Snyder, C. R./Lopez, S. J. (Hrsg.): *Handbook of Positive Psychology,* Oxford (Oxford University Press) 2002
27 Keyes, C. L. M., u. a.: »Optimizing well-being: The empirical encounter of two traditions«, in: *Journal of Personality and Social Psychology,* 2002, 82, S. 1007–1022
28 Lelord, F./André, C.: *Die Macht der Emotionen,* Leipzig (Gustav Kiepenheuer) 2002
29 Freedman, J. L.: *Happy People,* New York (Harcourt) 1978
30 Averill, J. R./ More, T. A.: »Happiness«, in: M. Lewis, J. M. Haviland, *Handbook of Emotions,* New York (Guilford Press) 1993, S. 617–629
31 Sheldon, K. M., u. a.: »What is satisfying about satisfying events? Testing 10 candidate psychological needs«, in: *Journal of Personality and Social Psychology,* 2001, 80, S. 325–339
32 Châtelet, Madame du: *Rede vom Glück,* Berlin (Friedenauer Presse) 1999
33 *Psychologies Magazine,* Nr. 213, 2002, S. 98–102
34 Camus, A.: *Der Mythos des Sisyphos,* Reinbek (Rowohlt) 2000, S. 157ff.
35 Simon, P.-H.: *Témoins de l'homme,* Paris (Payot) 1968
36 Teilhard de Chardin, P.: *Sur le bonheur,* Paris (Seuil) 1966
37 Comte-Sponville, A.: *Dictionnaire philosophique,* Paris (PUF) 2000, S. 252
38 Ebd., S. 264
39 Argyle, M.: *The Psychology of Happiness,* New York (Taylor & Francis) 2001, S. 164
40 Witter, R. A., u. a.: »Religion and subjective well-being in adulthood: A quantitative synthesis«, in: *Review of Religious Research,* 1985, 26, S. 332–342

41 Maltby, J., u. a.: »Religious orientation and psychological well being: The Tale of the frequency of personal prayer«, in: *British Journal of Health Psychology,* 1999, 4, S. 363–378
42 Ellison, C. G.: »Religious involvement and subjective well being«, in: *Journal of Health and Social Behavior,* 1991, 32, S. 80–99
43 Teppers, L., u. a.: »The prevalence of religious coping among persons with persistent mental illness«, in: *Psychiatric Services,* 2001, 52, S. 660–665
44 Dull, V. T./Skokan, L. A.: »A cognitive model of religion's influence on health«, in: *Journal of Social Issues,* 1995, 51, S. 49–64
45 Braam, A. W., u. a.: »Religious climate and geographical distribution of depressive symptoms in older Dutch citizens«, in: *Journal of Affective Disorders,* 1999, 54, S. 149–159
46 Desproges, P.: *Vivons heureux en attendant la mort,* Paris (Seuil) 1983
47 Comte-Sponville, A.: *Dictionnaire philosophique, op. cit.*

Kapitel 6 : Glück – ein Thema, das die Gemüter erhitzt

1 Van den Bosch, P.: »Le bonheur en philosophie«, in: *Sciences humaines,* 1997, Nr. 75, S. 20–25
2 Augustinus, *De beata vita/Über das Glück,* Stuttgart (Reclam) 1982
3 Conche, M.: *Montaigne ou la conscience heureuse,* Paris (PUF) 2002, S. 28
4 Delumeau, J.: »L'age d'or«, in: *Le Nouvel Observateur,* Sonderheft Nr. 36, *Le Bonheur, mode d'emploi,* 1999, S. 82–83
5 Delumeau, J.: *Une histoire du paradis,* Paris (Fayard) 1992
6 Ebd., S. 106

7 Zitiert bei D. Rabouin: »Du bonheur comme idée reçue«, in: *Magazine littéraire,* 2000, Nr. 389, S. 29–30
8 Mauzi, R.: *op. cit.,* S. 15
9 Burguière, A.: »Une idée neuve«, in: *Le Nouvel Observateur,* Sonderheft Nr. 36, *Le Bonheur, mode d'emploi,* 1999, S. 25–26
10 Zitiert bei M. Delon: »Sade contre Rousseau: en marge des lumières«, in: *Magazine littéraire,* 2000, Nr. 389, S. 39–43
11 Noguez, D.: *Les Plaisirs de la vie,* Paris (Payot) 2000
12 Mauzi, R.: *op. cit.,* S. 24
13 Zitiert bei Y. Leclerc: »Flaubert: le bonheur dans la bêtise«, in: *Magazine littéraire,* 2000, Nr. 389, S. 52–55
14 Bruckner, P.: *Verdammt zum Glück,* Berlin (Aufbau) 2001
15 Comte-Sponville, A.: *Dictionnaire philosophique, op. cit.*
16 Sedikides, C.: »Mood as a determinant of attentional focus«, in: *Cognition and Emotion,* 1992, 6, S. 129–148
17 O'Malley, M. N./ Andrews, L.: »The effects of mood and incentives on helping«, in: *Motivation and Emotion,* 1983, 7, S. 179–189
18 Isen, A. M./Mevin, P. F.: »Effects on feeling good on helping: Cookies and kindness«, in: *Journal of Personality and Social Psychology,* 1972, 21, S. 384–388
19 Baumann, D. J., u. a.: »Altruism as hedonism: Helping and self-gratification as equivalent responses«, in: *Journal of Personality and Social Psychology,* 1981, 40, S. 1039–1046
20 Anouilh. J.: *La Sauvage,* Paris (Gallimard) 1972
21 Bruckner, P.: *op. cit.*
22 Houellebecq, M.: *Rester vivant,* Paris (Flammarion) 1997
23 Houellebecq, M.: *Plattform,* Köln (DuMont) 2002
24 Houellebecq, M.: *Elementarteilchen,* Köln (DuMont) 1999

25 Zitiert von M. Wachentorff in einem Interview in *Impact Médecine, Nr.* 13, 25. Oktober 2002, S. 72–73
26 Sansot, P.: *Les Gens de peu,* Paris (PUF) 1991
27 »Pourquoi tant de haine pour Amélie? Les lecteurs de *Libé* défendent le film de Jeunet«, *Libération* vom 3. Juni 2001, S. 2–4
28 Cannone, B.: »Le bonheur en littérature«, in: *Sciences humaines,* 1997, Nr. 75, S. 38–41
29 Todorov, T.: »Sous le regard des autres«, in: *Sciences humaines,* 2002, Nr. 131, S. 22–27
30 Carré, P.: »Pyrrhon: abolir tous les étants«, in: *Magazine littéraire,* 2001, Nr. 394, S. 25–27
31 Alain: *Propos,* Paris (Gallimard) 1956
32 Noguez. D.: *Comment rater complètement sa vie en onze leçons,* Paris (Payot) 2002
33 Droit, R.-P.: »Le mou, le raté et le flou«, in: *Le Monde des livres* vom 18. Januar 2002, S. 8
34 Vortragsreihe an der Église reformée de l'Étoile, Paris 2001

DRITTER TEIL
Das Glück aufbauen

Kapitel 7 : Wie man sich nicht selbst unglücklich macht

1 Watzlawick, P.: *Anleitung zum Unglücklichsein,* München (Piper) 1983
2 Muraven, M., u. a: »Self-control as a limited resource: Regulatory depletion patterns«, in: *Journal of Personality and Social Psychology,* 1998, 74, S. 774–789
3 McGuire, M./Troisi, A.: *Darwinian Psychiatry,* Oxford (Oxford University Press) 1998
4 Waddell, C.: »Creativity and mental illness: Is there a link?«, in: *Canadian Journal of Psychiatry,* 1998, 43, S. 166–172

5 Weis, R./Lovejoy, M. C.: »Information processing in everyday life: Emotion-congruent-bias in mother's report of parent-child interaction«, in: *Journal of Personality and Social Psychology,* 2002, 83, S. 216–230
6 Youngstrom, E., u. a.: »Dysphoria-related bias in maternal ratings of children«, in: *Journal of Consulting and Clinical Psychology,* 1999, 67, S. 905–916
7 Segal, Z. V., u. a.: »A cognitive science perspective on kindling and episode sensitizations in recurrent affective disorders«, in: *Psychological Medicine,* 1996, 26, S. 371–380
8 Zitiert in A. Schopenhauer: *Die Kunst, glücklich zu sein.* München (Beck) 1999, S. 46
9 *Le Petit Robert,* Paris (Dictionnaires Le Robert) 1990
10 Fédida, P.: *Les Bienfaits de la dépression,* Paris (Odile Jacob) 2001
11 Watson, D.: *Mood and Temperament, op. cit.*
12 Costa, P. T., u. a.: »Environmental and dispositional influences on well-being: Longitudinal follow-up on an american national sample«, in: *British Journal of Psychology,* 1987, 78, S. 299–306
13 Vanelle, J. M., u. a.: »Controlled efficacy study of fluoxetine in dysthymia«, in: *British Journal of Psychiatry,* 1997, 170, S. 345–350
14 Markowitz, J. C.: »Psychotherapy of dysthymia«, in: *American Journal of Psychiatry,* 1994, 89, S. 1114–1121
15 Ravindran, A. V., u. a.: »Treatment of primary dysthymia with group cognitive therapy and pharmacotherapy«, in: *American Journal of Psychiatry,* 1999, 156, S. 1608–1617
16 Bauman, N./Kuhl, J.: »Intuition, affect and personality: Unconscious coherence judgments and self-regulation of negative affects«, in: *Journal of Personality and Social Psychology,* 2002, 83, S. 1213–1223
17 Thayer, R. E.: »Rational mood substitution: Exercise

more and indulge less«, in: R. E. Thayer, *The Origin of Everyday Mood, op. cit.*, S. 157–168

18 Westermann, R., u. a.: »Relative effectiveness and validity of mood induction procedures: A meta-analysis«, in: *European Journal of Social Psychology*, 1996, 26, S. 557–580

19 Dugas, M., u. a.: »Intolerance of uncertainty and worry«, in: *Cognitive Therapy and Research*, 2001, 25, S. 551–558

20 Norem, J. K.: »Defensive pessimism, optimism, and pessimism«, in: E. C. Chang (Hrsg.), *Optimism and Pessimism*, Washington DC (American Psychological Association) 2001, S. 77–100

21 Seligman, M. E. P.: »Explanatory style: Predicting depression, achievement and health«, in: M. D. Yapko (Hrsg.), *Brief Therapy Approaches to Treating Anxiety and Depression*, New York (Brunner-Mazel) 1989

22 Robins, C. J./ Hayes, A. M.: »The role of causal attributions in the prediction of depression«, in: G. M. Buchman, M. E. P. Seligman (Hrsg.), *Explanatory Style*, Hillsdale (Erlbaum) 1995, S. 71–98

23 Minois, G.: *Geschichte der Zukunft: Orakel, Prophezeiungen, Utopien, Prognosen*, Düsseldorf, Zürich (Artemis und Winkler) 1998

24 Pecker, J.-C.: »L'effet mars«, in: *Sciences et Avenir*, 1995, Sonderheft Nr. 101, S. 20–26

25 Ambady, N./ Gray, H. M.: »On being sad and mistaken: Mood effects on the accuracy of thin-slice judgments«, in: *Journal of Personality and Social Psychology*, 2002, 83, S. 947–961

26 Darley, J. M./Batson, C. D.: »From Jerusalem to Jericho: A study of situational and dispositional variables in helping behaviors«, in: *Journal of Personality and Social Psychology*, 1973, 27, S. 100–108

27 Baumeister, R. F., u. a.: »Effects of social exclusion on

cognitive processes: Anticipated aloneness reduces intelligence thought«, in: *Journal of Personality and Social Psychology,* 2002, 83, S. 817–827

28 Cioran, E. M.: *Cahiers 1957–1972*, Frankfurt am Main (Suhrkamp) 2001, S. 206

29 Smith, R. H./Diener, E./Wedell, D. H.: »Intrapersonal and social comparison determinants of happiness: a range-frequency analysis«, in: *Journal of Personality and Social Psychology,* 1989, 56, S. 317–325

30 Mauzi, R.: *op. cit.,* S. 296

31. Balint, M.: *Angstlust und Regression,* Reinbek (Rowohlt) 1972

32 Bierce, A.: *Des Teufels Wörterbuch,* Berlin (btb) 1996, S. 48

33 Legrenzi, P.: *Le Bonheur, op. cit.,* S. 28

34 Scott, V. B., u. a.: »The development of a trait measure of ruminative thought«, in: *Personality and Individual Differences,* 1999, 26, S. 1045–1053

35 Roustang, F.: *La Fin de la plainte,* Paris (Odile Jacob) 2000

Kapitel 8 : Das Glück erschaffen und schützen

1 Wörterbuch *Le Robert, op. cit.*

2 Zitiert bei R. Mauzi: *op. cit.,* S. 261–262

3 Russell, B.: *Eroberung des Glücks,* Frankfurt (Suhrkamp) 1977

4 Dalai Lama: *Der Weg zum Glück,* Freiburg im Breisgau (Herder) 2002

5 Zitiert bei R. Mauzi: *op. cit.,* S. 42

6 Vgl. dazu beispielsweise das klassische Buch von M. Auclair: *Le Livre du bonheur,* Paris (Seuil) 1959, oder auch D. Glocheux: *Petits chemins du bonheur,* Paris (Flammarion) 1999.

7 Interview mit J.-L. Servan-Schreiber, in: *Psychologies,* 2002, Nr. 213, S.114

8 Cioran, E. M.: *Entretiens,* Paris (Gallimard) 1995, S. 314

9 Ladouceur, R./Marchand, A./Boisvert, J.-M.: *Les Troubles anxieux. Approche cognitive et comportementale,* Paris (Masson) 1999

10 Daninos, P.: *Le 36e dessous,* Paris (Hachette) 1966

11 Wörterbuch *Le Robert, op. cit.*

12 Peterson, C.: »The future of optimism«, in: *American Psychologist,* 2000, 55, S. 44–55

13 Scheier, M. F., u. a.: »Optimism, pessimism and psychological well-being«, in: E. C. Chang (Hrsg.), *op. cit.,* S. 189–216

14 Peterson, C., u. a.: »Pessimistic explanatory style is a risk-factor for physical illness: A thirty-five year longitudinal study«, in: *Journal of Personality and Social Psychology,* 1988, 55, S. 23–27

15 Guellati, S., u. a.: »Le rôle de l'optimisme dans les suites opératoires«, in: *Journal de thérapie comportementale et cognitive,* 2000, 10, S. 15–29

16 Guellati, S.: »Le concept d'optimisme en psychologie de la santé«, in: *Journal de thérapie comportementale et cognitive,* 2000, 10, S. 5–14

17 Brissette, I., u. a.: »The Tale of optimism in social network development, coping and psychological adjustment during a life transition«, in: *Journal of Personality and Social Psychology,* 2002, 82, S. 102–111

18 Voltaire: *Candide oder der Optimismus,* in: *Sämtliche Romane und Erzählungen in zwei Bänden*, Leipzig (Dieterich) 1961, Bd. 1, S. 148–268

19 Aspinwall, L. G., u. a.: »Understanding how optimism works: An examination of optimist's adaptative moderation of belief and behavior«, in: E. C. Chang (Hrsg.), *op. cit.,* S. 217–238

20 Aspinwall, L. G., u. a.: »Optimism and self-mastery predict more rapid disengagement from unsolvable tasks in

presence of alternatives«, in: *Motivation and Emotion,* 1999, 23, S. 221–245
21 Aspinwall, L. G., u. a.: »Distinguishing optimism from denial: optimistic beliefs predict attention to health threats«, in: *Personality and Social Psychology Bulletin,* 1996, 22, S. 993–1003
22 Taylor, S. E., u. a.: »Optimism, coping, psychological distress and high-risk sexual behavior among men at risk for AIDS«, in: *Journal of Personality and Social Psychology,* 1992, 63, S. 460–473
23 Raghunatan, R./Trope, Y.: »Walking the tightrope between feeling good and being accurate: mood as a resource in processing persuasive messages«, in: *Journal of Personality and Social Psychology,* 2002, 83, S. 510–525
24 Levy, B. R., u. a.: »Longevity increased by positive self-perceptions of aging«, in: *Journal of Personality and Social Psychology,* 2002, 83, S. 261–270
25 Taylor, S. E., u. a.: »Psychological resources, positive illusions and health«, in: *American Psychologist,* 2000, 55, S. 99–109
26 Robins, R. W./Beer, J. S.: »Positive illusions about the self: Short-term benefits and long-term costs«, in: *Journal of Personality and Social Psychology,* 2001, 80, S. 340–352
27 Nach R. G. Morris: »Spatial localization does not require the presence of local cues«, in: *Learning and Motivation,* 1981, 12, S. 239–260; R. Brandeis u. a.: »The use of the Morris Water Maze in the study of memory and learning«, in: *International Journal of Neuroscience,* 1989, 48, S. 29–69
28 Seligman, M.: *Pessimisten küsst man nicht!* München (Droemer Knaur) 1991
29 Hoffart, A./Sexton, H.: »The role of optimism in the process of schema-focused cognitive therapy of persona-

lity problems«, in: *Behaviour Research and Therapy,* 2002, 40, S. 611–623
30 Riskinf, J. H., u. a.: »For every malady a sovereign cure: Optimism training«, in: *Journal of Cognitive Psychotherapy,* 1996, 10, S. 105–117
31 Bandura, A.: *L'Apprentissage social,* Brüssel (Mardaga) 1980
32 Memmi, A.: *Anleitungen zum Glücklichsein,* Hamburg (Europäische Verlagsanstalt) 1996
33 Diener, E./Larsen, R. J.: »The experience of emotional well-being«, in: M. Lewis/J. M. Haviland, *Handbook of Emotions,* New York (Guilford Press) 1993, S. 407
34 Comte-Sponville, A.: *Le Bonheur, désespérément,* Nantes (Pleins Feux) 2000, S. 102
35 McCullough, M.: »The grateful disposition: A conceptual and empirical topography«, in: *Journal of Personality and Social Psychology,* 2002, 82, S. 112–127
36 Emmons, R. A./Clumper, C. A.: »Gratitude as human strength: Appraising the evidence«, in: *Journal of Social and Clinical Psychology,* 2000, 19, S. 56–69
37 Comte-Sponville, A.: *Ermutigung zum unzeitgemäßen Leben,* Reinbek (Rowohlt) 1998
38 Comte-Sponville, A.: *Le Bonheur, désespérément,* Nantes (Pleins Feux) 2000, S. 21

Vierter Teil
Wie steht es mit Ihrem Glück?

1 Eysenck, H. J./Eysenck, S. B. G.: *Manual of the Eysenck Personality Questionnaire,* San Diego (Educational and Industrial Testing Service) 1975; D. Watson u. a.: »Development and validation of brief measures of positive and negative affects«, in: *Journal of Personality and Social Psychology,* 1988, 54, S. 1063–1070

2 Diener, E., u. a.: »The Satisfaction With Life Scale«, in: *Journal of Personality Assessment,* 1985, 49, S. 71–75; W. Pavot/E. Diener, »Review of the Satisfaction With Life Scale«, in: *Psychological Assessment,* 1993, 5, S. 164–172

3 Lewinsohn, P./Graf, M.: »Pleasant activities and depression«, in: *Journal of Consulting and Clinical Psychology,* 1973, 41, S. 261–268

4 Van Rillaer, J.: *La Gestion de soi,* Brüssel (Mardaga) 1992, S. 79–82

5 Scheier, M. F., u. a.: »Distinguishing optimism and neuroticism: A reevaluation of the Life Orientation Test«, in: *Journal of Personality and Social Psychology,* 1994, 67, S. 1063–1078; J. B. Rotter, «Generalized expectancies for internal versus external control of reinforcement", in: *Psychological Monographs,* 1966, 80 (die ganze Nummer 609)

Inhalt

Kapitel 2
Das verhinderte Glück

Kapitel 3
Glück – eine ganz persönliche Geschichte

ZWEITER TEIL
Das Glück begreifen und verteidigen

KAPITEL 4
Wo soll man sein Glück suchen?

Kapitel 5
Was weiß man über das Glück?

Kapitel 6
Glück – ein Thema, das die Gemüter erhitzt

DRITTER TEIL
Das Glück aufbauen

KAPITEL 7
Wie man sich nicht selbst unglücklich macht

Kapitel 8
Das Glück erschaffen und schützen

Mein Dank geht selbstverständlich an meine Eltern für das Glück, das sie mir geschenkt haben, und das Glück, das sie mir zu erreichen ermöglichten, und, last but not least, an meine drei Töchter für ihre Ratschläge, die voll von gesundem Menschenverstand waren, und ihre fröhliche Beteiligung an der Entstehung und Redaktion dieses Buches.

Widmung

Für André Comte-Sponville, dessen Werke mich beim Schreiben dieses Buches inspiriert haben.

Für Philippe Delerm, der es gewagt hat, winzige Vergnügungen und Glücksmomente zu feiern.

Zum Gedenken an Robert Mauzi, dessen monumentale Abhandlung *L'Idée du bonheur dans la littérature et la pensée françaises au XVIIIème siècle* mir ein außerordentliches Lesevergnügen bereitet hat.

Einsteins Weltsicht

Mit seiner bahnbrechenden Relativitätstheorie wurde Albert Einstein zu einem der bedeutendsten Physiker der Geschichte. Dieser Band enthält die gesammelten weltanschaulichen Äußerungen und Bekenntnisse Einsteins, in denen er auch Rechenschaft ablegt über seine wissenschaftliche Tätigkeit und ihre Einbettung in den gesellschaftlichen Zusammenhang.

Albert Einstein

Mein Weltbild

hrsg. von Carl Seelig